仏教は科学なのか

私が仏教徒ではない理由

エヴァン・トンプソン 著
藤田一照＋下西風澄 監訳
護山真也 翻訳

Evolving

仏教は科学なのか——私が仏教徒ではない理由

Why I Am Not a Buddhist
by Evan Thompson

Originally published by Yale University Press
Japanese translation rights arranged with
YALE UNIVERSITY PRESS
through Japan UNI Agency, Inc., Tokyo

日本語版序文

私はこの序文が書けることを光栄に感じるとともに嬉しく思います。そしてまた、日本の読者にこの本を届けてくれた翻訳者たちと出版社に感謝します。ここでは日本の読者の皆さんに向けて、本書と自分の他の著作の関連について、いくつかの考えを伝えてみたいと思います。

『仏教は科学なのか（*Why I Am Not a Buddhist*）』は、西洋の歴史家が「仏教モダニズム」と呼ぶものに対する哲学的な批判の書です。仏教モダニズムは特に西洋において支配的な仏教の流れで、伝統的なアジア仏教の形而上学的・儀式的要素を軽視する代わりに、個人的な瞑想体験を強調し、仏教がキリスト教、イスラーム、ヒンドゥー教など他の有神論的な宗教とは違って合理的で経験的なものだという考え方を喧伝しています。西洋における多くの仏教指導者たちは、現代版の仏教徒の瞑想実践を教えることで仏教を紹介し、「仏教はもっとも科学に親和的（science-friendly）な宗教である」と語ったり、「実際のところ仏教はまったく宗教ではなく、むしろ哲学であり、生き方であり、あるいは特別な内観による心の科学に基づいたセラピーなのだ」などと語っています。私はこうした態度を「仏教例外主義（Buddhist exceptionalism）」と呼び、それが神話であると主張しています。仏教例外主義は、仏教についての誤った考えと、宗教と科学についての誤った考えに基づいているのです。この主張を示すことが、本書の最大の目的となっています。

私の関心は現代の西洋世界における仏教モダニズムにあるのですが、仏教モダニズムの起源は十九世紀・二十世紀のアジアに存在するということを理解するのは重要です。つまり仏教モダニズムは、奇異な西洋版の仏教というわけではないのです。私は主に、その起源がスリランカとビルマにおける現代のヴィパッサナー瞑想運動の形式のなかにあったと論じています。それらの運動は仏教を合理的で経験的な心理学の一種として提示する傾向があるのです。しかしまた、日本も仏教モダニズムの形成において重要で独特の役割を果たしてきました。日本の役割は、一八九三年にシカゴで開かれた世界宗教会議での釈宗演による禅仏教の紹介に始まり、一九五二年から一九五七年までコロンビア大学で教鞭を執っていた鈴木大拙による影響力のある二十世紀の著作にまで続いています。彼の翻訳やエッセイ、また哲学的な著作は、西洋において今なお大変な人気です。ヨーロッパのロマン主義とアメリカの超絶主義に影響を受けた彼の著作は、禅仏教を一種の合理的神秘主義として、またすべての宗教の真髄であると提示しています。鈴木大拙については、第一章で簡単に論じています。

本書では、仏教を科学と両立させようとするうえで、仏教モダニズムがしばしば見過ごし、軽視する問題について論じています。それは仏教哲学において根源的なものであると同時に、難しくもありやりがいのある内容だったですが、そのときの私の思考にとって重要だったのがふたりの日本の哲学者です。彼らはいずれも京都学派の哲学者で、鈴木大拙にも影響を受けていました。

ひとり目の哲学者は西田幾多郎です。本書では言及していませんが、彼の思想は実際、私の以前の著作『身体化された心―仏教思想からのエナクティブ・アプローチ』（神経生理学者フランシスコ・ヴァレラと文化人類学者エレノア・ロッシュとの共著、邦訳、工作舎、二〇〇一年）で論じた仏教と認知科学の架橋に関連しています。西田の「行為的直観（enactive intuition）」という概念は、認知科学において認知を身体化された行為であると捉える考え方を強調した、われわれの「エナクティブ・アプローチ」を支持しています。西田における「直観」は、主観と客観が分かれる前の意識（awareness）、あるいは主客を超えた意識である直接経験を意味しています。初期の著作のなかで西田は「純粋経験」という術語を使いますが、それはウィリアム・ジェームズから取られたものです。純粋経験は主観－客観という二項対立以前の、あるいはそれを超えた経験の基礎的な形式のことです。「行為（Enactive）」とは、受動的な受容とは対照的に、行動（action）によって特徴づけられるもののことを意味します。西田の後期の著作における「行為的直観」が意味しているのは、純粋経験は受動的でもないし身体から切り離されたものでもないということです。すなわち、私たちが自分の身体を通じて活動しているということがすでに意識的であるということであり、私たちは世界によって形づくられながらも世界を生みだしているということなのです。西田にとって身体と世界は、常に歴史的な存在です。それゆえ純粋経験と行為的直観もまた、具体的な歴史的状況のなかで生じるものであり、それらは形成されつつ形成するものでもあります。芸術は行為的直観のよい例になるでしょう。なぜなら芸術家の創造においては、直観に活動《アクション》が伴い、また活動に直観が伴うからです。西田はまた、科学にもこのことが当てはまると論じています。科学的な観察と実験には、研究者コミュニティにおける特定の器具と身体を通じた直観と活動、あるいはそれらとともにある直観と活動が必要とされます。行為的直観は科学の源泉なのです。このような考えは、物理学者アダム・フランクとマルセロ・グレイザーとの共著である私の近著『盲点：なぜ科学は人間経験を無視できないのか（*The Blind Spot: Why Science Cannot Ignore Human Experience*）』（未邦訳）の中心的なテーマです。

ふたり目の哲学者は西谷啓治です。彼については「はじめに」でも触れていますし、『身体化された心』ではより広範に議論しています。西谷のユニークなところは、二十世紀の西洋哲学で生まれたニヒリズムの哲学的問題を検討し、批判的に取り組むために仏教哲学のさまざまな概念を用いたことです。そういう意味で彼の思想は、本書で私が批判している仏教心理学の「自然化」という仏教モダニストの試みよりもはるかに深いところを突いています。

このふたりの日本の哲学者たちは、第二次世界大戦を煽ったナショナリズムや軍国主義と不幸な関係をもっています。しかし私の考えでは、彼らは依然として、近代における意味の危機および西洋哲学の諸問題と、インドと東アジアにおける仏教哲学の深淵を関連づけようとした最も深い試みを代表しているだろうと思います。私は将来の仕事のなかで、彼らについてもっと書いてみたいと思っています。
最後に、本書では仏教における思想と実践を科学に関連づけようとする特定のやり方に強い批判を投げかけていますが、私は認知科学における心や意識の理解を探求し豊かにしていくために、瞑想実践と仏教の哲学的心理学を用いることの重要性を強く支持しています。これは、私の以前の著作『目覚めること、夢みること、存在すること：神経科学、瞑想、哲学における自己と意識（*Waking, Dreaming, Being: Self and Consciousness in Neuroscience, Meditation, and Philosophy*）』（未邦訳）のテーマです。私はこの種の研究の重要性を重視しており、それが適切に行われる必要があると考えているからこそ、西洋の仏教モダニズムにおいて現在蔓延している誤解を批判するべきだと感じたのです。

エヴァン・トンプソン
カナダ、バンクーバー

目次

第三章　仏教は無我説か？――急ぐべからず――*No Self? Not So Fast*　126

第四章　マインドフルネスへの熱狂 —— *Mindfulness Mania*　170

第五章　悟りのレトリック —— *The Rhetoric of Enlightenment*　200

第六章　コスモポリタニズムと会話——*Cosmopolitanism and Conversation*　232

◇原則として本文中の（　）は原文中の補足など、〔　〕は訳者の補いを示す。
◇原文におけるイタリック体は傍点で示す。
◇サンスクリット語とパーリ語の表記は原文に従った。
◇引用文の訳はすべて本書の訳者らによる。
◇権利者の承諾を得たうえで、原著にはない見出しを挿入した。

はじめに

Introduction

仏教は、人類における偉大な宗教的かつ知的伝統のひとつだ。仏教は、私たちが生きる現代世界の世俗的でリベラルな民主的社会に参加しているし、それにふさわしい価値がある。また仏教は、コスモポリタン〔世界市民〕の共同体に貢献しているし、それにふさわしい価値がある。コスモポリタンの共同体では、人々がそれぞれに異なる信仰をもちながらも、互いに敬意を払い、協力しあう関係を築きあげる。インドで生まれ、アジア各地に伝播した仏教は、その歴史を通してコスモポリタンな社会に貢献するという役割を果たしてきた。それぞれの地域の多元的な文化において、宗教的世界、知的世界、芸術的世界をも豊かにしてきたのだ。そして今、仏教はこの現代社会も豊かなものにしようとしている。北米では、アジアからの移民やヨーロッパ人、そしてアメリカ人の改宗者たちが新しいタイプの仏教共同体やさまざまな儀礼、芸術作品を創造している。仏教が大衆文化に与える影響は広範囲に及んでいる。仏教は最も生き生きとした伝統のひとつであり続けているのだ。

しかしながら、現代仏教の主流派として知られる「仏教モダニズム（Buddhist modernism）」〔近現代の価値観に合致する形で仏教を受容する立場〕には、多くの混乱した考えがある。それは私が「仏教例外主義（Buddhist exceptionalism）」と呼ぶものと関係している。仏教例外主義は、仏教を他の諸宗教よりも優れているとみなす考え方だ。彼らは仏教が本来的に合理的かつ経験主義的であって、それは宗教というよりもむしろ一種の「心の科学」やセラピー、哲学、あるいは瞑想に基づく生き方だと考えている。仏教例外主義者たちが想定しているこれらの信念や、多くの宗教と科学に対する仮説は間違っている。仏教が現代のコスモポリタン共同体に貢献できる価値のある正当な地位へと位置づけられるためには、仏教例外主義を切り捨てなければならない。コスモポリタニズム、それはあらゆる人々がひとつの共同体に所属するということ、そしてその共同体はそれぞれに異なる生き方をもつ人々を包み込むことができるし、またそうすべきだという思想だ。コスモポリタニズムの思想は、仏教に対する評価や、宗教と科学の理解に対して、仏教モダニズムよりも適切な枠組みを提供する。これが本書で展開する議論である。

私は仏教徒ではない。私はコスモポリタニズムを信じ、仏教に価値があると考える哲学者だ。私は自分のことを仏教の善き友だと考えたい。私が自分を仏教徒でないと言う理由はいくつもあるが、それは仏教における豊かな知的伝統や、私自身がこれまで哲学者として成長してきた歩みとも深く関係している。この本は回顧録として書かれたものではないが、本書の背景には私の個人的な物語がある。だから、私自身の生い立ちを語ることがこの本をはじめる最善のやり方になる。

リンディスファーン協会にて

あれは十一歳のときのことだった。スコットランドへの家族旅行から帰ってみると、私が住んでいたコミューンは禅仏教への新たな熱狂に支配されていた。一九七四年、私の家族は当時、ニューヨーク州のサウサンプトンにあるリンディスファーン協会に居住していた。そこは、オルタナティブ教育コミュニティとして、私の両親ゲイル・トンプソンとウィリアム・アーウィン・トンプソンが創設した場所だった。リンディスファーン協会員のなかには、科学者や学者、芸術家、環境保護活動家、社会活動家、さまざまな宗教伝統の観想指導者たちがいた。協会はサンフランシスコ禅センターともつながりがあったので、父は家族旅行に行く前に、そこの僧院長のリチャード・ベーカー老師（リンディスファーンのフェローでもあった）に禅の指導者を自分たちのところに住まわせてほしいとお願いしていたのだ。ちょうど私たちが旅行に出ていたあいだに、禅の指導者としてレブ・アンダーソン師が到着し、居を定めたところだった。

父はとても喜んでいた。「こんなにもうまくいくなんて。これからは瞑想の訓練とマインドフルネスの機会を増やすことができそうだ」。私や妹のヒラリーはそれほど喜んでいたわけではないし、他の子供たちもそうだった。私たちは十エーカーの敷地を好きなことをしながら走り回るのに慣れていたのに、それからはメインロッジに入るときにはいつでも靴をぬがなければいけないし、静かにしてないといけなくなった。夕食も、ドロドロの玄米と蒸して煮えすぎた野菜のようなものが増えて、ケチャップを山ほどかけても美味しくならないようなものになってしまった。奇妙な作法がコミュニティの多くの人々を支配したようだった。最悪だったのは時折行われる黙食だ。誰かに何かを取ってもらうときには、手で合図を送り、それを受け取った後にはお辞儀をするのが決まりだった。もちろん、そんなときでも子供である私たちは、互いに顔をしかめたりして、相手を吹き出させようとやっきになっていた。

食事が終われば、大人たちのいかにも信心深そうな表情や馬鹿みたいな仕草を真似しながら、あたりを走り回っていた。私は子供たちの年長者だったので、時々は六時の夕食前に五時半からはじまるグループ瞑想の日課に参加していた。父は禅のおかげで瞑想室の雰囲気が重厚になったと考えていたようだが、禅の態度はどこか無理強いされたもののように私には感じられた。

当時の私に仏教に反対する気持ちがあったわけではない。むしろ逆だ。八歳の誕生日に父がくれた本を通して、私はブッダの生涯について学んだ。父は、息子がブッダの考えや菩提樹下で瞑想するブッダのイメージに魅かれていることに気づいていたのだろう。十二歳の誕生日には小さな木製の箱をプレゼントしてくれた。それは両側から引っ張ると、なかにおさめられた仏像が現れるという仕掛けがしてあった。プレゼントには「不可思議なり。悉有《しつう》に仏性あり」と書かれた一枚のカードが添えてあった。その箱はもうどこかに失くしてしまったが、小さな仏像だけは今も大切に保管している。

ロバート・サーマンに出会ったのは、その数年後のことだ。彼は、チベット仏教の学僧ネチュン・リンポチェ師（本名：ツプテン・コンチョック、一九一七―一九八二）の通訳者としてリンディスファーン協会の研究者会議にやって来た。[1] ネチュン・リンポチェ師の講演は、仏教の理想的な実践である慈悲に関するものだったが、[2] その鋭い眼差し、朗らかな笑顔、チベット語の抑揚のある響きは実に魅力的であり、ところどころに誇張を織り交ぜたサーマンの通訳は聴衆を笑いの渦に巻き込んでいた。その後、ネチュン・リンポチェ師とゴマン・ケン・リンポチェ師は、私たちと共にマンハッタンにあるセンターで六週間を過ごした。彼らを訪問するアメリカ人の弟子たちがみせる従順な礼儀正しさとは対照的に、ふたりが見せる親しげな態度は実に印象的だった。

私は、リンディスファーンの自宅で教育を受けていた。哲学や神秘主義に関する本を読むこと、そして瞑想することが好きだった。古典ギリシア語を学び、ギリシア語の新約聖書も読んだ。十五歳のとき、街から出てどこか静かで観想的なところに行きたいと思いたって、午前四時にポート・オーソリティー駅発のバスに乗りこみ、マサチューセッツ州のスペンサーへと向かったこともある。そのときは、トラピスト派の聖ヨセフ修道院で数日を過ごした。修道院に住むバジル・ペニントン神父は、かつてリンディスファーンを来訪したこともある人物で、あたたかく私の面倒を見てくれた。

ペニントン神父はセンタリング・プレイヤー（キリスト教の瞑想法の一種）の提唱者で、半日間の禅の接心（集中的瞑想修行）にも連れていってくれた。そこでは、修道院から来たカトリックの修道僧と、禅を学ぶ弟子たちとが共に坐禅を実践していた。昼食のときの討論では、キリスト教の修道僧たちは坐禅に対する強い興味関心を示していたが、日本の禅の指導者やその弟子たちはキリスト教の考えにほとんど関心をもっていないように見えた。後にペニントン神父が教えてくれたのだが、彼が禅に興味をもつようになったのは、それがキリスト教の観想の実践を復活させ、キリスト教徒が仏教に転向する必要性を感じなくなるようにするための手立てのひとつになるのではないか、という考えからだった。[3]

仏教哲学の学びとロバート・サーマン

大学進学について考える時期が迫ると、父は私にアマースト大学宗教学科教授のロバート・サーマンに相談してはどうかと提案してくれた。そこで教授に道教と古典中国語を勉強したいと伝えたところ、私が道教についてどれくらい知識があるかを試す質問が返ってきた。一連のやりとりが終わった後、教授はこう語った。「道教は素晴らしい。けれども、アジアの哲学を本当に学びたいのなら仏教を勉強すべきだ。君の哲学的な関心にぴったりのもっと多くのものが、きっとそこで見つかるはずだよ」

私はアマースト大学に出願して入学を許可された。そして一九七九年、十六歳のときに大学に到着した。その年、教授はサバティカル〔研究休暇〕中だったので、ほとんど会うことはなかったが、ダライ・ラマ十四世が最初の訪米に際して、アマースト大学で講演を行ったときには教授の姿もそこで見かけた。その当時、私の関心は主に中国思想史と哲学にあったので、主専攻をアジア研究に決めて中国語の学習をはじめていた。

アマースト大学での最初の一年は本当に大変だった。私はこれまで同じ年ごろの人間と交流した経験がなかったので、フラタニティの活動〔北米の大学・大学院の男子学生の社交サークル〕や週末のパーティは嫌いだった。しかし図書館は毎週土曜日の五時に閉まるから、どこにも逃げ場はなかったのだ。

幸いなことに、私よりずっとましな社交スキルを身につけているルームメイトのひとりが実は読書家であることが分かった。彼の紹介で、下の部屋に住んでいる、哲学を主専攻とする予定の学生とも知り合いになることができた。またオリエンテーションの期間には、私の他にもうひとりいた十六歳の学生とも出会うことができた。彼もまた親切で聡明な人物で、私たち四人は自分たちを「ギャング・オブ・フォー」と呼び、哲学や政治に関する議論に明け暮れた。

マルクスとエンゲルスの熱心な読者であった私のルームメイトは、私に「徒党を組まない神秘家」というあだ名をつけた。私は〔リンディスファーン協会という〕知的刺激のある場所で育ったが、友人たちはあらゆる事柄について私に挑んできて、この世界にはまだ触れたことのない考えがたくさんあることに気づかされた。こうして最初の学年が終わる頃には、私のなかに、スピリチュアルでありながら何か哲学的に厳格なものを渇望する気持ちが芽生えていた。

自分が探していたものが見つかったのは、翌年のサーマンの仏教コースでのことだった。秋学期にも彼の「仏教聖典」の授業を履修していたが、私の心をつかんで離さなかったのは、春学期の授業「インド哲学の主題群」である。私たちはナーガールジュナ（龍樹）、ヴァスバンドゥ（世親）、ディグナーガ（陳那）、ダルマキールティ（法称）、チャンドラキールティ（月称）といったさまざまな仏教哲学者たちの著作を翻訳で読んだ。ビマール・クリシュナ・マティラルをはじめとする現代の哲学者たちの著作、サーマンが出版準備中だったチベットの仏教哲学者ツォンカパの主著『善説心髄（*The Essence of True Eloquence*）』の翻訳も読んだ。[4]

『善説心髄』では、大乗仏教の哲学のなかで最も難解で繊細な問題のいくつかが考察される。ツォンカパが擁護するのは、中観帰謬派（プラーサンギカ）の立場だ。それによれば、たとえ世俗的なレベルでも、あらゆる現象は定義的特質を欠くのであり、「あらゆる現象には本性が欠けていること」を証明するためには、肯定的に結論を導く論証（三段論法（三支作法））ではなく、否定的に結論を導く帰謬論証のみが用いられなければならないと説かれる。サーマンは、これらインドやチベットの哲学者たちと、カント、ヘーゲル、ニーチェ、ウィトゲンシュタインといった西洋の思想家たちを対話させることで、哲学というものが、東西の地理的差異を越えた批判的理性の追求と人間変容のプロジェクトであることを教えてくれた。このような哲学観（グローバルな文化的伝統によって理性的な解放を目指す変容の道としての哲学）こそ、まさに私自身が求めてきた哲学の方法だった。

人生にはどのような意味があるのか、心はいかに働くのか。私は仏教のなかにこれらの疑問に答えてくれる哲学を見つけることができた。それは、哲学の授業で学ぶ「世界は心とは別に独立して存在するのか、それともあらゆるものは心に依存するのか」といった問いをめぐる論争に対しても独自の見解を提示する。ただし、西洋哲学と違って仏教は、悟り（enlightenment）あるいは、覚《さと》り（awakening, 目覚め）とそれにかなう瞑想実践のことも教えている。

私はサーマンの指導の下、卒業論文として二十世紀の日本の哲学者・西谷啓治に関する論文を執筆した。サーマンとラル・マニ・ジョシ（インドからの客員教員）の比較宗教ゼミナールで、その存在を知ったことがきっかけだった。西谷は、ドイツの思想家マルティン・ハイデガーの下で学び、仏教の中観（中道）思想と禅に依拠しながら、ニーチェやサルトル、ハイデガーに見られる哲学的問題に対して、独自の立場から批判的な応答を展開した哲学者だ。

若者に特有の熱狂に駆られながら、私は西谷の『*Religion and Nothingness*（宗教とは何か）』を読んだ。[5] そこには、近代性、特に超越的な意味の喪失やニヒリズムの課題に対する仏教からの感動的な回答が示されていた。西谷はニーチェの思想に基づきながら、ニヒリズムをあるジレンマとして記述する。すなわち、もし人生に意味があるとすれば、それは超越的な何かからもたらされるはずだが、私たちはそのような超越的な存在をもはや信じることはできない。片方には、超越的に与えられる意味を熱望することをあきらめきれない自分がいて、もう一方には、人生に意味があることを否定せざるをえない自分がいる。西谷は、ニヒリズムを突破し意味を回復するために、「あらゆるものは自性が〝空《くう》〟であり、だからこそもはや超越的な根拠などどこにもない」という中観派の考えを利用する。彼はまた、今・ここに根本的に内在しており、瞑想を通して見出すことができるような意味についても記している。彼の哲学は、世界を再魔術化してくれるかのように思えた。

その後、哲学専攻の大学院に進学するまでの準備期間に、私はこの卒業論文をもとに西谷とハイデガーに関する論文を仕上げ、それは学術誌『東西哲学（*Philosophy East and West*）』に掲載された私の最初の論文となった。[6]

フランシスコ・ヴァレラとの出会いと瞑想実践の日々

トロント大学の博士課程一年を終えた夏に、私はフランシスコ・ヴァレラ（神経生理学者・認知科学者）との共同研究のために、パリの高等教育機関エコール・ポリテクニークに出向いた。ヴァレラはチベット仏教の信者でもあった。彼はかつてリンディスファーン協会に滞在研究者として来ており、家族ぐるみの付き合いもあったので、私にとってヴァレラは叔父でもあり、兄でもあるような存在だった。彼は私がサーマンのもとで仏教哲学を研究していることも知っていたし、私の西谷に関する論文も読んでくれていた。私が博士論文のテーマを認知科学と心の哲学を中心にしようと決めたと聞くと、一緒に本を書くのを手伝ってくれないかと誘ってくれた。

それが最終的には、心理学者エレノア・ロッシュを含む三名の共著『身体化された心―仏教思想からのエナクティブ・アプローチ』（工作舎）として結実した。[7] この本は、仏教の哲学や瞑想が認知科学と関連することを明らかにした最初の学術書だった。この本は認知に対する「エナクティブ・アプローチ（enactive approach）」を発展させたもので、私たちは認知を、身体化された行為を通じた意味形成（sense-making）として記述した。

　私は、瞑想実践もせず、仏教哲学が語っているであろう内容を何も経験することなく、仏教哲学のことをただ書くだけの人間にはなりたくはなかった。アメリカの仏教信者なら、「そんなのはセックスの経験もなしにセックスについての本を読むようなものだ」と言うだろう。

　ヴァレラは思考や概念によらない無分別の瞑想を提唱していたが、サーマンが教えてくれたのは、批判的な思考それ自体が瞑想のひとつの形であるということだった。そこからさらに先へと進む道を探して、哲学の博士論文を執筆し、『身体化された心』に関する研究や博士取得後の研究を行っていた時期にも、私は何年もかけて多くの仏教瞑想センターを訪問し続けた。しかし、そのいずれにも共感することはできなかった。韓国語で呼吸を数えること、日本語で念仏を称えること、チベット仏教の神格を複雑に観想すること、こうしたことのすべてにどこか違和感をおぼえた。そこで出会い続けたのは、反知性主義、偽善、無邪気な崇敬、露骨なフェティシズム〈呪物崇拝〉といったものばかりだった。その頃は、自分があまりにも頭がかたすぎるのではないか、どうして何も考えずにその世界に飛び込めないのだろうかと何度も自問した。

著名な仏教の指導者が性的な不品行や虐待にかかわっていたことが次々と暴かれたのも、同じ一九八〇年代から一九九〇年代にかけての頃だった。[8] 当時、仏教は明らかに大きな問題に直面していた。その問題は依然として今も残されたままで、仏教の指導者が弟子に対して性的虐待を行うことは今日まで続いているのだ。[9] チベット仏教のふたりの学僧は、そのような指導者の振る舞いは、虐待ではなくあくまでも金剛乗〔密教〕の特別な師弟関係の一部であると主張している。[10] 別の学僧は、どんな振る舞いであれ、それが弟子にトラウマを経験させるようなものであれば、そのような振る舞いは断じて許されるはずはなく正当化されないと反論している。[11]

これらのスキャンダルやそれに対するアジアの仏教の指導者たちのさまざまな反応、仏教の父権制の問題、仏教フェミニズムの現代的な動向、また近年の仏教共同体におけるダイバーシティやインクルージョンの努力など、こういったことは本書の主題ではない。[12] 私がこのようなスキャンダルについて言及するのは、私の知人たちもまたその被害のために苦しんでいるからだ。いかなる本であれ、それが現代の仏教についての本であれば、こうした出来事とそれが及ぼした有害な影響を事実として認めなければならない。それはまた、どうして私がこれまで出会った仏教共同体に入会することを望まなかったのかという理由の一端でもある。

当時の私には、自分が伝統仏教の僧院に入ることを想像できなかったし、北米の「ダルマ・シーン」〔仏教をめぐる現況〕に対する懐疑的な思いは次第に強くなっていた。それでもしばらくのあいだは、仏教徒になろうと決意しては自分には無理だと考えるサイクルを続けていた。自分がどうして仏教徒になれないのかをようやく理解するようになったのは、「心と生命研究所(Mind and Life Institute)」で仕事をするようになってからのことだ。

「心と生命研究所」の仏教例外主義

「心と生命研究所」の起源は、一九八三年九月にオーストリアのアルプバッハで開催された意識に関する国際シンポジウムにまでさかのぼる。招待講演者だった父は、卒業祝いとして私を連れていってくれた。ヴァレラとダライ・ラマが最初に出会ったのもそこだった。ふたりのあいだに灯った友情の火が、科学と仏教哲学と瞑想をめぐるダライ・ラマと科学者たちとの一連の会合「心と生命をめぐる対話(Mind and Life Dialogues)」を導くことになった。一九九〇年に第三回「心と生命をめぐる対話」が行われた後、「心と生命研究所」が創立され、科学者であるヴァレラがその創立者となった。

一九九八年には、研究所はその取り組みを拡大し、科学者・仏教の観想実践者・宗教や哲学の学者たちが参画する、心に関する共同研究プログラムを創設した。パリのヴァレラとアメリカのリチャード・デビッドソンというふたりの神経科学者が、それぞれの研究室で長期的瞑想の実践者と共に研究に着手することに同意した。また、今後の「心と生命をめぐる対話」のトピックは、この種の研究を活性化させるものにすることが取り決められた。

私が「心と生命研究所」での仕事をはじめたのは、ヴァレラが二〇〇一年に逝去した直後のことだった。研究所の最初の公的なイベントとなる、MIT（マサチューセッツ工科大学）での二日間の学術会議「心の探究――心の働き方をめぐる仏教と行動科学との交流」では、私が基調講演をした[13]。その後、長年にわたって研究所のプログラム・研究委員を務め、インドで行われたダライ・ラマとの「心と生命をめぐる対話」にも二度参加したり、「心と生命夏季研究所」の設計協力をしたりもした。この研究所は、観想実践の探究に関心をもつ人々のために一週間だけ開かれる滞在型の研究所であり、科学者・哲学者・仏教学者・仏教瞑想の指導者たちを招聘する。私は夏季研究所の学術委員長を何回か務め、また多くの機会に教職員として参加した。

「心と生命夏季研究所」の最初の十年間は、実にエキサイティングなものだった。私たちは、科学と瞑想と哲学のフュージョンとでも言うべき前例のないものを創造しているように感じていた。世界中から集ってきた大学院生、博士課程を終えた研究者、若手研究者、年輩の研究者、そして学者たちが、観想の専門知識・認知科学・脳科学・臨床心理学・文化横断哲学を編み合わせながら、「心の探究」という共同研究をつくり上げた。瞑想に対して個人的関心・研究上の関心を抱く科学者が互いの研究を支援し、研究成果を共有し、その結果として多くの新しい科学研究が発表された。それらの研究を支援したのは、「心と生命夏季研究所」で二〇〇四年につくられたフランシスコ・ヴァレラ研究助成金である。この夏季研究所は、新しい国際研究のコミュニティの創造を支援するうえで大きな役割を果たした。

しかし同時に、内部グループと外部グループとの分断構造が大きくなっていった。厳しい質問を寄せる（外部グループからの）懐疑的で批判的な声は、（内部グループでは）無視され続けた。自らが瞑想実践を行うような科学者は、はたして瞑想に関する研究において客観的かつ中立的であることができるのか？　なぜ多くの人がネガティブな効果を経験したことがあると報告しているにもかかわらず、瞑想が有益であるということを確立するための事前の約束事が、こんなにもたくさんあるのか？　脳や行動に関する科学的研究を分析するために、「覚り」「純粋な気づき」「もともと備わっている善性」「仏性」等の仏教的な概念を用いることは、仏教と科学をともに歪めることにならないだろうか？　こうしたさまざまな疑問は、しばしば脇に追いやられてきたのだった。

私はまた、（研究所のなかで）仏教が特別扱いをされるようになってきたことに気づいた。仏教例外主義が蔓延していたのだ。仏教は、他の宗教よりも優れたもの、宗教というよりはむしろ「心の科学」の一種であり、仏教の瞑想実践は、祈りや礼拝とは根本的に異なるものとみなされた。古代インド仏教で説かれる心的状態に関する分類表は、ブッダの教えを可能な限り明確な形で再構築し、体系化することを目指したスコラ的な哲学体系であったのに、あたかも瞑想体験の直接的な産物であり、心の客観的な地図であるかのように取り扱われた。

仏教に与えられた特別な地位と対になるようにして、神経科学（より正確に言えば、人間の脳の画像化を扱う神経科学の小さな一部門）にも特別な地位が与えられた。その結果として生まれたのが、いわゆる「ニューラル・ブッディズム（neural Buddhism）」（神経科学に基づく仏教）だ。[14]この考え方によれば、「悟り」はある種の脳状態、あるいは固有の神経シグネチャーをもつものであり、マインドフルネス実践は脳のトレーニングであり、認知科学は仏教の無我の教えを確証するものだとされる。

これに対して、特に宗教史の研究者、哲学者、人類学者から異議申し立ての声があがったが、少数派にすぎなかった。こうして仏教例外主義とニューラル・ブッディズムは、瞑想に関するほとんどの科学的研究にとってデフォルトの枠組みになりつつあった。当初、私はこれらの問題点を哲学と認知科学の視点から眺めていたが、その後は歴史的な視点からも眺めるようになった。

認知科学の視点から見れば、ニューラル・ブッディズムは、「脳に閉ざされたもの」であり、「神経中心主義的」であるという問題点がある。ニューラル・ブッディズムは、認知が脳の内部で生じるという仮定に立っているが、実際はそうではない。認知は身体化され（embodied）、世界に埋め込まれた（embedded）存在が行う全体のパフォーマンスなのだ。また、瞑想を概念化するのに適した科学的な枠組みは、人間の脳を画像化することではない。それは、認知がいかに世界のなかで行為する身体に直接的に依拠し、または文化的に形成されたものであるかを研究する、身体性認知科学（embodied cognitive science）に他ならない。

哲学的な視点から見れば、仏教例外主義の問題は、それが仏教の心の理論をあたかも価値中立的な記述であるかのように提示している点にある。実際には、それらの理論は、涅槃（nirvana, ニルヴァーナ）という仏教の崇高な目標を実現するために、どのように心を鍛錬し、正しく形づくるべきかという価値判断に基づいている。哲学用語で言えば、それらの理論は（倫理的な価値判断に基づくという意味で）規範的であり、（解脱〔liberation〕に関連するという意味で）救済論的なものである。もしも仏教の心の理論が、仏教からその規範的・救済論的な枠組みを取り除いたものにすぎないとすれば、重要なポイントを失ってしまうことになる。

瞑想リトリートの体験中の疑問

このような考えが私に去来したのは、マサチューセッツ州のバレーにある「インサイト・メディテーション・ソサエティ（Insight Meditation Society）」で仏教のヴィパッサナー瞑想（「観」、洞察瞑想）リトリートを実践しているあいだのことだった。

リトリートを指導していたのは、長年にわたって仏教瞑想の指導をしてきたジョセフ・ゴールドスタイン師とシャロン・ザルツバーグ師で、七日間のコースは瞑想に関心のある科学者や臨床心理士のために特別に組まれたものだ。瞑想を研究し、心と生命コミュニティの一員でもある多くの著名な科学者が、彼らの研究室の大学院生たちと共にリトリートに参加していた。

私たちは、六日間をかけて毎日十時間、坐って行う沈黙の瞑想と歩行瞑想を実践した。呼吸に従う方法や、生まれては消えていく感覚・感情・意志・思考のそれぞれに対して注意を向ける方法について、きめ細かい指導を受けた。そのとき言われたのは、私たちは「心をありのままに観察することを学んでいる」、「ものごとをありのままに、明瞭に見ることを学んでいる」ということだった。

最終日に私たちは各々の体験を語り合ったが、そのときは自分が特別な何かの一部になったという明白な感情があった。それは、最新の科学的ツールと心をよく知るための古代の内観法とを結びつけようとする、大胆な探究者たちが集う新たなコミュニティの一員になったという感情である。私は他の参加者たちと共に、そんな熱狂にとりつかれていた。

しかし、リトリートのときにずっと次のようなことを考えないわけにはいかなかった。それは、自分のなかで起きていることは、「ものごとをありのままに見ることを学ぶ」という表現と噛み合わないということだ。私たちには、瞑想実践のときの経験を言い表すための概念体系があらかじめ与えられていた。それは「感覚」「感情」「注意」「意志」など、表面だけ見れば日常的な概念だったが、実際には「刹那生起（moment-to-moment arising）」「無常（impermanence）」「正念（mindfulness）」「非我（not-self）」「業（karma）」といった仏教的な概念とも結びついていた。

リトリートは静寂に包まれていたため、これらの言葉だけが耳に届くのだ。特に最初の日々には、少しずつ静寂に慣れていくにつれて、その内なる響きが次第に長く聞こえてきた。参加者の一人ひとりが瞑想の指示に従おうとしており、誰もがみな同じことをしようとしていることを互いに理解していた。私たちは静寂のなかで坐り、歩く。そのとき、自分たちの内面に何が生じようとも、そのことの意味を形成する、強力で、集団的に強化された概念体系が与えられていたのだ。時折、先生方との面談がグループあるいは個人で組まれることもあったが、それらの面談もこの概念の枠組みを強化した。私たちは、新たな種類の科学的使命を担っていると感じていた。どうしてこれが、自分たちが経験していることを方向づけ、形づくらないことがあるだろうか？　私たちは「ものごとをありのままに見る」ことを学んでいたのだろうか？　それとも、ものごとをある特定の仕方になるように形づくっていたのだろうか？　すべての努力は、無執着な心の平安という仏教の目標を説く特定の考え方に従って指導されていたのではないだろうか？

これらの疑問は、他の瞑想リトリートに参加するときも私の頭を離れることはなかった。ニューメキシコ州のサンタフェにあるウパーヤ禅センターは、私も長年にわたり中核的な教授陣のひとりとして働いた場所だが、そこで年一回行われる禅脳リトリート（現在のヴァレラ・シンポジウム）に参加するときには特に、これらの疑問のことを考えていた。ジョアン・ハリファックス老師は私の家族とは旧知の仲だったし、ヴァレラの友人として「心と生命研究所」の設立を助けた人でもあった。彼女はこのリトリートの場所を、集中瞑想実践のための場所、仏教と科学に関する集中学術討議の場所として創設した。禅脳リトリートとウパーヤ禅センターによる「死にゆく人と共に在ること」トレーニングプログラムは、観想的な終末期ケアのためにつくられたものだが、そこでの体験から拙著『目覚めること、夢見ること、存在すること：神経科学・瞑想・哲学における自己と意識（*Waking, Dreaming, Being: Self and Consciousness in Neuroscience, Meditation, and Philosophy*）』（未邦訳）が生まれた。[15]

仏教モダニズムの問題

その途上で私が学んだのは、自分が考え続けてきた哲学的な問題や科学的な問題は、歴史家が「仏教モダニズム」と呼ぶ、古くからある広域的な運動と関連しているということだった。[16] それだけではない。「心と生命研究所」のことも、ヴァレラとダライ・ラマとの初期の対話、科学者のための新たな瞑想リトリートのことも、すべてこの運動と関連している。仏教モダニズムは、近代の超国家的な仏教の形態であり、伝統的なアジア仏教の形而上学的な要素や儀礼的な要素を軽視し、個人的な瞑想経験や科学的な合理性を重視するものだ。

仏教モダニズムは、実際には歴史的に新しいものだが、あたかもそれこそが仏教にもともとあった本質的な核心であるかのように自らを提示している。「心と生命夏季研究所」の利点のひとつは、そこで仏教モダニズムの歴史に関する本を書いた研究者たちと交流することができたことだ。哲学者である私には歴史的な視点が欠けており、それを補うことが必要だったのだ。

なぜ私は仏教徒になれなかったのか。これまで何年にもわたる自分自身の経験をより大きな歴史的な視点からふりかえってみて、ようやく私はその理由にたどりついた。私はもとから伝統的なテーラワーダ仏教や禅仏教、チベット仏教の僧院に入る気持ちをもち合わせていなかったため、自分が仏教徒になれるとすれば、仏教モダニストになる道しかなかった。だが、ふたを開けてみれば、仏教モダニズムには哲学的な問題が山積していたのである。

仏教例外主義は、仏教モダニズムに部分的に内在する考え方だ。そこで仏教は、他の宗教よりも本来的に合理的で経験主義的であるという点で他の宗教よりも優れているかのように、あるいは仏教は宗教ではなく、瞑想に基づく一種の「心の科学」であるかのように提示される。こういった考え方は端的に間違いであり、「宗教」と「科学」に関する誤解のうえにでき上がっている。

「宗教」とは、西洋の学者によってつくられた言葉であり、前近代のアジア仏教の言葉にもともとあったものではない[17]。にもかかわらず、宗教の学術的研究の観点から、仏教の伝統は「宗教」という言葉の範囲におさめられる。宗教は、単に信仰や教義のみから成り立つのではない。宗教が成り立つためには、儀礼や観想実践も含めた、意味を与える社会的実践が必要なのだ。宗教は超越的なものに対する感覚を育み、日常的経験を超えたものへの感性を醸成する。

科学は、最終的な原理と確立された事実による一枚岩の体系などでは決してない。それはむしろ、宇宙や生命、心に関する、ときには対立しあう多様な見解から構成された、秩序立った、検証可能で公共的な知識の体系である。それは、ますます高度化する技術を伴う実証研究だけを含むものではなく、認識論や言語学、論理学、数学も含む。広義における科学とは、検証可能な経験的な観察と、間主観的に合意された合理的な原理に基づく公共的な知識の一形態である。

科学は宗教にも増して視野狭窄的なイデオロギーに堕落することがあるし、また宗教の方が科学に養分を与え、示唆を与えることもある。科学と宗教が両立可能か否かを問うことは、ちょうど芸術と科学、あるいは芸術と宗教が両立可能か否かを問うことに似ている。これらの問いは、宗教・科学・芸術すべてを含む、より大きな文化に依拠しているのである。

宗教と科学は、これまで決して分離されたことはないし、それぞれが自律的な領域——生物学者スティーヴン・ジェイ・グールドの有名な言葉を借りれば、「重複なき教導権（non-overlapping magisteria）」——を保ってきたわけではない。[18] 逆に、宗教と科学は常に交錯するものであり、大抵はそこに摩擦が生じる。多くの場合、摩擦は衝突に終わるが、ときには協力関係が結ばれ、新たな洞察が生まれることもある。それがどのような形の衝突なのか、どのような形の協力なのかは、文化的・歴史的エポックが決めるのだ。グールドは、宗教と科学を調停するために、それぞれに独自の権威をもたせることで、両者を各々独立した領域にあるものとして扱うことを提案したが、そこに成功の見込みはまったくなさそうだ。

「新たな無神論者」もまた、グールドが提案するような方法では宗教と哲学とを分けることはできないと認めている。しかし、科学の名のもとに宗教を根絶しようとする彼らのキャンペーンは、宗教における意味形成作用を誤解している。宗教は、科学と同じような方法で宇宙を説明するものではない。それは、儀礼や共同体、教典の伝統を通して、また、誕生・老化・病気・トラウマ・意識の非日常的な状態、死といった人生の重大な出来事を理解する仕方を通して、意味を創造するものなのだ。

新たな無神論者は、科学のことも誤解している。彼らが見落としているのは、次のことだ。科学が実験から一歩身を引いてその成果に意味を与えようとするとき、すなわち「私たちはどこから来て、どこへ行くのか」という宇宙や進化の物語にかかわるような大きな物語を語ろうとするとき、科学もまた意味形成を行う神話の一形態にならざるをえないのであり、その物語構造は往々にして宗教から引き継がれるということである。[19]

仏教モダニズムは、ある種の虚偽の意識を助長する。つまり、もし仏教を受け入れるとすれば、あるいは、その非宗教的な部分とされるところだけを選び取れば、自分たちは「スピリチュアルではあるが、宗教的ではない」と人々に思わせるのだ。しかしそのとき、自分では気づかないうちに宗教的な力が自分たちを駆り立てている。たとえばその力は、ある種の聖なるものをめぐって組織された共同体に参加したいという願望であったり、個人を超越した意味の根源を見つけたいという願望であったり、苦しみ（suffering, 苦）に対処することに必要性を感じることであったり、あるいは、瞑想のより深い変容的な状態に達したいという願望であったりというものだ（当然、これ以外にも人々を駆り立てる力はあるだろう。フロイトが記したような欲望の昇華の必要性や、マルクスが記したような資本家の欲望などもそのような力のひとつである）。これらの願望をかなえるために、人々が行う行動（たとえば、瞑想実践やリトリートの継続）はやはり宗教的なものなのだ。人々が「スピリチュアル」という言葉を好んで使うのは、公的な宗教機関とは区別された、個人的な意識の変容体験を強調したいからだろう。しかし、歴史学・文化人類学・宗教社会学が教えるような、外部の分析的な視点から見れば、「宗教なきスピリチュアリティ」というのは、単に「個人化された、体験指向型の宗教」にすぎない[20]。

私が仏教徒ではない理由

神経科学がいわゆる権威とされている現在、仏教モダニズムは神経科学とのつながりを盛んにアピールしている。「神経科学は、仏教の無我説が真実であることを確証する」、「神経科学は、マインドフルネス瞑想が「あなたの脳を文字通り変える」ことを示す」、「神経科学は、悟りには「神経相関」があることを示してくれる」。これが彼らの主張だ。

これらの考えはただ間違っているだけでなく、混乱したものだ。自己は脳から生成された錯覚でもなければ、ありもしない虚構物《フィクション》でもない。自己は、生物学的・社会的に構成されたものなのだ。たしかにあなたが何かしらの行動をすれば、その行動は「あなたの脳を文字通り変える」が、マインドフルネス瞑想が脳に有益な変化をもたらすという証拠は、まだ暫定的なものにすぎない。また、マインドフルネス瞑想はそもそも社会的実践であり、その価値がポジティブなものかネガティブなものかは、脳によってではなく社会的な事実によって決まるのである。「悟り」というものも、それに特有の脳シグネチャーによって示されるような単一の状態ではない。「悟り」はもっと多義的な概念であり、その概念を生むそれぞれの宗教的伝統・哲学的伝統に応じて意味が異なったり、ときには相反する意味をもったりする。したがって、ニューラル・ブッディズムに反して、自己とはどのようなものであるか、瞑想にどのような価値があるか、

「悟り」とはどのような意味なのかということは、神経科学が決定できるような問題ではない。それらはもともと哲学的な問題であって、神経科学の守備範囲を超えている。

私が仏教徒になれるとすれば、仏教モダニストになる以外に道はない。だが、仏教モダニズムは哲学的には不健全な考えである。このことが分かっている以上、私が仏教徒であるためには、不誠実な行動をする以外に道はない。これが、私が仏教徒ではない理由である。

本書の構成と狙い

本書は、批判的なパートと肯定的なパートから構成される。批判的なパートでは、仏教モダニズムに対する哲学的な批判を行う。仏教例外主義を批判し、それが依拠する「科学」と「宗教」の捉え方が間違っていることを論じる。また、仏教モダニズムの科学版とでも言うべきニューラル・ブッディズムに対しても批判を加えよう。

しかし私は、「伝統的」な仏教と比べて、仏教モダニズムがより「真正」ではないと論じたいわけではない。その手の議論に見込みはないだろう。ただひとつの伝統的な仏教など、どこにもありはしないからだ。仏教は進化する伝統なのだ。仏教はアジアで千年以上の時間をかけて数え切れない程のさまざまな形に変容し、今もなおヨーロッパや北米で変容を重ね続けている。「ブッダの本来の教え」に立ち返ろうとすることは、仏教モダニズムに典型的な態度である（また、仏教モダニズムが、同じく現代的な現象である宗教原理主義と共有する態度でもある）。しかしそうした態度は、私たちはブッダが考えたこと、教えたことに直接的にアクセスすることはできないという事実に反する。初期仏教の文献に触発されて、そこから今日のためのメッセージを構築することと、そうして構築したものを歴史的な真実だと主張して正当化することは、まったく別のことだ。仏教モダニズムは往々にして第二の選択肢をとり、そのために自らの首を絞めている。[21]

私たちは、仏教モダニズム（Buddhist modernism）と現代世界の仏教（Buddhism in the modern world）を混合すべきではない。仏教モダニズムは、現代世界のなかで仏教徒になるためのひとつの道にすぎない。世界のいたるところに、伝統的な僧院の形をもつ仏教や、ときに「民族仏教（ethnic Buddhism）」と呼ばれるものも存在している。スリランカやミャンマー、タイには仏教原理主義もある。それらの仏教は相互に孤立しているのではなく、むしろ複雑に交錯している。それにもかかわらず、仏教モダニズムはそれとして認識可能な歴史的運動、また広く普及した現代的現象として取り出すことができる。

歴史学者デヴィッド・マクマハンが著書『仏教モダニズムの形成（*The Making of Buddhist Modernism*）』（未邦訳）で概観した通り、「仏教モダニズムは、超国家的なコスモポリタンの文脈で提示されているために、今や仏教の共通言語（lingua franca）になりつつある」[22]。そして仏教モダニズムの言語は、仏教の基本要素をどのように解釈するか、そしてそれらを現代世界のなかにどのように位置づけるかを論じる際に使われる、一種の「メタ言語」になりつつある。

本書は、現代世界の仏教に対する批判という文脈に位置づけられるが、その批判対象はあくまでも仏教モダニズムである。より正確には、ヨーロッパとアメリカにおける仏教モダニズムだ。アジアにはまた独自の仏教モダニズムが展開しているが、本書が批判するのはあくまでもヨーロッパとアメリカの仏教モダニズムであって、仏教のあらゆる形態、あるいは仏教全体に批判を向けているわけではない。

本書の肯定的なパートでは、コスモポリタニズムを論じる。コスモポリタニズムは、あらゆる人間が宗教や民族にかかわらず単一の共同体に属しているという考え方である。地中海世界の哲学で語られるところでは、この考えは一世紀頃に活躍したストア派の哲学者エピクテトスにまでさかのぼる。エピクテトス曰く「どの国の人かと尋ねられたとき、「私はアテナイ人だ」とか「私はコリントス人だ」とか答えたことは一度もない。「私は世界市民だ」と答える」[23]。古代ギリシア・ローマに端を発したコスモポリタンの思想は、ヨーロッパの啓蒙主義時代を経て、十九世紀、二十世紀、そして二十一世紀まで続いてきた。また南アジア・東アジアにも独自のコスモポリタニズムがあり、アフリカにもコスモポリタニズムはある。歴史学者シェルドン・ポロックは、「サンスクリット・コスモポリス」という語を使って古典期の南アジア世界を記述した[24]。仏教、ヒンドゥー教、ジャイナ教、さらに後代ではイスラームも含めて、サンスクリット語が書記言語だったからである。また東アジアでは、儒教・道教・仏教の「三教」が共存し、相互に影響を与え合っていた。

アフリカ人の父とイギリス人の母をもつアメリカの哲学者クワメ・アンソニー・アッピアは、

最近、コスモポリタニズムを蘇らせた人物だ。[25] 彼は、生きるに値する価値は数多く存在するのであり、決してひとつではないと主張している。アッピアによれば、異なる人々や異なる社会はそれぞれの異なる生き方を体現することができるし、また体現すべきである。また、私たちは異なる生き方を実践している個々人の福祉に関心をもつべきであり、いかなる伝統の洞察もその伝統やその他の伝統を保存する唯一のものではない。

コスモポリタンの思想家は、さまざまな宗教、科学・哲学・芸術の伝統を渡り歩き、それらの伝統が前提としてきたものや約束事を探究する。コスモポリタニズムは、宗教と科学の複雑な関係に裁定を下すための視点を提供する。それは仏教の独創性や洞察を適切に評価するうえで、仏教モダニズムよりもよりよいやり方を私たちに提供してくれるだろう。

本書の原題『なぜ私は仏教徒ではないのか（*Why I Am Not a Buddhist*）』から、哲学者バートランド・ラッセルの有名な論考『なぜ私はキリスト教徒ではないのか（*Why I Am Not a Christian*）』を思い出す人もいるかもしれない。その論考は、一九二七年三月六日にロンドンの英国世俗協会で行われた講演がもとになっている。ラッセルの哲学的な聡明さ、社会批評家・政治活動家としての勇気は称賛に値するものだ。しかしながら、彼がその講演で狙ったことと、私が本書で狙いとする点には重大な相違がある。ラッセルと違って、私は宗教に反論するつもりは毛頭ない。科学は、宗教を基礎づけている恐れの克服を手助けするという彼の考えは単純すぎる。ラッセルはキリスト教に対して敵愾心があったようだが、私が仏教に抱く感情は敵対的なものではない（もちろん、二十世紀初頭のイギリスでキリスト教が有害な社会的影響力をもっていたのとは異なり、アメリカにおける仏教はラッセルが論じたような力をもっているわけではない）。それでも、その論考の最後でラッセルが述べたことに私は同意する。

「私たちが望むのは自分自身の足で立ち、善も悪も、美も醜も、すべて含めて世界を公明正大に自分の目で眺めることである。つまり、世界をありのままに眺め、その世界を恐れないということだ[26]」

私は、仏教モダニズムの疑わしい主張を認めることなく、コスモポリタンな世界において仏教の知的伝統がこうした努力に貢献しうるのだと論じていく。

第一章　仏教例外主義の神話

The Myth of Buddhist Exceptionalism

あなたが二冊の本を見つけたとしよう。一冊には「キリスト教生物学（*Christian Biology*）」、もう一冊には「なぜキリスト教は真実なのか（*Why Christianity Is True?*）」という題名がついている。それぞれの本の中身はどのようなものだと思うだろうか？

私なら最初の本には、たとえば何か「自然という書物（Book of Nature）」という素晴らしい中世的な観念について歴史的な情報が書かれているのではないかと予想するだろう。自然とその摂理は神の啓示の一部であり、それを研究することが神を知ることにつながるという考えだ。しかし、現在の北米であれば、その本はおそらく「創造科学」と「インテリジェント・デザイン論」に関するものだ。これらの理論は疑似科学である。それらは、自然が神聖な創造主の創造であるという宗教的な主張（その神は偶然にもキリスト教の神なのだが）を、あたかも科学的に正当化されているかのように見せかけようとしているのだ。

二冊目の本の方にはきっと、キリスト教（もっと言えば特定のキリスト教の宗派）こそが唯一真の信仰に値すると、読者を説得するための一連の宗教的信念が唱えられていることが予想できる。専門的な本だったとしたら、同じ目的のための神学的な議論が提示されているだろう。

では、あなたが「イスラーム生物学」と「なぜイスラームは真実なのか」という題名の本を見つけたらどう思うだろう？　あるいは、「ヒンドゥー教生物学」と「なぜヒンドゥー教は真実なのか」ならどうか。

少なくとも私が知る限り、このような題名の本は存在しない。しかし、『仏教生物学（*Buddhist Biology*）』（未邦訳）と『なぜ仏教は真実なのか（*Why Buddhism is True*）』（邦訳『なぜ今、仏教なのか――瞑想・マインドフルネス・悟りの科学』ハヤカワ・ノンフィクション文庫）という本は存在する。[1]前者の著者は、進化生物学者であり心理学者でもあるデヴィッド・バラッシュ、後者の著者は進化心理学を推進していることで有名なジャーナリストのロバート・ライトである。

仏教例外主義

仏教の名を冠したこれらの本に対しては、違う反応があるのだろうか？　多くの人は違う反応を示す。その題名は、読者に疑念を抱かせるどころか、むしろ読者の興味をひきつける傾向にあるからだ。実際、『なぜ仏教は真実なのか』は二〇一七年に『ニューヨーク・タイムズ』のベストセラーとなり、科学者、ジャーナリスト、仏教瞑想の実践者たちに称賛された。特に科学と親和性があるという点で、仏教は他の宗教とは違うと思われている。

仏教は本来、合理的で科学的な教えである。これが一般に流布している考え方だ。人々は「仏教は宗教というよりも、哲学や生き方を教えるものだ」と言う。科学者のなかには、仏教のことを「最も科学に親しい宗教」と書く者もいる。[2] 仏教は、神の観念を必要とせずに成り立つ。直接的な観察を重んじ、ものごとを原因と結果の観点から理解し、一切は変化してやまないことを主張し、本質的な自己あるいは霊魂は存在しないと説く。仏教のなかに含まれる宗教的な部分は、おそらくは余分なものであり、取り除こうと思えば取り除くことができる。一度それらを取り除いてしまえば、仏教は、実はその核心において、瞑想に基づく心理学だと判明する。仏教の瞑想は、祈りや他の宗教的な黙想や儀式のようなものとは違う。仏教は応用された心の科学なのだ。こうしたさまざまな理由から、人々は、仏教は本当は宗教ではないと考えたり、仮に仏教が宗教だとしても他の宗教とは一線を画すものであり、他の宗教よりも優れたものだと考えたりしている。

私はこのような考え方を「仏教例外主義（Buddhist exceptionalism）」と呼ぶ。例外主義とは、何かが特別で優れているという信念のことだ。たとえば、アメリカ例外主義と言えば、アメリカには他国と比べてその国を優れたものにしている独特の歴史と使命があるというイデオロギーのことだ。同様に、仏教例外主義と言えば、仏教は本来的に合理的で経験的であるという点において、世界の諸宗教のなかでことさらに優れているという信念のことである。

仏教例外主義は広範囲にわたって強い影響力をもつ考え方であり、宗教と科学とが互いに争うなか、人々が仏教をどのように捉えるかを形づくっている。アダム・フランクは、科学と宗教に関する著作を残している宇宙物理学者だが、彼は「科学と宗教のあいだの終わりなき公然の争いのなかで、仏教はその争いに加わることをほぼ免除されてきた」と書くことでその見解を示している。[3]

デヴィッド・バラッシュは、次のような言葉から『仏教生物学』を書きはじめている。「科学と宗教という対立のなかで、少なくとも私にとっては興味深い例外がひとつある。それが仏教だ。おそらくその理由は、仏教は宗教であるのと同じくらい哲学であるからだ。あるいは、どうも仏教がいわゆるアブラハムの三大宗教（ユダヤ教・キリスト教・イスラーム）に比べて、より「妥当」な教えだからかもしれない」[4]

ロバート・ライトは、科学が仏教の「核心にある思想」を裏付けると論じている。その思想は、「たとえば輪廻のような、仏教における「超自然的」、あるいはよりエキゾチックな形而上学的な部分ではなく、むしろ……自然主義的な部分であり、現代の哲学や心理学のなかにぴったりとおさまる考え」のことだ。[5]

科学的な見地から宗教を苛烈に批判する者でさえ、仏教に対しては贔屓目の扱いをしている。リチャード・ドーキンスは、『仏教生物学』の裏表紙の推薦文に、「仏教はたしかに宗教のベストショットである」と書いたし、神経科学者のサム・ハリスは、『覚醒：宗教なきスピリチュアリティの探求（*Waking Up: Searching for Spirituality Without Religion*）』（未邦訳）のなかで、「不合理な部分を取り除いた仏教は、本質的に一人称の科学である。世俗的なユダヤ教はそうではない」と述べている。[6]

仏教例外主義は、科学と宗教の対話においても、仏教の側からその枠組みを決める。ダライ・ラマ十四世テンジン・ギャツォは、「心と生命研究所」で行われた科学者や哲学者との対話のなかで、しばしば「仏教の科学」が存在するということ、「仏教は宗教以上のものである。それは心の科学である」と語っている。[7]

歴史学者には周知のことだが、ダライ・ラマは十九世紀にまでさかのぼる企てを反復している。[8] アジアにやってきたキリスト教宣教師たちは、科学と高度な技術をもっていることを理由にキリスト教の優位性を宣言した。これと同じ理屈で、ヨーロッパの植民地支配者たちはヨーロッパ文明の優位性を主張していた。しかし、アジア仏教の知識人とその改革者たちはこの議論を逆手に取る方法を見つけ出し、「仏教こそ真に科学的な宗教である」と反論したのだ。彼ら仏教の革新者たちは、西洋人が迷信だと考える儀礼や献身、信仰、そして実践を軽視し、次のような宣言を行った。「仏教には創造神が存在しない」（天の神々を詳細に並べたり、土着の神々や聖霊を認めたりしているにもかかわらず）、「仏教は信仰ではなく、理性と個人的な洞察力を根拠にしている」（信仰と献身の対象が数多くあるにもかかわらず）、「ブッダは神ではなく、人間であった」（ブッダは「超世俗的な」性質を有すると信じられているにもかかわらず）。つまり、彼らは「仏教は宗教的であるというより、むしろ心の科学である」と主張したのである。

仏教モダニズム

歴史学者は、この仏教の近代的な改革を「仏教モダニズム」と呼んでいる。[9] それは、伝統的なアジア仏教の形而上学や儀式の要素をそぎ落し、個人的な瞑想体験や科学的な合理性を強調する考え方だ。仏教モダニズムは、あたかも自分たちこそが仏教の本来的かつ本質的な核心であるかのように標榜しているが、実際のところ歴史的にはたいして古いものではない。

仏教モダニズムは、十九世紀、二十世紀のアジアで、当時隆盛していた仏教の改革運動と、西洋伝来の宗教や科学、および政治的・軍事的な支配が遭遇するなかで誕生した。特にビルマ（ミャンマー）とセイロン（スリランカ）の仏教改革運動の担い手たちは、イギリスの植民地主義と宣教師たちが伝えるキリスト教に対抗すべく、国家宗教としての仏教を再度主張することを試みた。彼らの主要な戦略のひとつは、仏教を近代世界に適した唯一の科学的な宗教として提示することだった。仏教モダニズムは、自分たちの考えが仏教にもとからあった本質的なものだと示しているが、そのような形態の仏教を強力に形づくったのは、プロテスタントの価値観であり、ヨーロッパの啓蒙主義の価値観だったのである。

これと同じように日本では、明治期の「新仏教」運動がナショナリズムと密接に結びつきながら、禅を西洋の宗教よりも優れたものとして紹介している。また鈴木大拙（一八七〇－一九六六）

は、ドイツとイギリスのロマン主義およびアメリカの超絶主義の思想を援用することで禅を再構築した[10]。

これらの近代化されたハイブリッドな仏教は西洋に輸出され、そこでさらなる変容を遂げ続け、再びアジアに逆輸出されている。つまり仏教モダニズムは、そのはじまりから文化的・地理的コンテキストを横断してきた考えであり、完全に多国籍なものなのである。

仏教モダニズムは通常、仏教例外主義と足並みをそろえる。そのことを示す格好の例が、近代的な禅だ。近代的な禅の指導者たちは、しばしば禅は宗教ではないと語る。たとえば、日本に本部を置く在家の禅の教団である三宝禅（旧：三宝教団）の山田凌雲老師はこう教えている。宗教というものは、自己を超越した存在への信仰を必要とするが、「禅はあくまでも自らの経験を通して真の自己を見出し、存在の真理を発見するものである[11]」。

これは、仏教例外主義の禅バージョンとでも言うべきものであり、いかにももっともらしく聞こえる。宗教においては、超越者に対する信仰がその普遍的な特徴になるわけではない。禅には儀礼もあれば聖典もあり、典礼も僧団もあれば僧侶もいる。何より、「真の自己」や「存在の真理」といった言葉が意図しているのは宗教的な概念だ。これらの言葉や概念は、解脱や救済にかかわる救済論的なものなのである。何か日常経験を超えたものを指向するという意味で、それらには「超越」の感覚が含まれている。禅は紛れもなく宗教的なのだ。

宗教の定義

もちろん、こういう言い方は、「宗教」をどう定義するかという問題を引き起こす。これについては学者のあいだでも一致した見解はない。[12] しかし、宗教を個人の信念の問題や個人の内面における経験の問題として考えることが近代特有の宗教の捉え方であるということは、彼らの多くが同意する重要な点だ。しかもそれは、キリスト教の周縁であるプロテスタントという歴史的にも新しい事例に基づいている。宗教をこのようなものだと考えれば、科学的基準に照らして信仰を検証することで宗教の評価を試みるという次の段階に容易に行き着く。仏教を含むすべての宗教を、超自然的な存在（神々、天界の諸仏、諸菩薩）や超自然的な原理（業）に対する信仰として眺めるなら、今日の「新しい無神論者」が飽きることなく指摘しているように、科学の視点からは馬鹿げたものに見えるだろう。

学者たちは、プロテスタント的な意味で宗教を考えるだけでは、意味形成を行う社会形態としての宗教を理解するには不十分であることを示してきた。[13] 宗教は、誕生や老化、病気、トラウマ、非日常的な意識状態、そして死、といった人生の重大な出来事を理解するために、儀式や共同体、共有された実践、教典の伝統、そして解釈の枠組みなどを通して意味を創造する。宗教は、超越の感覚、つまり日常的な存在を超えた何か重大なものに対する感性を人々に植え付ける。あらゆる形態の仏教、いわゆるセキュラー・ブッディズム（secular Buddhism, 世俗仏教）〔来世ではなく今世での修行を重視する仏教の立場〕のなかにさえも、これらの要素は必ず含まれている。

仏教例外主義は、仏教ほど現代世界に適した教えは他にないと教えるが、このようなモダニストの方法を使えば、およそどのような宗教でも受け入れやすいものにすることができる。たとえば、現代のキリスト教ヒューマニズムのことを考えてみてほしい。彼らは、イエスの人間性を強調し、キリスト教の倫理観とヒューマニズムの原則を結びつけ、科学を推進している。そのうえ、「自然の法則」をはじめとする科学的な思想の源流にはユダヤ・キリスト教や古代ギリシアの考えがあることに人々の関心を向けようとしている。

あるいは、リベラルなユダヤ教〔ユダヤ教の改革派〕のことを考えてみてもよい。彼らは、トーラー〔ユダヤ教の聖典〕は、神によって書かれた石板がモーセに示されたのではなく、人間によって書かれたものであるとみなし、ユダヤ教の知的伝統が進歩的であることを強調している。実際、アメリカの著名な仏教指導者の多くは、同時にリベラルなユダヤ教徒〔またはユダヤ教―仏教徒 Jubus〕でもある。

今日の仏教徒の多くは、仏教は心の科学であるという点において例外的だと答えるだろう。こうした考え方は十九世紀の仏教モダニズムに端を発するが、二十世紀にはますます大きな勢力となり、現在では広く普及している。

サティ（気づき）とは何か――ニャナポニカ・テラ

西洋で最初に仏教に改宗し、仏教を心の科学と呼ぶようになった人物のひとりに、ニャナポニカ・テラ（一九〇一－一九九四）がいる。ジークムント・フェニガーの名でドイツに生まれ、セイロン（スリランカ）で〔テーラワーダ仏教の〕僧となった人物である。彼が書いた『仏教瞑想の核心（*The Heart of Buddhist Meditation*, 初版一九五四年）』（未邦訳）は広く影響を及ぼした本だが、彼はブッダが説いた「心の教義（mind-doctrine）」と彼が呼ぶところの教えを「心の科学」と同一視した。[14] その方法、あるいはその方法の大部分にあたるものが、「ありのままの注意（bare attention）」である。

ニャナポニカは、「マインドフルネス」という仏教の概念を説明するために、「ありのままの注意」という新しい言葉をつくった。それより半世紀ほど前には、パーリ語学者トーマス・ウィリアム・リス・デイヴィッズ（一八四三－一九二二）が、「サティ（パーリ語：sati, サンスクリット語：smṛti）」を訳すために「マインドフルネス」の語をすでに使用していた。

もともと「サティ」という語は「記憶（念）」を意味し、何かを常に想起し続け、それを心に保持することを意味する。瞑想をしている最中、呼吸に「マインドフル」であるということは、呼吸を心のなかに切れ目なく現前化させるということであり、瞬間瞬間にそのことを忘れないことである。〔合成され、条件づけられたすべてのものは無常であり、思い通りにはならない〔諸行無常、一切皆苦）」というブッダの教えに「マインドフル」であるということは、その教えを瞑想対象として心に保持するということだ。

マインドフルネスの実践とそのさまざまな対象は、ブッダに帰せられる『念処経（*Satipaṭṭhāna Sutta*）』の主題だ。[15] ニャナポニカは、このような瞑想対象を心に保持すること、あるいは心にとどめることが、その瞑想対象に対するありのままの注意であると説明している。呼吸にマインドフルであるということは、呼吸を見失わないということであり、そのためには呼吸に関するとりとめのない思考にとらわれることなく、呼吸だけに注意し続けなければならない。これらの思考は次々と連想を生み出し、他の思考を連鎖的に呼び覚ますことで、あなたを呼吸から遠ざけてしまう。だから、呼吸に注意を向け続けながら、思考を脱落させる方法を学ぶ必要があるのだ。

ニャナポニカはこうも述べている。「ありのままの注意という方法は……真の科学者の手法や態度と一致している」。ありのままの注意は「研究者の本物の精神」を示し、「ブッダのダンマ（仏の教え）を、（今日のすべての科学理論ではないにせよ）真の科学に常に結びつけるだろう」と。また、「世俗的な科学は……事実の発見と説明に限定され」、「心に関する理論的知識に限定されている」のに対し、「ブッダが教える心の教義は……心を形づくること、そしてそれを通して人生を形づくることを目指している。ただし、両者の目的は一致しており、理論的知識の実践的応用に注力している現代心理学の一部門と仏教は合流する」と。[16]

ニャナポニカは、心についての記述的な主張と、仏道に従って心と人生をどのように形づくるべきかという言明を並置している。この二番目の言明は、価値判断に基づく倫理的な命令であり、哲学用語で言えば「記述的な主張」というよりもむしろ「規範的な主張」になる。科学は心について公平な説明的知識を追求するが、仏教も特定の規範や目的に沿って心を形づくることを追求している。しかし、仏教的な観点に含まれる記述的な側面と規範的な側面を並置することは、ある問題を隠すことになってしまう。それは、今日の仏教と科学の対話にまで尾を引いている問題である。

仏教的な心の科学の方法とされる、ありのままの注意は、心の真の姿を明らかにすると言われている。またその方法は、仏教の「無我（noself）」あるいは「非我（nonself）」（パーリ語：anattā, サンスクリット語：anātman）の真実を明らかにするとも言われる。すなわち、不変の自己も魂も存在せず、「心は認識機能以上のものではない」という教えだ。[17] 無我の教えは、ありのままの注意を実践した結果として起こるべきこと（心と自己をもはや同一視しなくなる）として、すなわちあらかじめ定められた規範的な枠組みとして提示されているものではない。むしろありのままの注意は、もともとあった無我の真理を開示する方法として提示されており、ものごとのあり方を観察・確立するための科学的な手続きや道具になぞらえられる。

他方、マインドフルネス瞑想は、心をより穏やかにし、衝動的にならないようにするといった特定の目的や規範に沿って心を形づくる実践である。ニャナポニカは、「ありのままの注意は、思考から行動への移り変わりを遅らせたり、あるいは停止させたりさえする」のであり、「心の柔軟性と受容性を著しく成長させる」と述べている。[18]

ありのままの注意における、「心の真相を公平に開示すること」と「価値基準に従って心を形づくること」というふたつの考え方は、どのように関連しているのだろうか？ 両者は対立しているように見える。何かを開示するということは、開示しようとしている当のものを変化させないということだが、心を形づくるということは、心を変化させるということだ。もしも、ありのままの注意が心を変化させるのだとすれば、いったいどうやって心を明らかにすることができるだろうか？

科学的な観察と、自身の心的プロセスに対するありのままの注意を比較して考えてみよう。科学的観察は瞑想と同じく一種の実践であり、後天的に身につける技能である。〔たとえば〕顕微鏡や望遠鏡を使って物を見る方法を学習する必要がある。しかしこれらの機器は、アクセスしようとしている対象とは別物であり、対象を変化させるわけではない（量子レベルでは例外があるかもしれないが）。走査型電子顕微鏡が細胞の構造や働きを変化させることはないし、光学望遠鏡や電波望遠鏡が星や惑星を変化させることもない。しかしありのままの注意は、心を外側から観察するために使われる道具ではない。それは心から切り離すことができないのだ。つまり、ありのままの注意は、それ自体が心のプロセス、あるいは認知機能なのである。それは心の他のプロセスに変化をもたらすので、心そのものに影響を与えるのだ。実際、ニャナポニカの言い方を借りれば、それは心を「形づくる」だけでなく、最終的にはあらゆる渇愛や執着から心を「解放する」

手助けをする。
　ニャナポニカは次のように主張する。「ありのままの注意の光のもとでは、これまで区別されることなく単一の知覚作用に見えていたものが、明晰さが増すにつれて、無数の個々に異なる相《フェーズ》が素早く順番に生起する系列として現れるようになる」のであり、このような「基本的な観察は、やがて真に科学的な観察であると証明されるだろう」と。[19]
　しかし、日々の能動的な知覚は、本当に個々の相《フェーズ》の系列から成り立っているのか、それとも（現在のテーラワーダ仏教の「洞察瞑想」で行うように）じっと坐ったり、あるいはとてもゆっくりと慎重に歩いたりしながらありのままの注意を実践した結果として、連続的な流れであったものが瞬間的な相《フェーズ》の系列に変わるのかを私たちはどうやって知るのだろうか？　ありのままの注意は、もともとあった無我の真実を明らかにするのだろうか？　それとも、無我という規範に合致させるように経験を変化させるのだろうか？「私が」「私に」「私のもの」という形の経験がなくなるように、自己と心を同一視する見方を解体する方へ私たちを導いているのだろうか？　ありのままの注意とは、ものごとを照らし出す光のようなものなのか？　それとも、ものごとを形づくる鋳型のようなものなのか？
　私が言いたいのは、仏教徒はこれらの疑問に対する答えをもっていないということではない。そうではなく、これらの疑問に対して、単にありのままの注意という経験に訴えるだけでは何の答えにもならないということだ。その答えは、ブッダが説いた「心の教義」、仏教哲学から出てくるものでなければならないが、それは単に記述的であるだけでなく、本来は規範的（価値判断を行うもの）で救済論的（解脱や救済にかかわる）なものなのである。言い換えれば、ありのままの注意を経験すれば、それだけで仏教の心の教義に含まれる記述的真理が確立されるわけではなく、むしろありのままの注意の経験に意味を与えるために、仏教の心の教義が必要になるということだ。仏教の瞑想と仏教の教義はともに歩み、相互に補強し合うものなのだ。

さらにまた、仏教にはさまざまな心の理論があり、解脱や救済、瞑想実践に関するさまざまな考えがあるため、これらの疑問に対するただひとつの仏教の答えはない。一般化するとすれば、心に関する仏教の記述的・説明的な主張を、仏教の規範的な主張と関係においてどのように評価するかということが問題になる。仏教の瞑想を科学的な方法になぞらえることは、この複雑な問題のうわべだけを繕っているのである。

仏教は信仰か――サム・ハリスの東洋例外主義

概して仏教例外主義者は、仏教教義と瞑想実践に含まれる記述的な側面と規範的な側面とを混同している。たとえば、サム・ハリス（神経科学者・哲学者）は次のように書いている。「あやふやな証拠に基づいて信じようとしなくても、人はブッダの教えを受け入れることができるし、本物の仏教の観想家になることすら不可能ではない（きっとブッダにさえなれるだろう）」

彼は仏教を科学のようなものだと考えている。「人は、規定通りの方法で注意を用い（瞑想）、特定の行動を取ったり避けたりすれば（倫理）、約束された結果（智慧と心理的なウェルビーイング）が得られるだろうという仮説からスタートする」[20]。ブッダは、仏の境地（buddhahood）という理想に関する規範とそれが獲得できる可能性を説いたが、ハリスはまるでブッダが説く規範的な教説には経験的・科学的な証拠《エビデンス》があるかのように語っているのだ。

私は同意できない。涅槃（nirvāna）や覚り（bodhi）といった概念は、科学的な概念ではなく救済論的な概念である。これらは、その妥当性を測定によって確立できるような心理学的な構築物、つまり操作可能な対象ではない。このことは涅槃や覚りの価値を減じるわけではない。むしろ、多くの重要な概念は操作可能ではないのだ。

たとえば「美」「円熟」「崇高」「侘び寂び」（日本において不完全性や移ろいに対して与えられる美的感覚）などの美的概念について考えてみてほしい。何が美しいのか、何が崇高なのか、何が侘び寂びを示しているのかを測定して決める方法はない。美的概念はいつも多種多様な解釈の対象になるもので、それがどのような意味をもつかは、芸術の実践、理論、そしてそれらが形づくる共同体によって構成される。この点で、救済論的概念は美的概念に似ている。それらは常に多種多様に解釈される対象であり、その意味はそれらを思考し実践する者たちの共同体によって構成されるからだ。

仏教の救済論的観念の正当性を信じられるのは、それを裏付ける十分な科学的証拠があるからだ、と考えることは概念的誤謬である。それらは、科学によって直接的に立証できるようなものではない。仮にあなたがブッダの教えを受け入れるとしても、仏教が真実であるという科学的証拠があるからではないだろう。そうではなく、あなたが受け入れるのは、どうすれば有意義な人生を送ることができるかを教えてくれる、ある特定の世界観だ。今日にいたるまで、ブッダの教えは歴史を通じて実にさまざまな仕方で解釈されてきた。科学と矛盾しないように仏教を再解釈しようと努力するのもよいだろう。しかし、科学は仏教の正しさを直接的に確証したり、反証したりすることはできない。

ハリスは仏教例外主義を公然と支持している。彼の場合は「東洋例外主義（Eastern exceptionalism）」と言った方が適切かもしれない。ハリス曰く「いくつかの東洋の伝統は、例外的に経験的であり、例外的に賢明である。その意味でたしかに、それらは信者たちが例外主義と主張するのにふさわしい」[21]。彼が「東洋の伝統」という言葉で指しているのは、仏教およびヒンドゥー教の伝統におけるアドヴァイタ・ヴェーダーンタ（不二一元論派）の近代的な変異体だ（両者には多くの相違点があるが、ハリスは一括りにしている）。しかし彼は仏教を特別視する。彼が言うには仏教は「本質的に信仰に基づく宗教ではなく」、「その中心的な教えはまったく経験的で」、「西洋の宗教や科学には類を見ない心の性質に関する文献を有している」。そしてユダヤ教やキリスト教、イスラームとは異なり、その教えは「信者たちによって不可謬の啓示の産物であるとは考えられておらず」、むしろ「経験に基づく教示である」と[22]。

私の見解では、このような一般化は単純化しすぎであると同時に偏向的である。ハリスは、

「信仰（faith）」を「十分な証拠を欠いた信念（belief）」だと考える一般に流布した立場をとっているが、そのような考え方は限定的なものだ。「信仰」の適切な意味は、誰かあるいは何かに対する信頼や確信である。キリスト教の信仰といえば、イエス・キリストの教えや救済の可能性を信頼し確信することを意味するのであり、仏教の信仰といえば、ブッダの教えや覚り（bodhi）、涅槃（nirvāna）の可能性を信頼し確信することを意味する。

テーラワーダ仏教や大乗仏教の中心にも「信（faith）」がある。仏教教義を体系化したアビダルマにおける信は、五つの精神能力（五根）（残り四つは、精進・念・定・慧）のひとつにあげられる、健全な、あるいは徳のある心的要因である。信には主に四つの対象がある。〔一〕業と輪廻、〔二〕ブッダの教え：存在は条件づけられたものであり、無常であり、根本的に思い通りにならないものであるということ、〔三〕「三宝」（仏・法・僧）：「ブッダ」、「ブッダの教え」、「仏教徒の共同体（特に僧院共同体）」、〔四〕仏道：苦からの解脱や涅槃の経験の可能性を含む。[23]

これらの中心的な教えは、経験的というよりもむしろ規範的・救済論的である。それらは独立した経験的な検証の対象にはならない価値判断に基づいていて、あくまでも解脱という望ましい目標に従って世界を評価する。

仏教には心に関する膨大で洗練された哲学的、観想的文献があることは紛れもない真実だが、ユダヤ教、キリスト教、イスラームにも、心に関する洗練された哲学的、観想的文献がある。これらの著作は、プラトン派、アリストテレス派、ストア派的な思想という豊かで複雑な知的遺産のうえに築かれている。心を主題とする仏教文献には、現代人には疑わしく思えるような形而上学的視点が満ち溢れている。最後にまた、仏教の教えが神の啓示の産物と考えられていないのはたしかだが、伝統的にブッダの認識は全知にして無謬であると考えられており、それゆえ彼の教えに議論の余地はないのである。

科学者としてのブッダ?——サティア・ナラヤン・ゴエンカ

ハリスの著述は、現代の仏教の瞑想指導者たちが瞑想を心の科学として再パッケージしたやり方に基づき、今や凝り固まったその伝統のうちで書かれている。そのような瞑想指導者の顕著な例は、サティア・ナラヤン・ゴエンカ(一九二四―二〇一三)だ。

彼はビルマ生まれのインド人で、ヴィパッサナー瞑想(洞察瞑想)の指導者としてよく知られており、次のような言葉を残している。「ブッダは宗教の創始者ではなく、素晴らしい科学者、精神に関する素晴らしい科学者だった」。ゴエンカは、彼が考案し、現在世界中で行われている十日間の瞑想コースで起きていることは、「純粋な科学」なのだと言っている。彼曰く、「ブッダは決して宗教を創立しなかった。ブッダは決して仏教を教えなかった。ブッダは誰ひとりとして仏教徒にはしなかった」。ブッダの教えは科学のように「普遍的な教え」であるにもかかわらず、ひとたびそれが仏教になった途端、「ブッダの教えの価値を下げてしまったのだ」と。[24]

注意すべきは、ゴエンカは「私たちは今日、現代社会でよりよい人生を歩むために、在家者のための瞑想実践の新しい形式を創造することが必要であり、そのために、仏教の伝統からインスピレーションを得ることができる」と述べているのではないということだ。彼が主張したのは、「ブッダの本来のメッセージと実践形式に立ち返れ」ということだった。

「創始者の本来のメッセージに立ち返れ」という主張は典型的な現代宗教の動きだが、その先には、宗教原理主義者になるか、モダニズムの信奉者になるか、いずれかの道しかない。

キリスト教の場合でも、同様の考え方に立つキリスト教モダニズムの主張を簡単につくり上げることができる。「イエスは決して宗教を創立しなかった。イエスは決してキリスト教を教えなかった。イエスは誰ひとりとしてキリスト教徒にはしなかった。イエスの教えは普遍的な教えであるにもかかわらず、ひとたびそれがキリスト教になった途端、イエスの教えの価値を下げてしまったのだ。だから、私たちはイエスの本来のメッセージに立ち返る必要がある」

このような思想や心情は、現代のリベラル派のキリスト教徒がしばしば表明するものだ。しかし、これと似たようなことが表明されたとしても、ブッダに関してはより妥当性があると思ったり、実は宗教的なことを言っているのではないと思ったりするのが仏教例外主義の典型例だ。

ゾクチェン・ポンロプ・リンポチェと史的ブッダ

ブッダの「本来のメッセージ」を科学になぞらえる別の例は、現代のチベット仏教の指導者であるゾクチェン・ポンロプ・リンポチェの言葉だ。[25] 彼は仏教が宗教として実践されうることを認めつつも、そのような実践はブッダが教えたことではないと語る。仏教は「心の科学」なのだ。

ゾクチェン・ポンロプは、「スピリチュアルではあるが、宗教的ではない」という、近代につくられた史的ブッダのイメージを語っている。後にブッダとなったガウタマ・シッダールタは、「スピリチュアルな探求」に向かい、最終的には「宗教的な実践を捨てて」、あらゆる信仰の体系を超越した悟りの経験のなかに彼自身の答えを発見した人物とされる。

ここでもまた、歴史上の創始者が本来教えていたであろうことを、自らの立場を正当化するために引き合いに出す、というモダニストと宗教原理主義者に共通する現代宗教の典型的な動きを見ることができる。しかし、そこで私たちが実際に提供されているのは、あくまで十九世紀のヨーロッパで活躍した東洋学者たちが創作したブッダのイメージにすぎない。彼らにとって「仏教の起源は、偉大な人物が社会と伝統という顔の見えない集団的な権力に対抗して英雄的に立ち上がったという模範的な事例であり、それゆえ西洋近代が支持し偶像化してきたイメージを喚起するものだった[26]」。

これらの学者たちは、バラモンの祭司たちが権威としたヴェーダ聖典をブッダが否定したことを、マルティン・ルターがローマ法王の権威を否定したことになぞらえる。仏教は「東洋のプロテスタント」とさえ呼ばれるくらいだ[27]。ブッダを偶像破壊者とするイメージは現代の私たちに馴染み深いが、それは歴史の正確な描写ではない。ブッダは同時代の多くの求道者（śramaṇa, 沙門）たちのひとりであり、バラモンたちにとっての権威であったヴェーダ聖典をただひとりで否定したわけではない。

ゾクチェン・ポンロプは「あなたは、自分自身を信頼する以上に、ブッダを信仰する必要はない。ブッダの力はその教えのなかにある」と述べている。[28] 今日そのように考える仏教徒もいるかもしれない。しかしそれは、ブッダやその教えとの関係についてほとんどの仏教徒がこれまで理解してきたことだとは言い難い。それどころかむしろ逆に、ブッダは「全知者」や「超越者」（世俗を超えた存在）のイメージで描写され、私たちの方は根本的に無知なる者、惑わされた存在、誕生、死、始まりのない再生のサイクル（saṃsāra, 輪廻）にとらわれた存在だとされてきた。だからこそ私たちは、ブッダ（と諸菩薩）に対して信仰を置く必要があるのであって、自分たちの狭く限定された不完全な認識を信頼すべきではない。

皮肉にもゴエンカとゾクチェン・ポンロプの意見は、科学的ではなく宗教的である。彼らは、ほとんど歴史的なファクトがないにもかかわらず、創始者（ブッダ）を聖者伝風のイメージで神話的な物語として紡いでいる。

私たちは「史的ブッダ」についてほとんど知らないのだ。彼は何の著作も残しておらず、彼と同時代の弟子たちが彼の人生や教えについて何か著作を残しているわけでもない。口伝の形で伝承された彼の教えは、ブッダの入滅から数世紀経った紀元前一世紀に、彼が生きた場所から遠く離れたいくつかの場所で書写されるまで書き残されることはなかった。またそれらの教えは、ブッダが語った言語とは異なる言語で書き記された（ブッダがどの言語で語っていたのかは正確には分かっていない）。そのときまで（そして間違いなくそれ以前からすでに）、ブッダの教えは対立する多様な解釈の対象となっていた。歴史上の人物としてのブッダに関して私たちが知っていることは、イエスに関して私たちが知っていることよりもはるかに少ないのだ。

ある学者は文献をふるいにかけ、そこから「ブッダが考えたこと」[29]を復元しようとしている。他方で「史的ブッダを語るための（科学的・実証的な）根拠はまったくない」と語る学者もいる。[30]後者の見解では、ゴータマという隠遁者《いんとんしゃ》は、ホメロスやアガメムノン、アーサー王のように、遠く彼方にいる文学上の人物として扱うべきものとされる。これらの名前の向こう側には、実際の歴史上の人物がいるかもしれないが、私たちは具体的で歴史的な証拠を手にしていない。

しかし、いずれの見解も極端すぎる。ブッダの教えは、暗唱によって正確に言葉を記憶することを重んじる文化のなかで、口伝によって保存されてきた。それゆえ、口伝とそれに基づく書写に頼れば、ある程度の信頼できる証拠を得ることができる。とはいえ、これらの資料を超えて、歴史上に存在した人物としてのブッダが実際に何を考え、何を教えたのかを推定できないことに変わりはない。何しろ最古の資料ですら、ブッダ自身からは一歩離れたところにあるからだ。[31]

しかし、「史的ブッダ」という近代的なイメージが、十九・二十世紀の東洋学者によってどのように構築されるようになったかは明白である。[32]「世界宗教の創始者」、「スピリチュアルであるが宗教的ではない人」、「英雄的な偶像破壊者」、「心の科学者」、「自由思想家」、「合理的で経験論的な哲学者」――このようなブッダのイメージはヨーロッパの文献学の仕事場で捏造されたものだ。[33] それは近代主義者の思い上がりの産物なのである。ゴエンカやゾクチェン・ポンロプが「ブッダは心の科学者だった」と言うときには、ブッダは実は崇敬される人物なのだ。

アラン・ウォレスにおける「宗教」と「科学」の定義

仏教と科学を結びつける、より繊細だが、まだ問題のある方法を提示しているのは、アメリカの仏教瞑想指導者、作家のB・アラン・ウォレスだ。[34]

ウォレスは、現在自分たちが使っている用語を当たり前のものと考えるべきではない、という大事なポイントを指摘している。今日私たちが理解している「宗教（religion）」は、近代的な概念である。古代の人々は世界を「宗教的な」領域と「非宗教的な」領域に分けることはなかった。[35] もちろん、今の私たちが「宗教」と呼ぶはずのものを彼らがもっていなかったわけではない。ここで重要なのは、私たちは宗教と宗教以外の人間の活動の領域（芸術・哲学・政治・科学）を区分けすることに慣れているが、それは最近の思考方法を反映したものにすぎず、この新しい考え方を他の時代や地域に投影することには慎重でなければならないということだ。

もう一点、注意しておくべきことは、「世界宗教」としての仏教という近代の考え方は、プロテスタント的な宗教の考え方と結びついているということだ。すなわち宗教を、信者の共同体によって個々人の心のなかで反省的に保持される信仰の問題だとみなす考え方だ。[36] 実際、十九世紀のヨーロッパの文献学者たちがつくり出した「世界宗教」という新しいカテゴリーに、キリスト教以外で最初に加えられた宗教が仏教だった。[37] また現代においては、「スピリチュアリティ」を個人の私的経験のなかに存在するものと捉え、聖職者が執り行う儀礼という形の宗教から区別するが、こうした考えが生み出された原因もまたプロテスタンティズムにある。このようなスピリチュアリティの考え方が、現代人が抱く瞑想の考え方を強力に形づくってきたのであり、それこそが、人々が「スピリチュアルであって、宗教的ではない」というときに「スピリチュアル」という語で意味しているものなのだ。

これらすべての理由から言えることは、仏教の特定の要素を「宗教的」とし、他の要素を「スピリチュアル」であると指摘することによって明らかになるのは、アジアの伝統的な形態としての仏教のことではなく、むしろ私たち（西洋）の考え方の方だということだ。

また、「科学（science）」という言葉も自明だと考えるべきではない。広義における科学とは、検証可能な経験的観察と、間主観的に同意できる合理的な原則に基づいた公共の知識の一形態である。科学はギリシアやヨーロッパだけの特権的な創造ではない。バビロニアやエジプトにも科学に対する重要な貢献があったし、アフリカ、アラビア、中国、インドにおいても、天文学、言語学、論理学、数学、医学、技術の分野で多くの科学的成果があげられてきた。このように歴史的・文化的観点にまで視野を広げれば、たしかに仏教の科学への貢献や、仏教の知的伝統における科学的要素を語ることには意味があるだろう。

しかし、ウォレスの思想は仏教例外主義に依存している。彼は「仏教を無条件に宗教に分類してしまうと、仏教の哲学的な特徴も科学的な特徴も見逃されることになる」と書いている[38]。これではまるで、多くの宗教は一般に哲学的な特徴や科学的な特徴をもっていないが、仏教はその両方をもっている点で特別なのだから、単なる宗教として分類すべきではないと言っているかのようだ。

ユダヤ教やキリスト教、イスラームにも豊かな哲学的・科学的な知的伝統がある。それらを宗教として分類したところで、その哲学的な特徴や科学的な特徴を見逃したことにはならない。それどころか、これらの宗教を正しく理解するためには、それらの知的伝統のなかで、哲学的・科学的思考が果たしてきた役割を理解することが不可欠である。その点では仏教もこれらの宗教と何ひとつ違うところはなく、例外的であるはずはない。

ウォレスが示しているのは、仏教と科学に関する偏ったイメージだ。彼は仏教の瞑想を科学の一種だと宣伝することで、仏教の護教論に与している。彼が言うには、〔仏教には〕「さまざまな理論があり、それらは過去二千五百年にわたって、再現可能な瞑想のテクニックを通して何度も繰り返し検証され、実験的に確証されてきた[39]」。

私はそうは思わない。仏教における心の理論は、〔弟子たちが〕憶えたブッダの言葉を記録したと称する経典の伝統、それら経典の言葉の宗教的・哲学的解釈、そして心の修養という仏教的実践に基づいている。これらの理論は、科学的な仮説として定式化されたものではないし、科学的に検証できるものでもない。心に関する仏教の洞察は科学的発見ではないのだ。

仏教の心の理論は、伝統的な主張や、さまざまな教義、各学派のレトリックの圧力から自由な、オープンエンドな経験的探究の結果として得られたものではない。この理論は、仏教の形而上学の言語で語られているのであって、仏教と非仏教の思想家たちが合意できる、何か中立的な概念の枠組みのなかで語られているわけではない。仏教瞑想に関する文献は、宗教的なイメージや宗教的な言葉で溢れている。

仏教の瞑想は対照実験ではない。仏教の瞑想は、人々が特定の経験をするように誘導し、さらにその経験が仏教教義に合致し、仏教教義を確証するものであると解釈するように導く。こうした経験をもとにつくり上げられる主張は、中立的な査読の対象になるものではなく、あくまでもすでに合意されて疑問視されることのない仏教の救済論的な道の枠組みのなかにおいて評価対象となるものである。

ウォレスは、仏教の「心の科学」では、「専門の観想家以外の者による批判は真剣に受け取る必要はない。それは科学者ではない者が科学理論を批判しているようなものだからだ」[40]と書いているが、この発言は、彼の（仏教が）科学的だという主張が嘘であることを示している。

想像してもらいたい。もし精神分析医が「専門の精神分析医以外の者が精神分析を批判したとしても、それを真剣に受け取る必要はない。それは科学者ではない者が科学理論を批判しているようなものだからだ」と述べていたらどうだろうか。

精神分析とある種の仏教瞑想は、精神の力学に強く焦点を当てる。精神分析医になるためには、経験豊富な精神分析医と一緒に最低でも三年間という長期にわたる分析を自ら受けなければならない。「専門の観想家」になるためには、経験豊富な観想家の指導のもとで、一定期間の訓練を受けることが必要になる（チベット仏教のいくつかの伝統では、三年間にわたる瞑想リトリートを最低でも一回は含む訓練を受けなければならない）。だが、そのことで精神分析や仏教瞑想が外部からの批判を免れるわけではない（実際、何千年ものあいだ、仏教の思想家たち自身は、瞑想を通して知りうる内容に関して議論を重ねてきた）。

「このような批判を真剣に受け取る必要はない」という発言は、視野の狭い態度を助長し、確証バイアス（曖昧な情報や証拠を、自らがもとからもっている信念に合わせて解釈する傾向性）の可能性を高めてしまう。もしもあなたが「仏教瞑想は、外部からの批判を免れた、心を知るための特別な視点を提供しており、その点で精神分析とは少し違うのではないか」と考えているのなら、あなたはすでに仏教例外主義にとらわれている（当然ながら、精神分析例外主義のようなものもある。それは二十世紀の時代に特定のサークルのなかで人気があるものだった）。

私は仏教の瞑想技法がいかなる意味においても経験的に検証されてこなかったと言っているのではない。瞑想は一種のスキルなのだ。さまざまなスキルが反復実践と熟練者の評価により経験的に検証されるように、瞑想もまた同様の方法で経験的に検証することが可能なのである。その意味において、仏教の観想家たちが長い時間をかけ、瞑想の検証を行ってきたことに疑いの余地はない。それにまた、瞑想が個人的な洞察という意味での発見をもたらさないと言いたいわけでもない（同様に、精神分析も洞察をもたらす）。

私が言いたいのはそうではなく、経験に基づく検証（experiential tests）は、実験に基づく検証（experimental tests）ではないということだ。瞑想は科学的な仮説を検証するものでもないし、それ以外では説明できない独自の予測を提供するものでもない。瞑想が生み出す洞察は科学的発見ではない。サム・ハリスなら仏教の瞑想を「一人称の科学」と呼ぶだろうが、そうではない。実際、科学は公共的で共同的な営みであり、「一人称の科学」という考え自体がナンセンスなのだ。

私は、瞑想を貶めようとしているのでもない。むしろ仏教の瞑想を科学になぞらえることが、いかに仏教の瞑想を歪めてしまうかを示すことで、逆に瞑想本来の価値を認める余地をつくろうとしているのだ。瞑想は対照実験ではないし、注意やマインドフルネスは、心に影響を与えることなく心を明らかにする道具ではない。瞑想は心（そして身体）に対する洞察をもたらすが、それはちょうどダンスやヨーガ、武術のような身体的実践が身体（そして心）に対する洞察をもたらすのと同じことだ。瞑想を含むそのような心身の実践には、それぞれ独自の厳格さと精密さがある。それらの実践は経験的にものごとを検証し、その効力を立証するが、対照群から得られた結果との比較を通して検証するわけではない。

現象学による科学批判

本書ではこれまで「科学（science）」という言葉を、主に近代の実験科学（experimental science）

を指示するものとして使ってきた。これは、キリスト教の宣教師やヨーロッパの植民地支配者が讃えていた科学のことであり、また仏教の近代的な改革者たちが仏教教義を科学的な理論になぞらえ、仏教瞑想を科学的観察や実験になぞらえるときにモデルにしていた科学のことだ。

当然ながら、「科学」という言葉の意味を制限することに異議を唱えることも可能だ。論理学や数学を、「経験科学」に対して「形式科学」と呼ぶことを考えてみるといい。広義の「科学」が指示するのは、対照実験を通して獲得される知識に限定されるわけではなく、公的で検証可能なあらゆる知識の体系である。

意識経験のさまざまなタイプを、経験的な観点から研究する心の記述的科学がありうる。そんなラディカルな考えが、二十世紀の西洋哲学から生まれた。エトムント・フッサール（一八五九－一九三八）はこの着想を発展させる形で「現象学」と呼ばれる哲学の運動を創始し、現象学を「意識の本質についての学（the science of the essence of consciousness）」と定義した。[41]「本質」という言葉が意味しているのは、必然的な構造のことである。たとえば知覚的な経験における必然的構造とは、事物があなたに特定のパースペクティブをもって現れるということだ（人は、何らかの対象をあらゆる角度から同時にまるごと全体として見たり、触れたりすることはできない）。

フッサールは知識の理論の観点からこう主張している。現象学は第一の学である。なぜなら、経験科学と形式科学における命題の意味は、哲学的に正当化されることを必要とするからだ。フッサールの考えでは、科学的なモデルや理論というものは、具体的な生きられた経験（lived experience）から抽象化された形式なのだ。科学的なモデルや理論は、私たちの絶えず広がる経験の範囲内の出来事を制御・予測するものとしては実証的に十分だが、その範囲を超えて世界がいかに存在しているかということについて真なる表象を与えるものではない。さらに言ってしまえば、科学的なモデルや理論は自らを意味づけるために意識の必然的構造を必要とするのだが、それはその必然的構造こそ私たちがこの世界を経験することを可能にしているものだからだ。

それゆえフッサールの現象学的な経験主義は、実験科学の経験主義よりもはるかにラディカルなものだった。フッサールの現象学に対しては、しばしば「一人称の科学」のための努力だという間違った記述がなされてきたが、フッサール自身はそのような記述をしたことはなく、むしろ現象学を共同的・間主観的なプロジェクトとして提示していた。

「仏教は心の科学である」あるいは「仏教には心の科学が含まれる」と主張する現代の仏教徒たちが、この（現象学のような）仕方で「科学」という概念を見直そうとする哲学的なステップを踏まなかったことは驚きである。[42] 彼らは科学者が立てる唯物論的前提のいくつかに疑問を投げかけるかもしれないが、フッサールが現象学を主張したときのように、科学に対する認識論的な批判を追求しない。仏教哲学にはそのような批判を展開するためのさまざまな材料があることを考えると、このような批判の差し控えはいっそう驚くべきことである。

現代の仏教徒たちは、科学を批判する道をとるかわりに、現代世界では科学にこそ威信と権威があるという理由から、むしろ科学に頼ったのだ。彼らは特定のイメージで仏教を宣伝するために、「科学」という語を美辞麗句を使って展開している。そのイメージこそ、仏教例外主義が考える仏教のイメージに他ならない。

ダライ・ラマと「仏教の科学」

「心と生命の対話」のなかで、私は他の哲学者や科学者と共にダライ・ラマに対して科学をめぐる認識論的な諸問題を提起したことがあるが、彼は総じてそれらの問題に難色を示した。ダライ・ラマは、〔仏教と科学の〕対話という目的のために、スタンダードな科学のイメージを受け入れることの方を明らかに好んでいた。すなわち、実証主義的（感覚的経験に依拠しており、形而上学を避ける科学）で、実在論的（世界に関する真の理論を与える科学）なイメージである。

私はその態度に対していつも不満を感じていたし、困惑もした。不満だった理由は、そのような態度は対話を制限するだけでなく、科学とは何か、科学はどのように行われているのか、をめぐる完全で自由な議論を妨げるからだ。困惑した理由は、〔ダライ・ラマが信奉する〕インド・チベット仏教における中観派の哲学は、「感覚的経験は概念にとらわれることなく直接的に与えられる」という実証主義的な思想に対しても、「世界はその本質においていかなる概念の枠組みからも独立して存在するものであり、心はその世界を知ることができると考えることができる」という実在論的な思想に対しても、容赦ない批判をしているからである。[43]

さらに言えば、たしかに多くの科学者はこのような実証主義的・実在論的な前提に立っているが、少なくとも「心と生命研究所」の創設者であるフランシスコ・ヴァレラは、科学に対するまったく別の考え方、現象学的で構成主義的な科学の考え方をもっていた。ヴァレラにとって科学的知識は、常に文化的に形成される、私たちの生きられた経験を解釈することから構成されるものでしかなかった。科学の評価基準となるのは、あくまでも十分な経験の妥当性（世界の観察可能な様相に対する（経験の）正確さ）であって、心とは独立に存在する実在《リアリティ》への一致という意味での真理性ではない[44]。

もしかすると、ダライ・ラマがこのような科学の考え方に難色を示したのは、非常に多くの科学者たち（その多くは仏教徒である）が、仏教瞑想や仏教に由来する世俗的な瞑想が脳や行動に有益な効果をもたらすことを証明しようと努力しており、彼はそれに対する援助を行っていたからではないだろうか。ダライ・ラマは、科学の実証主義的・実在論的なイメージに疑問を提示してしまうと、その努力に水を差すことになると考えたのかもしれない。

同時にまた、ダライ・ラマは「仏教の科学（Buddhist science）」があるという主張も行っている。二〇一五年十二月、インドのセラ寺で「知覚、概念、そして自己」というテーマのもと「心と生命の対話」が開催された。そこで彼は冒頭の挨拶において、この対話は仏教と科学のあいだでなされるのではなく、むしろ「仏教の科学と近代科学」の対話であるという発言を差し挟んだ。また別の機会には「仏教の科学」と「仏教の宗教的実践」を区別し、後者は「仏教徒の内輪の課題」であると述べている。

「仏教の科学」と「仏教の宗教」を峻別することは、ダライ・ラマが科学者と対話をするときの中心的な戦略だった。彼は科学者と協力して人々の苦しみを軽減し、人類の繁栄を促進したいと望んでいる。また、現代世界におけるチベット仏教を強化したいとも思っている。この願いをかなえるには、科学的唯物論から仏教を守りつつ、仏教の近代化のために科学を利用することが必要だった。そのための鍵を握る戦術が、科学者とチベット仏教の僧侶共同体の双方に対して、仏教には独自の科学があり、現代科学は仏教から学びうるものがあると示すことだった。

しかしながら、この対話を通して次第に明らかになってきたのは、「仏教の科学」と「仏教の宗教」を別々のままにしておくことは不可能だということだった。感覚的知覚と概念的認識が話題になるとき、ダライ・ラマは「仏教の科学」すなわち知覚・認識・推理に関するインド・チベット仏教の哲学的理論を根拠とするが、その理論は一般的に心身二元論（心的現象と物質的現象は、どちらか一方に還元することのできない異なる本性を備えているという考え）を前提にしている。

そこで、認知科学者がこの二元論の枠組みに対して異を唱えると、ダライ・ラマは一転して「仏教の宗教」に根拠を求める。特に拠り所とされるのが、密教（Vajrayāna, 金剛乗）の身体観である。チベット仏教徒は、密教の観点に立つことが「最上位（最も包括的で正確）」であると語るが、それを説いた密教文献は哲学的な文献の集成に属するものではない。それらは宗教的な文献である。そこで扱われているのは、儀礼、献身、真言（マントラ）、諸神格との結合、および微細な身体エネルギーといった、まさに「仏教徒の内輪の課題」だ。密教文献のなかでは独特の身体観が示されており、身体は、微細な意識状態と相互依存的に結びつけられている幾多の微細なエネルギーのパターンから構成されるものだとされる。

ダライ・ラマは、科学者から仏教の心身関係論に対する疑問を突きつけられた際には、特にこのような密教の身体観に訴えながら回答する。[45] このようにして彼は、科学的な問題に対処するために宗教的な枠組みを展開しているのだ。ここには、密教の瞑想理論と実践という形をとった宗教が再登場しているのだが、それは「瞑想は科学であって宗教ではない」という考えと矛盾している。

私の見解では、「仏教の科学」という言葉は適切ではない。ダライ・ラマはその言葉を瞑想・論理学・認識論を用いた現象の探究という意味で使っているが、これまで論じてきたように、仏教瞑想も仏教哲学も「科学」――制御された状況下で検証可能な仮説に基づくものという意味での科学――にはならない。仏教における瞑想と哲学は、宗教として理解されている仏教と切り分けることなどできない。仏教の瞑想や哲学は、解脱という究極の目的とそこへ至る仏道という規範的な枠組みを前提としており、それをもとに意味づけされているからだ。仏教の瞑想や哲学が更新されることがあるとしても、それはあくまでもこの規範的な枠組みの内側でのことであり、その枠組みそれ自体を疑問視したり、拒絶したりすることはできないのだ。仏教の瞑想や哲学は、仏教聖典と矛盾しない。こうしたさまざまな点から考えれば、仏教はとても例外的とは言えないし、それどころか他の宗教と何ら変わらないのである。

仏教だけが「科学的」なのか

仮に「科学《サイエンス》」という言葉を、公的で検証可能な知識の体系という広義の意味で使ったとしても、それでもやはり「仏教の科学」という言い方は誤解を招く恐れがある。イスラーム以前のインドでは、科学的な思考が仏教・バラモン教・ジャイナ教・自然主義的な知的伝統のあいだの実り豊かな交流をつくり出してきた。言語学・論理学・自然界の分析など、数多くの知的な道具立てては仏教以外の伝統に由来している。仏教は、特に論理学と認識論の分野においてこれらの道具立てを革新的に発展させたのだが、それらはその後、バラモン教・ジャイナ教・自然主義の思想家たちによって取り上げられ、修正・拡張されることになった。

こうした科学的思考は、歴史家のシェルドン・ポロックが「サンスクリット・コスモポリス」と呼ぶ世界（地域の差を超えて、サンスクリット語が学問と文学の言語とされた南アジアの世界）にあったものだ。[46] インドにおける科学的思考の伝統は（科学的思考一般がそうであるように）、本質的にコスモポリタンなものだったのだ。

仏教徒（特にアメリカとヨーロッパの改宗者たち）のなかには、「仏教の哲学は本質的に他のインド哲学の伝統よりも科学的（合理的、経験主義的）である」と主張する人がいるかもしれない。しかしこれは間違っている。もし読者のなかにも疑う人がいれば、インド哲学のよい入門書を読んでみてほしい。[47] バラモン教の哲学者が自己の存在を主張するのに対し、仏教はそのような単一にして永遠不変の自己の存在を否定するから科学的だと言う人もいるかもしれない。そのような言い方が前提にしているのは、有我論よりも無我論の方がより科学的だという考えである。この問題に関しては第三章で詳しく論じるが、ここではその判断は単純すぎるとだけ言っておこう。

ふたつの伝統において意見が一致しているのは、私たちが通常「自己」とみなしているもの（心や身体）は、自己であるための基準を満たしていないということだ。心や身体は、変化する心的状態の下や背後に存在する永続的な意識の主体でもないし、心と身体を統御する最高位の存在でもない。したがって、心や身体のいずれも真なる自己と同一視すべきではない。どちらの伝統においても、そのような間違った同一視が苦しみを引き起こすと考えられている。

見解が分かれるのは、バラモン教の思想家は、変化する心や身体の状態とは区別される、同一性の原理としての自己が存在すると主張するのに対して、仏教の思想家はそのような自己の存在を否定しているという点だ。ここでは、認識をどのように説明するかということが、主に哲学的な議論の争点になっている。

仏教哲学者たちの主張では、認識は独立した主体の存在を想定しなくても、心的・物理的な事象の因果的連鎖という枠組みによって説明できる。これに対してバラモン教の哲学者たちは、知覚的認識と想起がどのように機能するかを説明するには、一連の因果的連鎖を適切な仕方で統合する、持続的に存在する主体を措定することが必要になるという強力な反論で応答している（だからこそ私は自分の以前の経験を、他人のものではなく私のものとして想起することができる）[48]。

この議論全体は哲学的なものだが、競合する認識モデルをめぐる認知科学的な議論の原型として捉えることもできるかもしれない。しかしこれは、「科学的な」観点と「宗教的な」観点とのあいだで交わされた議論ではない。今日の哲学者たちは、心や自己に関する新たなモデルを展開するために、(仏教とバラモン教)双方の伝統から得られる洞察を組み合わせてきたのである。[49]

また、仏教哲学が他の宗教哲学と比較して本質的に科学的だということはない。たとえば、仏教は聖典よりも経験を重視するため、両者に矛盾がある場合には聖典が否定され、知覚と推論が優先されると言われることがある。しかし、このような評価は部分的であり単純化されすぎている。たしかにインド仏教の思想家のなかには、哲学的な原則として、聖典に基づく証言を(知覚や推論とは)別に独立した知識手段とすることを否認する者たちもいた。しかしそれは、一部のバラモン教の哲学者たちによってヴェーダ聖典の権威に訴えることが行われていたため、それを阻止しようとすることが主な理由であって、その他の仏教哲学者たちは、(聖典に基づく)証言を知覚や推論とは別の独立した知識根拠として承認していた(もちろん、彼らもヴェーダ聖典に訴えることは否認しているが)。どちらの場合にしても、ブッダの言葉や彼の概念的・分析的な枠組み(いわゆる五つの集合要素(five aggregates, 五蘊《ごうん》))、あるいは人をつくり上げるとされる心身の諸要素を否認することは、実際問題としてまず考えられない。

あるいは、宗教思想家が哲学や科学を追求するとき、通常は聖典から離れるが、仏教徒たちはそのはじまりから常にそうしてきたと言われることもある。それが真実かどうか、私には疑わしく思える。初期の仏教徒たちはブッダの教えを成文化し、仏教僧侶の共同体をつくり上げることに集中していたし、後世になって興隆するスコラ的な哲学は、仏教・バラモン教・ジャイナ教の伝統を貫いて南アジアに共通して見られたものである。

またほぼ同時期に、ラテン中世のアウグスティヌス（三五四－四三〇）は、「自然という書物」は「聖書という書物」よりも読みやすいという主張を展開した。この「ふたつの書物」という比喩は、以後キリスト教の教父たちによって十七世紀にいたるまで使い続けられ、今日でも科学や宗教に関するキリスト教の本のなかで使われている（「自然という書物」を読むという行為は、神の啓示の一部である宇宙の法則的な秩序を見極めることを意味する）。[50] キリスト教もまた、仏教に負けず劣らず、常に聖典と科学とを別々に扱い続ける方法をもち続けてきたのである。

仏教は経験主義なのか

仏教哲学における「経験主義」の意味についても考えてみたい。特にダライ・ラマがチベット仏教哲学を語る文脈で話す「経験主義」が、真に意味しているものは何なのだろうか？

仏教学者ジャネット・ギャツォはこう述べる。「真の経験主義とは、ブッダが自らの悟り体験に基づいて明らかにした深淵な知に関係するものであり、それはブッダおよび彼と同じレベルに達した瞑想修行者だけが直接的に知ることができるものなのだ。ダライ・ラマや大半の仏教認識論にとって、このような悟り体験を信頼することは、それが間違いだと証明される可能性に勝るものである。実際、科学的な検証を行ったところで、それが正しかったと証明されるだけだろう」[51]。この種の経験主義は、錯誤のない「瞑想修行者の知覚（yogic perception）」と、ブッダの全知の悟りという考えに基づいている。これは科学的な経験主義ではないし、現象学的な経験主義さえはるかに超えているものである。

仏教哲学のある部分（たとえば因果関係の強調）は科学に沿うものだが、その他の大部分（業は因果の働きと切り離せないという思想、一切の衆生には生得的な仏性があるという大乗仏教の思想）は科学とは合致しない。同じことは他の宗教伝統についても言えるだろう。たとえば、宇宙には法則的な秩序があるというキリスト教の考えは科学と一致している（実際この考えは、現代の科学的世界観をもたらした歴史的な源のひとつである）。しかし、この法則的な秩序は人格をもった創造主である神あるいは神格に由来するというかつて科学と一致していた考えは、今では科学に沿うものではなくなっている。

もちろん、現代の仏教徒が業（カルマ）や仏性などの考えを科学と両立するような仕方で再解釈することは可能であり、また実際そうした動きもある。しかし、キリスト教徒、ヒンドゥー教徒、ムスリムも、各々の伝統を科学と両立するような仕方で再解釈することは可能であり、実際そうした動きもある。繰り返しになるが、この点において仏教だけを特別視する理由は何もないのだ。

「仏教の科学」と「仏教の宗教」を分けようとするよりも、「宗教としての仏教」と「文化・文明的な力としての仏教」を区別する方がよいだろう。[52] ダライ・ラマが「仏教の科学」について語るとき、彼はとりわけチベットの人々のあいだで受け入れられている宗教としての仏教を近代化することを目指し、また仏教を建設的で文化的な力として世界に宣伝することを目指している。このふたつの目的を実現するためには、国境を越えて広がる、科学的でコスモポリタンな世界観をさらに前へと発展させていく必要がある。そしてそこには、仏教、特にその豊かな知的伝統と観想の伝統が組み込まれているのだ。

私はこうした目的に強い共感をおぼえている。仏教と科学の対話に関する私の著作は、その目的をサポートすると思う。[53] ただ、「仏教の科学」という考えがその目的に資するとは思えない。仏教例外主義は、仏教モダニズムの護教論のためのレトリックの一種だ。それは仏教を歪めるものであり、また科学と宗教を歪めるものなのだ。

第二章　仏教は真実なのか？

Is Buddhism True?

たとえば誰かが、次のような主張をしたと仮定してみよう。

「科学は、キリスト教における「核をなす考え」、すなわち自然は数学という純粋言語で刻まれた普遍的な物理法則によって支配されている、という考えを支持している。ゆえに、キリスト教は「真実」である」

この主張に対しては、「物理法則に関する科学の考え方が正しいからといって、それはキリスト教が真実であることの理由にはならない」と答えるのがおそらく正解だろう。キリスト教の哲学は、自然は法則に支配されているという考え方をもたらした歴史的な源流のひとつかもしれないが、このような考え方があるからといってキリスト教の真実性が論理的に導かれるわけではない。自然が規則正しい秩序を示していると信じることと、キリスト教の哲学を受け入れないこととのあいだに論理的な矛盾はないからである。

キリスト教のなかには、現代的でリベラルな思想をもち、科学を促進するキリスト教的ヒューマニズムを説く立場もあるが、たとえその立場であっても、宇宙に関する先ほどの考えだけを主張しているはずはなく、それ以外にもさまざまなコミットメントがある。キリスト教徒にとって、自然が規則正しく秩序づけられているという考えは、神による世界の創造とデザインという概念と切っても切り離すことはできない。このような考えはキリスト教のなかでこそ宗教的な意味をもつが、科学的にはもはや意味がない。

「科学は仏教の「核をなす考え」と合致する。それゆえ、仏教は「真実」である」という命題についても同様に考えるべきだろう。たとえば「諸現象は原因に依拠しており、一時的なものである」という科学の考えは、たとえ仏教にも同様の考えがあるとしても、「仏教は真実である」と考えるための理由にはならない。仏教徒でなくても科学的な考えを受け入れることはできるし、仏教徒であるためにはこのひとつの考えに同意するだけでなく、はるかに多くの考えを受け入れる必要がある。

仏教における、すべての「条件づけられた現象（conditioned phenomena, 有為法）」は原因に依拠し無常なものであるという考えは、それらの現象が「汚された」ものであり、精神的苦悩を生み出しやすく、それゆえ本質的に思い通りにならないという価値判断と切り離せない。あるいは因果性に関する仏教の考えも、業と輪廻の考えから切り離すことはできない。その考えは次のような考えと結びつけられているからだ。すなわち、因果関係は本質的に、善因善果・悪因悪果という道徳的なものであり、その道徳的な因果はこの生から次の生へと引き継がれ、自己永続的な循環〔輪廻〕を繰り返すということ、そしてそれは最終的な解脱と涅槃――「条件づけられない（unconditioned, 無為法）」平安の境地――の獲得をもって終わるということだ。したがって、因果性の考えは仏教のなかでは宗教的な意味をもつが、科学においてはそのような意味をもつことはない。

ロバート・ライト『なぜ仏教は真実なのか』

ところが今では、「仏教は容易に「自然化」することができ、自然化された仏教が「真実」である」と論じることがポピュラーになっている。ロバート・ライトは彼の魅力的な著書『なぜ仏教は真実なのか（*Why Buddhism Is True*）』[1]でこのようなアプローチをとっているが、私にはそれがうまくいっているとは思えない。

この章では、いくつかの理由からライトの主張に焦点を当てるつもりだ。

第一に、ライトは、今現在広がっている現代のマインドフルネス瞑想をベースにした仏教と科学を関連づける思想を、最も明確で利用しやすい形で代弁してくれているということ。

第二に、彼の本はベストセラーであり、本書の読者の多くの人は実際に彼の本を読んだことがあるか、少なくとも知っているだろうということ。ライトはこの本の中心的な考えを提示する際、彼自身がどのように瞑想を学び、その実践がどのように人生を変えたのかという体験談を通して語っている。彼にはユーモアのセンスがあり、生真面目すぎる語り口にはなっていない。同書を読めば、彼が南部バプテスト派（キリスト教プロテスタントの一派）に生まれ育ったこと、十代の頃に教会を離れたこと、自然選択による生物進化を唱えたダーウィンの進化論と現代の進化心理学とを信奉していること、そして最後に仏教の瞑想と出会えたことが分かる。『なぜ仏教は真実なのか』は、個人的かつ知的な証言として読めるものであり、それはまた、現代の北米に生きる多くの人の経験とも共鳴するにちがいない。

第三に、前章で論じた仏教例外主義者とは違って、ライトの場合、仏教は本当は宗教ではないと主張しているわけではないということ。むしろ彼は、いわゆるセキュラー・ブッディズムもまたひとつの宗教であると主張しており、この見解は個人的に正しいと思っている。[2]

第四に、とりわけ今日の世界のためには仏教が根本的に重要であるという彼の見解は、私も共有しているということ。

最後に――これが最大の理由なのだが――なぜ、そしていかなる点で仏教が重要なのか、仏教と科学の関係をどう考えればよいのかに関して、私は彼に同意できないということだ。私たちのあいだで意見が一致しない点は、私の仏教モダニズムに対する批判の核心でもある。つまり、ライトは私にとって刺激的な論争相手なのだ。

仏教と進化心理学

ライトは、「仏教の「自然主義的」な側面の核をなす概念」が「真実」であるのは、科学が「実質的にそれを裏付ける証拠」によってそれを支持しているからだと論じている。そして、「人間の苦しみに対する仏教の診断は根本的に正しい。苦しみに対する処方箋もまったく有効であり、今まさに重要なものだ」と結論づける。[3]

ライトの議論の運びは、記述的な主張と規範的な主張のあいだを行ったり来たりしている。記述的な主張とは、彼が考える科学的証拠にしたがって何が事実であるかを論じることであり、規範的主張とは、現代仏教あるいはアメリカ仏教で価値があると考えられているものにしたがって何が事実であるべきなのかを論じることである。何が事実であるかというのは、私たちの心が自然選択により形成されてきたということだ。そして何が事実であるべきかというのは、現代仏教が説くマインドフルネス瞑想の道に従うことで、自然選択に「反逆」すべきだということである。

ライトは、ふたつの視点の違いに応じて「真実」という言葉を使い分けている。「真実」は、科学的証拠により裏付けられているという意味で使われることもあれば、現代仏教のマインドフルネス瞑想という価値評価の観点から「明晰に見た」場合に、人間の状態がどのように見えるのかという意味で使われることもある。「真実」は、「事物のあり方と対応していること」を意味することもあれば「人生がより善いものになるから信じた方がよいこと」を意味することもある。「仏教は真実である」という言い方は、このふたつの視点の違いをうまく誤魔化している。

ライトもこの問題には自覚的だ。彼の本の冒頭は次の言葉からはじまる。「真実は油断のならない言葉であり、哲学や心理学の深遠な考えはもとより、どんなことについてもその真実性を主張するのは一筋縄でいかない作業である」。続けて、「初期の仏典のなかには、そもそも「真実」などというものが究極的に存在するものかどうかにまで疑いを向けているものもある」と述べ、さらに次の言葉で本書を締めくくる。「私がこの本を書いているとき、*Why Buddhism Is True*（なぜ仏教は真実なのか）というタイトルが頭のなかにあったわけではない。しかし書き上げてみると、本書が、私が仏教の核心部であるとみなすものの妥当性を論じる内容になっていることに気づいた。……そうしてこのタイトルに行き着いたのだ[4]」

ライトにとって、「仏教の核をなす考え」の「妥当性」がそれらを「真実」にする。しかしまた、彼は次のようにも語っている。「ここでのさまざまな「真実」がすべて、仏教の教義であるとは限らない。「真実」のいくつかは教訓や示唆のようなもの」であり、そこには仏教思想のなかで明確に含意されているものも含まれる。しかしライトが言うには「これらのすべては現代の科学によって実質的に裏付けられる。現代の科学と言うとき、そこには神経科学や心理学が含まれるが、なかでも重要なのは進化心理学である。なぜなら進化心理学は、自然選択がいかにして人間の心を形成するのかを説明するからだ[5]」。

なぜ仏教は真実なのか。この問いに対するライトの「簡潔な答え」は、「私たちが自然選択によって創り出された動物」であり、「自然選択が私たちの脳のなかにさまざまな傾向性を組み入れたが、初期の仏教思想家たちは、利用できる科学的な手段が乏しいなかでその傾向性を精査するという極めて驚くべき仕事をやってのけたから」である。

　私たちを駆り立てる主な傾向性は、快いものを手に入れたいと願い、それに執着しようと欲すること、そして不快なものを避けようと欲することである。その一方で私たちは、望むものさえ手に入れたら、実際に経験するよりもずっと長く続く満足感を得られるだろうという間違った思い込みを抱いている。私たちの快感に対する期待はとても強いものなのに、いざその快感を経験してみるとそれは長続きしない。私たちは、自分自身の未来における幸福について希望的な幻想をもつせいで苦しむのだ。私たちは「世界を明晰に見ることができない」。それが私たちを苦しめる。私たちは満たされることがない。だからこそいっそう満たされることを望む。そうして私たちは、欲望が満たされて得られるであろう快感の量を何度も何度も量《はか》り間違えてしまうことになるのだ。

　しかしながら、このような錯覚が自然選択の産物だとすれば納得がいく。「自然選択は、私たちに幸福になってほしいと「望んでいる」わけではない。結局のところ、自然選択が私たちに「望んでいる」のは、狭義の意味において生産的であること、すなわち「繁殖力をもつこと」（成功裡に繁殖し、遺伝子を次世代に伝えること）である。そして、私たちに繁殖力をつけさせる方法は、快感への期待を大きく強めつつも、快感そのものはそれほど長続きしないようにすることである」

そういうわけで、苦しみの源には「渇き」や「渇愛（craving）」があるという仏教の診断は、「進化を背景にすると納得がいく」。つまり、渇き、渇愛、または欲望は、「動物がどんなものに対しても長く満足できないようにするため、自然選択が動物に植え付けたもの」であるが、マインドフルネス瞑想を行えば、私たちは自らの渇愛にいっそう自覚的になるため、そうすることで渇愛の「支配力を弱める」ことができる。その結果、私たちは渇愛の影響に介入し、それを変えることができるということだ。[6]

自然選択によって私たちの脳に組み込まれたにちがいないと推定される、もうひとつ別の傾向性がある。それは、私たちの思考や行動には、それを所有したり動かしたりする主体、すなわち本当の内なる自己（CEO的自己）が存在すると感じ、考える傾向性だ。ライトは「現代の心理学は、「CEO的自己は存在しない」という仏教説を裏付けている」と語る。また同時に、進化心理学はなぜ自己という錯覚が生じるのかという問題についても説明するという。それは「自然選択の見地から見れば、あなたが自分自身を一貫した物語によって語ることができたり、理性的で自己認識のできる人物《アクター》として自分を描いたりすることが、あなたにとってプラスになるからだ」。「それがあなたにとってプラスになる」理由は、「自己」という錯覚をもつことで、あなたの遺伝子を次の世代へと伝えることが容易になるからである（だから厳密には、あなたにとってプラスになるというより、あなたの身体を宿主にする遺伝子にとってプラスになるという意味だ）。

しかし、「主導権を握っているただひとつの自己や意識のＣＥＯは存在しない」[7]。私たちを取り仕切っているのは、膨大な数の「心のモジュール」（脳のなかである程度独立しながら働く複数のサブシステム）である。それらは互いに支配権を争い、感情（欲望や情動など）を通して支配権を獲得する。マインドフルネス瞑想が役立つのはこのポイントである。マインドフルネス瞑想を行うことで、私たちは感情に気づくことができるようになり、その影響の仕方を変えることができる。

ライトにとって「解脱」とは、避けることが不可能である感情と、避けようと思えば避けられる渇愛とのリンクを断ち切ることである。「今・ここ」における解脱とは、渇愛によって条件づけられた状態から自由になることだ。以上が、「条件づけられない状態」（涅槃）への到達、またはその実現という仏教思想に対するライトの解釈になる[8]。

渇愛は自然選択によって私たちに組み込まれたものであるため、仏道に従うことは「自然選択への反逆」であり「自然選択の価値観の拒絶」である。このような反逆は真実をもたらす。なぜなら「自然選択がもつ価値体系の核をなす教義は内部で矛盾している」からだ。これは、私は特別で自分の優先事項が最終的に重要だという教義だが、ここには「私たちは一人ひとりが、それぞれ他の誰よりも重要だ」という真理としてはありえない教えが含まれている。そして、真理としてありえないものを否定することで、「あなたはより真実に近づくはず」なのだ[9]。

こうして「なぜ仏教は真実なのか」という問いが意味していたことは、「なぜ現代アメリカにおける自然主義的な仏教思想の核をなす概念や教訓のいくつかは、進化心理学と一致するのか」という問いであったことが判明する。

ライトは自然主義的なアメリカ仏教を正当化するために、進化心理学を利用している。もしも進化心理学が自然主義的な仏教における人間の診断を裏付けるのであれば、そして、もしも仏教のマインドフルネス瞑想が私たちの状態に対する治療法を提供するのであれば、仏教は真実である。これがライトのロジックだ。

ライトの議論に対する四つの疑問

ライトの議論に対しては四つの疑問がある。

〔一〕進化心理学は人間の心を理解するための正しい科学的なアプローチなのか?

〔二〕進化心理学は科学を仏教と関係づけるための正しい枠組みなのか?

〔三〕自然主義的な仏教には説得力があるのか?

〔四〕「仏教は真実なのか」という問いはそもそも妥当なのか?

私の答えはすべてノーだ。この章の残りの部分では、個々の疑問を順番に取り上げることにしよう。

第一の疑問：進化心理学は人間の心を理解するための正しい科学的なアプローチなのか？

最初の疑問は、進化心理学に関するものだ。まずは、「進化心理学」という用語からはじめることにしよう。「進化心理学」には 広義と狭義の意味がある。

広義における「進化心理学」は、単に生物進化の観点から人間心理を研究することを指す。チャールズ・ダーウィン、ウィリアム・ジェームズ、ジークムント・フロイト、ジャン・ピアジェ、彼らほど異なった思想家たちでさえ、広義の意味においては全員を進化心理学者と言うことができるかもしれない。しかしこれは、ライトが「進化心理学」という言葉で意味したものではない。

彼は「進化心理学」を狭義の意味で使っている。それは、人間の進化と心理に関する特定の命題に基づく、限定的な科学研究プログラムという意味だ。しかし、その特定の命題は一般に受け入れられておらず、多くの進化生物学者、認知科学者、科学哲学者からは根本的に欠陥があるものとみなされている。[10] それにもかかわらず、ライトはその命題を受け入れ、それらを宣伝する本まで書いているのだ。[11] ライトが進化心理学は「自然選択がいかにして人間の心を形成しているのかを特に重要視している」と言うとき、彼は暗に狭義の進化心理学のことをほのめかしている。

「自然選択が人間の心を形成した」。進化心理学者にとってこの文が意味するのは、単に「われわれ人間の心的能力には進化的な原因が存在する」ということではない。この主張に異議を唱える生物学者や認知科学者はいないだろう。進化心理学者はむしろ、「自然選択は、更新世時代に狩猟採集民の祖先が直面した特定の問題を解決するために適応的であった認知システムの組み合わせとして、人間の脳を構成した」と主張している。進化心理学者のレダ・コスミデスとジョン・トゥービーの言葉を借りれば、「現代の人間の頭蓋骨には石器時代の心が宿っている」[12]。

この理論がどういうものかを一般的に言えば、次のようになる。氷河期の環境はわれわれヒト族の祖先に対して、生存と繁殖に関する特別な問題の数々をもたらしたが、自然選択はそれらの問題を解決するための認知能力をもつ個体に味方した。言い換えれば、その環境に適応的な認知特性をもつ個体の方がより生存することができたし、より多くの子孫を残すことができたため、それらの特性が自然選択され、脳内における特定の認知システムを形成したのだ。進化心理学者たちはこれらの仮説的な認知システムを「モジュール」と呼ぶ。モジュールは、互いにほぼ独立しながら作動する、特定目的のための生得的なプログラムと定義される。それぞれのモジュールは、それぞれ特定の神経構造に関連していると考えられている。

それゆえ脳は「大規模モジュール」（脳の全域がモジュール化されている）と言われ、異なる目的に特化した多数の認知モジュールから組み立てられたものとみなされる。それらの認知モジュールは、それぞれの区別された神経構造に具現化されており、これは「心理的適応」とも呼ばれる。それは遺伝的に特徴づけられており、自然選択の直接的な結果であると考えられているからである（「適応」は定義上、自然選択の直接の結果である特性のこと）。

要するに進化心理学によれば、私たちの心的能力は、特定の認知モジュールあるいは心理的適応に基づいており、それは狩猟採集民の祖先たちから自然選択によって進化した特定の脳構造に具現化されている。それらの心理的適応は更新世には適応性があったが、そのうちのいくつかは現代世界ではもはや適応性はなくなっているだろう。

進化心理学が間違いである四つの理由

私の見るところ、進化心理学は誤った考えのうえに成立した理論であり、それをサポートする強力な証拠をもち合わせていない。それには四つの理由がある。

第一に、進化心理学者は進化に関する歪曲された考えを抱いている。彼らは根本的に、進化を問題解決のことだと考えている。すなわち、さまざまな問題が生物に先立って独立に存在し、それが生物に淘汰圧として作用すると捉えているのだ。このような見方をすれば、生物は自然選択を受動的に受け入れる存在、あるいは自然選択の受動的な結果として解釈されるしかない。より適切な見方は、生物は規則的に環境を修正することで、自らが生み出す淘汰圧に対して体系的な偏りを与えるというものである。[13] それゆえ、生物は能動的に自らの環境を形成することによって、自らの進化に影響力を及ぼしているのだ。

これは、進化生態学における「ニッチ構築理論」の中心にある考えである。ニッチ構築理論によれば、「進化は……因果関係とフィードバックのネットワークを必ず伴っている。つまり、まず自然選択された生物が環境の変化を促進し、その後に、生物によって修正された環境が生物の変化を選択する」[14]。

第二に、進化心理学者は、進化の歴史のなかで「更新世」という一期間だけを重要な心理的適応のすべての源であるとみなしており、また、それらの心理的適応を詳細に検討することで、「文化的・社会的現象の体系的な理解が得られる」と信じている[15]。だが、それよりももっと適切な進化の捉え方は、これまでの人間の進化のなかで文化的伝承が果たした役割を強調する見方である[16]。この見方は、先述した「生物は自らの環境を修正し、自らの進化に影響を及ぼす」という論点ともつながる。なぜなら文化は、人間とその環境が同時に進化するための原因であると同時にその結果でもあるからだ。

これらは、ニッチ構築理論と遺伝子–文化共進化理論（gene-culture coevolution theory）の両方の理論の中心にある考え方である。後者によれば、遺伝子の変化が文化の変化をもたらし、その変化が今度は遺伝的選択に影響を与える。同時に、文化の変化が遺伝子の変化をもたらし、今度はそれが文化の変化に影響を与える[17]。それゆえ、人間進化の中心にあるのは、道具や概念の文化的伝達と文化的に形成された環境の継承である。[18]

この見地から見れば、「現代の人間の頭蓋骨には石器時代の心が宿っている」という進化心理学の原則は、あまりに単純化されすぎている。そこでは人間の心の形成に与える文化的要因（特に物を書くことなどの記号を用いる技術）の多大な影響が見逃されている。[19]たとえば、サイエンス・ライターのアラン・アンダーソンが述べているように、生得的な「読書モジュール」は存在しないのに、読み書きができる人の脳活動は、読み書きができない人の脳活動とは著しく異なるように見える。[20]それは、読書中だけでなく、誰かが話している言葉を聞くときにも同様である。私たちが子供の頃に本の読み方を教わるときに、脳は新しい経路をつくり、その構造と機能を再組織化している。社会的な学習は新たな認知能力を形成し、ある世代から次の世代へと継承可能な認知的ツールを獲得することで、私たちの脳は変容していく。

要するに、進化心理学に反して、人間の心理が更新世時代の過去に定められた結果であるという証拠はほとんどないが、逆に、文化的進化が人間の心の認知能力を形成してきたと考えられる証拠ならいくらでもあるのだ。

第三に、進化心理学者は、脳は大規模モジュールであると主張する。すなわち、脳は多くの異なるプログラムから構成されており、それらは遺伝的に特徴づけられた生得的なもので、それぞれが特定の目的をもつ。それぞれのプログラムは、それぞれ区別された別々の神経構造と連関する。しかしながら、神経科学から出される証拠はこの考えを支持しない。[21]

脳が複雑なシステムであることは誰もが同意している。しかし、大規模モジュールのテーゼのためには、脳は特定の種類の複雑なシステムである必要がある。それは科学者が「準分解可能」と呼ぶシステムである。[22]準分解可能システムは、サブシステム間の相互作用が弱い。サブシステム間の結合よりも、サブシステム内の部分間の結合の方が強いため、サブシステムは比較的独立したユニットとして作動することができる。

認知が「領域特異的（domain-specific）」であると考える進化心理学の仮説が成り立つためには、脳が個々の認識機能に特化したモジュールというサブシステムから構成されていることが必要となる。なお、認知が「領域特異的」であるというのは、たとえば言語や心の理論（心的状態を自分と他人に帰属させる能力）などのように、認知をつくり上げているのは、進化の過程で特殊化された、ほぼ独立する多数の知識や学習の形態であるということである。

ところが、神経科学から出される証拠は、脳はこのようなシステムではないことを示している。脳の諸領域やネットワークは、極めて相互作用的なものだ。「脳内における機能は、それぞれの部分自体の作用よりも、部分間の相互作用の方にはるかに依存している」[23]。ほとんどの脳の領域やネットワークは、特定の種類の情報処理に特化しているのではなく、むしろ文脈に応じてさまざまな機能を発揮する。たとえば、「ブローカ野（前頭葉内の領域）は言語処理との強い連関が指摘されてきたが、実際には、運動の準備……行動の順序づけ……行動認識……人間の動作のイメージ……行為の模倣をはじめとする、さまざまな行動やイメージに関連したタスクにも関与していることが判明している」[24]。このような理由から、神経科学者たちは大規模モジュール仮説とは逆の立場によって神経ネットワークの機能を特徴づけようとしている。すなわち、その機能をそれぞれの目的に特化したプログラムの観点から特定しようとするのではなく、神経ネットワークが広範囲の状況やタスクに柔軟に対応する傾向性を有しているという観点から特徴づけようとしているのだ[25]。

これらの点はライトも認めてはいるが、それが進化心理学や大規模モジュール仮説をいかに不利なものにするかということにきちんと向き合っていない。彼はこう述べる。

認知モジュールは、「物理的な小部屋の集まりのようなものではない」のであり、個々のモジュールは、脳のどこかひとつの領域ではなく多様な領域を利用する。また、モジュール間には多くの重なりあう部分が存在し、また相互作用も多いため、モジュールを「スイス・アーミーナイフの刃やスマートフォン・アプリのようなもの」と考えるべきではないとも述べている[26]。さらに彼は、「モジュール」という言葉の適切性を疑う発言もある。「結局のところ、実際に私たちの心のなかに存在するモジュールは、そのあいだの輪郭や労働の分担もモジュールという言葉が示すよりもはるかに曖昧なものであり、モジュール間の相互作用の度合いは言葉が示す以上に大きい。だから、ネットワークやシステムという言葉を使う方がいいと思うなら、遠慮なくそうしてほしい[27]」

しかし、このように譲歩したところで、進化心理学や大規模モジュール仮説が次の二点を前提にしていることは見逃されている。すなわち、認知をきわめて領域特異的なタイプの学習や知識に分ける必要があるということ、そして脳はそれぞれに対応して専門化された機能的ユニットで構成される必要があるということである。しかし、この二点はいずれも、神経科学的な証拠からは事実ではないと示されている。

計算論的神経科学者やシステム神経科学者がしばしば用いる、「モジュール」という言葉の使い方に惑わされないことが重要である。彼らは、大規模モジュール仮説とは完全に異なる意味でこの言葉を使用している。これは、脳の結合度を数学的なグラフ形式で表すことに由来する。密接に相互結合されているひとまとまりのノードが存在し、それがグラフの別の部分とはあまり結合されていない場合、「モジュールを形成している」と言うのである。

グラフ理論を用いた脳機能の研究では、認知機能は単なるモジュールの活性化からではなく、モジュール間の動的な相互作用から創発すること、モジュール構造は時間の経過とともに動的に変化し、文脈に応じて自己を再組織化することが示されている。これらの知見は「それぞれ特定目的のための認知モジュールが、それぞれ特定の脳構造に具現化されて存在している」と主張する進化心理学の立場を不利なものにする。[28] 以上から、計算論的神経科学とシステム神経科学が使う「モジュール」という概念は、進化心理学が言う「モジュール」という概念の根拠を崩すのである。

ライトは「モジュール」の意味をはぐらかそうと努力するものの、すぐさま典型的な進化心理学の用法でモジュールを語る方向に戻る。すなわちモジュールは「領域特異的な心理メカニズム」であり、そのためには、神経科学が支持しない方法で脳が組織化されていなければならなくなってしまう。[29] たとえば彼は「恋愛映画はあなたの「配偶者獲得」モジュールに主導権を握らせる」と言ったり、「ホラー映画はあなたの「自己防衛」モジュールに主導権を握らせる」と言ったりしている。[30] しかし、進化生物学や認知神経科学の知見からは、脳にそのようなモジュールが含まれているというたしかな証拠はない。

第四に、生物学者や哲学者が議論してきたように、進化心理学の仮説は進化生物学によって立証されておらず、進化心理学者がそのような仮説を考案するために用いる推論は疑わしい。[31] 進化心理学者は、私たちの心理的諸特性の構成を設計していると考えられるものを探し、それらの心理的諸特性の形成につながっているであろう自然選択に関するシナリオを提示するが、このアプローチは多くの問題をはらんでいる。

ひとつの問題は、進化心理学者たちが、特性の進化に関するデフォルトの仮説として「特性は自然選択によって進化してきた」ということをあらかじめ想定しているということだ。しかし、この想定は間違っている。自然選択の仮説が正しいことを立証するためには、他のさまざまな進化のプロセスを検証したうえでそれを除外しなければならないが、それらのプロセスがあることは無視されている。

もうひとつの問題は、進化心理学者たちが「適応」の概念を誤解していることである。「適応」は、「普遍的に設計されたように見える諸特性」としてではなく、「自然選択の結果としての諸特性」と正しく定義されるべきだ（適応は個体差の影響を受けることがあり、したがって普遍的に共有される必要はなく、特性のなかには適応でなくても設計されたように見えるものもある）。さらにまた別の問題は、進化心理学者たちが、心的特性の進化を現在進行形ではなく、すでに完了したものとして仮定していることである。しかし、この仮定が正しく立証されたことはない。

最後に、進化心理学者たちは、特定の認知特性が人間に広く行き渡っていることを立証するために心理テストを利用するが、そのようなテストや調査結果では、それらの特性が生物学的根拠や進化論的な起源をもっていることを立証できないのだから、それらの特性が生物学的な適応であるということも立証できない。

要約すると、進化心理学にはそれを裏付けるに足る十分な証拠が欠けており、その主要な教義には欠点がある。それゆえ、それは人間の心を理解するための正しい科学的アプローチではない。

第二の疑問：進化心理学は科学を仏教と関係づけるための正しい枠組みなのか？

私たちの二番目の疑問は、進化心理学は科学を仏教に関係づけるための正しい枠組みなのか、というものだった。この答えは簡単だ。進化心理学が心を理解するための適切な科学的枠組みではないのだとすれば、進化心理学は科学を仏教に関係づけるための適切な枠組みでもないことになる。では、何がよりよい枠組みになるのだろうか？　答えは、身体性認知科学（embodied cognitive science）だ。[32] 第三の疑問である「自然主義的な仏教には説得力があるのか」に移る前に、ここで少し時間をとって身体性認知科学と仏教について論じておく必要がある。

身体性認知科学とは何か

身体性認知科学は、認知がいかに身体的活動および有機体と環境の相互作用から影響を受け、形成されているかを研究している。身体性認知科学によると、脳は個々に独立した、分離可能なパーツによって構成された大規模モジュールシステムではない。むしろ脳は、全体としての組織がその各部分の機能的特徴を形成する複雑な動的システムだ。[33] 人間の心がどの程度まで領域に特化した能力をもっているのかという点は未解決のままだが、身体性認知科学者が注目するのは心の別の側面だ。それは、私たちには、領域一般的で強力な認知能力・発達能力があるということと、そして、いかにしてそれらの能力が文化的な実践や経験を形成し、またそれによって形成されるのかということである。[34]

身体性認知科学は、これまで私が仏教と科学について論じる際に使ってきた考え方で、それは『身体化された心』〔初版一九九一年、ふたつの序論を加えた改訂版二〇一六年〕からはじまったものだった。私たち〔ヴァレラ、トンプソン、ロッシュ〕は身体性認知科学を自分たち流に「エナクティブ・アプローチ（enactive approach）」と呼び、認知とは身体化された意味形成（sense-making）であることを強調した。認知とは、身体化された行為のなかで、また身体化された行為によって、意味と関連性をもつ生きられた世界をそのつど創造すること（enactment）・生み出すこと（bringing forth）である。

私たちは認知科学からだけでなく、現象学、仏教哲学、仏教のマインドフルネス瞑想の実践からも多くのことを取り入れており、仏教に対して外側から科学的枠組みを与えるかわりに、仏教との双方向の交流に努めるようにしてきた。そこには、仏教哲学からのアイデアを取り入れた形で身体性認知科学を発展させるという方向性も含まれている。

身体性認知科学と仏教における自己

私たちとライトのあいだにはひとつだけ一致する見解がある。それは、内なる「CEO的自己」は存在しないという考え方だ。身体性認知科学が教えてくれるのは、自己という感覚を含む、世界についての私たちの経験を生み出すプロセスは動的であるということ、そしてそれは、脳とそれ以外の身体・環境の境界を超えた複雑なつながりにまで拡張し、時間・空間に広がっているということである。たしかに、私たちのなかには、単一で、永続的な、内的な自己というものが存在し、これが心を制御している機能のように思えるかもしれない。しかし私たちが「心(mind)」と呼んでいるものは、常に変化するさまざまな創発的なプロセスの集まりであって、そこに単一で永続的な制御者としての自己を見つけることはできない。

仏教哲学はこの視点に対して、内的で、永続的な、制御者としての自己という感覚は、心の奥に潜む根深い認知的・情動的なものであり、無常にして多様なものを常住にして単一のものとみなす傾向性から構成されたものであるという説明を加える。仏教のマインドフルネス瞑想の実践は、日常生活におけるこの動きに対して、直接的に働きかける効果的で技術的な方法を提供する。それゆえ〔マインドフルネス瞑想から得られる〕その洞察は、単に抽象的で哲学的なものであるだけではなく、経験を変容させるものとなるのだ。

『身体化された心』を執筆した頃に比べて、自己に対する現在の私の考え方は進歩しているが、その話は次章に残しておこう。ここでは、私たちのアプローチがライトといかに異なるかをあらためて強調しておきたい。

ライトは科学的自然主義を自明とみなし、現代のマインドフルネス瞑想を正当化するために利用するが、仏教を利用して科学に関する哲学的前提を綿密に調べようとはしない。一方で私たちは、科学とそれが探究する世界に関する自分たちの理解を問い直すために仏教哲学を利用する。私たちが指針としているのは、仏教と認知科学が互いに流れこみ、そこから出てはまた戻ってくるという「循環」のイメージだ。仏教と認知科学はそれぞれに影響を与え合い、お互いに変化を引き出し合うのである。

仏教の側からは、また別の哲学的な観点を通してこの循環のなかに入ることができる。『身体化された心』の第一部で私たちが主に拠り所としたのは、アビダルマ（Abhidharma）として知られるスコラ的な哲学である。

アビダルマの哲学者たち、特にヴァスバンドゥ（世親、四－五世紀頃）はあらゆるものを基本的な諸プロセス（ダルマ、法）間の関係のパターンとして分析する。それ自身の因果効力を伴う、独立した実体のように見えるものは何であれ、条件に依存して生じるプロセスとして分析される。この観点だけから見ても、心を脳として捉える安易な自然主義がうまくいくはずがないと分かる。アビダルマにとって、私たちが「心」と呼ぶものは、私たちが認識の「対象」と呼ぶものとともに生じる相互作用的なプロセスの集合であり、そのなかには物理的なものもあれば、心的なものもある。同じことを認知科学の言葉で言えば、私たちが「心」と呼ぶものは、脳とそれ以外の身体・環境のあいだに広がりながらも互いに接続される相互作用的なプロセスの集合であり、私たちが認知の「対象」と呼ぶものは、これらの相互作用的なプロセスによって定義される。[35]

中観派の空の教え

『身体化された心』の第二部で私たちが依拠したのは、仏教哲学者ナーガールジュナ（一五〇－二五〇年頃）に端を発する中観派（中道）の伝統である。[36] その中心となるのは、あらゆるものごとは「空」であるという考え方だ。「空」とは、ものごとは（他から影響を受けない）それ自身の独立したあり方や独立した本性を欠いていることを意味する。存在はいかなるものであれ、依存関係を必要とする。現象は原因と条件に依存し、原因や条件はまたそれらの各部分に依存する。

さらに中観派の者たち（中観思想の追従者たち）は、概念的依存性を重視している。彼らは、あらゆる現象は概念（心がものごとを概念化する仕方）に依存していると主張する。たとえば、何かを「原因」と捉えたり、「部分」あるいは「全体」と捉えたりすることは、私たちがものごとを概念的に枠づける仕方に依存している。つまり概念的依存性は、因果的依存性や全体－部分依存性を包含する。中観派の見解では、何ものも完全に「それ自身の側から」は、それ自身の本来的な性質や同一性をもっていないのである。

あるものの本性や同一性は、概念的体系を通して、それを選び出し識別する仕方に依存している。より正確に言えば、ある対象が「概念依存的である」ということが意味するのは、その対象が「概念化を行う心」、「概念を適用するための基盤」、そして「言語のなかでその概念を表す名辞」、の三つに依存しているということになる。

中観派の者たちはこのような専門的な意味において、私たちが知りうる現象は概念依存的なのだと論じている。このことが意味しているのは、知識というものを心と切り離された世界それ自体の把握だと考えるのは不合理だということだ。

私たちはこうした考えを『身体化された心』で「無根拠性（groundlessness）」と呼んでいる。知識や意味にはいかなる究極的な根拠も存在しない。エナクションとしての認知（行為が生む認知）が意味するのは、認知はそれ自身の歴史を超える一切の根拠や基礎をもたないということ、すなわち認知は、いわば「根拠なき根拠」に支えられているということに等しい。哲学者であるジェイ・ガーフィールドやグレアム・プリーストの言葉を借りれば、私たちは無限のフリーフォール（自由落下）のなかにいるが、どこにも底はないということだ。[37]

ライトも「空」の考えに言及しているが、その範囲と適用を制限している。彼の場合、私たちが知覚するもの、すなわち世界の見え方だけに限定して「空」を適用し、科学的世界観そのものに対しては「空」を適用しない。私たちはものごとを本質をもったもの（それ自身の内的性質と同一性をもつもの）として知覚しているが、それは錯覚であり、ものごとは知覚的に構成されたものでありながら、「知覚を行う有機体が、ダーウィン的な意味での利益を得るという観点からものごとの重要性を識別するように、自然選択が設計したもの」なのだという。[38] ライトにとって、有機体や遺伝子は客観的なものであり、それ自体の本来的な性質を備えている。私たちは幻のような本質を知覚しているが、科学がその本質の向こう側にある世界の本当のあり方を教えてくれる。自然主義が提供するのは、認知の究極的な根拠としての基盤、すなわち生物学的実在（biological reality）である。

これに対して、中観派における「空」の考え方は、はるかにラディカルであり、この手の自然主義を切り落とす。私たちが知覚するものだけが空なのではなく、ライトが〔究極の〕基盤として自明視している生物学的実在も含めた、あらゆる現象が空なのだ。空の考えは、科学が明らかにしてくれるものを含め、私たちが独立したあり方や本来的な性質をもつものだと信じている、いかなるものに対しても適用される。いかなる本性も、私たちがそれを指し示すことができるのであれば、それは概念依存的だということになる。それゆえ、もし科学が解明する一切の現象も本来的な性質を欠いているとしたら、科学は私たちから切り離された実在《リアリティ》それ自体の姿を明らかにすると考えるのはおかしい。そうではなく、科学は私たちの概念体系や探究方法との関係における実在《リアリティ》のあり方を明らかにするのである。

このことは、科学的知識が恣意的であるとか、私たちの心の創作物や投影にすぎないということを意味するわけではない。むしろその逆で、概念体系や探究方法のいくつかはその他のものよりもはるかにうまく機能しており、私たちはそれを検証することもできる。しかしこうした検証によっても、私たちの経験の範囲を超え、私たちの事物に対する働きかけや概念化を逃れた、自然それ自体の姿が明らかにされることはないのだ。

エナクティブ認知科学は、科学に関してこれと同じ考え方に至る。エナクションとしての認知は、心から独立した外部世界を表象することではなく、身体化された行為を通して心と世界を生み出すことだ。これは科学的な認知にも同じように適用される。伝統的な科学のイメージでは、科学は事物それ自体の存在を明らかにするものであり、そこに私たちがいかに事物と相互作用するかは関係ない。しかし、（外部世界の表象という伝統的な）認知の考え方に対して、（私たちの行為が世界を創り出すのだという）エナクティブな考え方を適用したように、これを科学にも適用すれば、もはや伝統的な科学のイメージは維持できない。

むしろ逆に、科学こそ身体化された認知・行為の高度に洗練された応用とみなさなければならない。科学的なモデルは、私たちの知覚と行為に対して開かれた、世界の形式化された表象である。それは、私たちから切り離された世界それ自体の姿を表象したものではない。それゆえ私たちは、心から独立した実在《リアリティ》に対応するかという意味での真理の判定にしたがって科学的モデルを評価することはできない。そうではなく、そのモデルが私たちのような観察者にとって経験的に適切かどうか（観察可能な世界の側面を正確に捉えられるものか）、という基準にしたがって評価しなければならない。

仏教と科学との真の対話を実現するために

科学に対するこのような考え方が、仏教と認知科学の出会いに関連する点は三つある。

第一に、この出会いが一方的な取り込みではなく本物の対話になるためには、意味に関する問題を最優先するべきだと認識することからはじめなければならない。仏教と認知科学の出会いの中心にあるのは、私たち人間が行為を通して生み出す、別々の種類の意味体系という問題だ。科学のプロジェクトはそのような意味体系のひとつであり、仏教のプロジェクトもまた別の意味体系である。仏教を科学と整合性のある形に書き換えることができるかどうか、仏教のマインドフルネス瞑想の実践が現代世界で人類の繁栄を進めることができるかどうか、そうしたことだけが問題なのではない。それ以外にも、仏教哲学の観点から科学理論の意味をどう理解するか、仏教倫理の観点から科学の実践（たとえば動物実験など）をどう評価するかということもまた重要な問題だ。

第二に、仏教と科学との対話においては、もはや科学だけが合理的であるための唯一の方法であるという考えを前提とすることはできない。そうした考え方は、自由闊達な議論の可能性を閉ざしてしまう。真の出会いは、それぞれの伝統が相手の考えや立場、議論に挑戦するなかで果たされる。たとえば、自然主義的な仏教徒が、業や輪廻に関する伝統説の正当性を疑うことはよいことだ。ただしそれは、彼らの側も科学的実在論に対する仏教哲学からの批判の力を考慮し、その批判がいかに自分たちが前提とする科学的な自然主義に疑問を突きつけるものなのかを真剣に考慮しようとする場合に限られる。

第三に、仏教と科学との対話において、批判的な対話のパートナーになるのは仏教哲学であって、現代の自助療法の一環としての、あるいは科学的な研究対象としてのマインドフルネス瞑想ではない。

第三の疑問：自然主義的な仏教には説得力があるのか？

これでようやく、なぜ私は自然主義的な仏教には説得力がないと考えているのかという第三の疑問に、正面から向き合って論じることができるようになった。

自然主義的な仏教徒たちは、哲学的に問題のあるタイプの自然主義や実在論を無批判に受け入れるが、仏教の知的伝統に含まれる深淵でラディカルな洞察が、いかにこれらの思想を揺るがすものかを見誤っている。その名前にちなんだ題をもつ、大乗仏教経典（『維摩経』）の中心人物である在家菩薩の維摩（ヴィマラキールティ）は、「心は内にもなく、外にもない。その両者の中間にも捉えることができない」という言明によって、不二（非二元性）の考えを表現している[39]。私たちが経験する（心と世界、主観と客観などの）二元性は錯覚であり、実在《リアリティ》と経験は不二であるという思想だ。中観派の言い方を借りれば、心はどれだけ分析しても見つけることはできない。心は内にも外にも捉えることができず、またその両者の中間にも捉えることができない。さらに心を捉えられないということそのことも、捉えることができない。「捉えようとする心は、究極的には捉えることができないということを捉えることができず、ただその把握不可能性に耐える鍛錬をすることしかできないのだ[40]」。

ところが自然主義的な仏教徒たちは、あたかも心は捉えうるものであり、本質的には脳という「生物学的な実在」として突き止めて識別できるものであるかのように話を進める。これは心を物象化しているのであり、心をその諸条件のひとつと混同することである。物象化（何かをそれ自体で独立したあり方や本質をもつ、心によって捉えることができるものとして扱うこと）こそ、まさに大乗仏教が渇愛や苦しみの根源にあるものとして見定めた認知的傾向性である。

このような仏教的な心の見方を真剣に受け止めれば、仏教が科学的な自然主義と齟齬をきたさないかどうかということはもはや重要な問題ではない。重要な問題は、科学は心の把握不可能性に気づくことができるかどうか、そして、そのことが科学的な思考や実践にとってどのような意味をもつのかということだ。

涅槃のパラドクスと伝統的な仏教の態度

自然主義的な仏教徒たちは、仏教の中心で生じる根本的な謎を正しく評価できないだけでなく、そのような謎があるということすら認識できていない。（仏教学者の）ロバート・シャーフはその謎を次のように提示する。「解脱は不可能である。だが、それは達成される」[41]

解脱とは涅槃であり、つまり「条件づけられていない状態」である。「条件づけられていない」というのは、因果関係に左右されないことを意味する。「条件づけられている」とは、「合成されている」（結合している）こと、とりわけ心的作用の結果として「合成されている」ことである。もっと一般的な言い方をすれば、「条件づけられている」とは、原因によって生み出され、無常であるということ。それゆえ、条件づけられていないものは、合成されておらず、原因から生まれておらず、常住である。つまり涅槃は、条件づけられていないものである以上、何かの原因の結果であるはずはなく、特に心的な原因の結果であるはずはないということになる。だがこのことは、涅槃は仏道を歩んだ結果ではありえないことを示唆する。ブッダ（目覚めた者）は、解脱を成就したことを表しているが、もし涅槃がいかなる原因の結果でもないとするならば、どうして解脱が可能になるのだろうか？

仏教徒はこの難問にさまざまな方法で対処してきた[42]。

ひとつの方法は、ブッダへの信仰を重視することだ。涅槃は通常の理解を超えているのだから、私たちはブッダと彼の教えに信仰をおかなければならない（それゆえ、仏教は信仰に基づいた宗教ではないというのは間違いである）。

もうひとつ別の方法は、私たちの二元論的な考えでは涅槃は捉えきれないということだ。この場合、輪廻（条件づけられた存在の循環）と涅槃（条件づけられていない解脱の状態）という二元論への疑問が生じる。だからこそ、大乗仏教の哲学者ナーガールジュナ（龍樹）は次のような有名な言葉を残している。「輪廻を涅槃から区別するものは何もない。涅槃を輪廻から区別するものは何もない。涅槃の極みは輪廻の極みである。そのふたつの極みのあいだにはわずかな隙間も決して見つからない」[43]。だが、これでは到達されるべきものがないことになるため、このような非二元性は、またもや解脱が不可能であるかのように思わせかねない。しかし、ブッダによって立証された通り、非二元性の実現としての解脱は達成されるものである。

さらに別の道筋もある。それは、条件づけられていないものはすでに私たちの内にあり、最初からずっと内にあり続けてきたとする考え方である。一切衆生は生まれながらに「仏性」をもっているという教義、あるいは一切衆生には覚りという「輝く心」が備わっているという教義がそれである。この見解では、涅槃が達成されるということは、涅槃の覆いが取り除かれ顕わになるということと等しい。

しかし、仏性が覚りに輝く心としてすでに内在しているのだとすれば、どうして私たちはそれに気づかないのだろうか? 悟りが生まれながらに備わっているのならば、どうして私たちは悟っていないのだろうか? なぜ私たちは自分が悟っていることを認識していないのだろうか? これに対して、仏性が隠されたままなのは私たちが二元論的思考に由来する苦悩をもっているからだと答えるのであれば、覚った心と覚っていない心との二元論の問題に連れ戻され、またもや振り出しに戻されてしまう。さらには、「解脱は達成されている、かつ、不可能である」というパラドクスをそのまま受け入れるという道筋もある。

シャーフが論じているように、一般的にインドやチベットの仏教思想家たちはさまざまに手の込んだ哲学的な道具立てを使いながらこのパラドクスを解こうと努力したが、道教の影響を強く受けた東アジアの仏教徒、特に禅宗の仏教徒たちはパラドクスをそのまま受け入れる道を選んだ。[44] 彼らにとっては、このパラドクスこそ仏教の核心なのである。

涅槃のパラドクスと自然主義的な仏教

しかしながら、自然主義的な仏教徒たちには解脱のパラドクスは存在せず、それゆえに、このパラドクスとともに坐ることで自らの実存が根底から変容するという可能性はない。彼らにとって涅槃とは個人的なウェルビーイングという心理的状態にすぎず、「条件づけられていない状態」というより、むしろ脱条件づけ（deconditioned）された状態、すなわち、特定の条件づけられた振る舞いを取り消したり、変更したりすることを意味する。ライトの場合、条件づけられない経験とは、渇愛を生み出すことなく感情を経験すること、つまり、不適切な仕方で振る舞いを支配する習慣的反応によって条件づけられないようになることを意味する。[45] マインドフルネス瞑想を実践することで、感情に気づき、感情がどのように渇愛を引き起こすかに気づく訓練を繰り返すなかで、振る舞いを脱条件づけ化していくわけである。

ライトはこう述べる。こうした自然主義的な仏教の物語は、「輪廻という条件づけられた循環からの解脱を達成する」という伝統的な仏教の物語から「切れ目なく」続いており、これによって私たちは、「マインドフルネス瞑想を新たな光のもとで見ることができる。それは、この瞑想がいかに革命的な取り組みになりうるかを強調するような光だ」と。[46]

私の見立ては異なる。私には自然主義的な仏教の物語と伝統的な仏教の物語のあいだには裂け目が見え、マインドフルネス瞑想の道が弱体化しているように見える。

伝統的には、「条件づけられないもの」とは、まだ覚っていない存在が、あらゆる因果関係、あらゆる合成(一緒にし、積み上げること)から自由になることである。それは「不生」であり「不死」である(生まれないから死ぬことがない)と記され、輪廻を完全に超越した状態である。自分自身の「死」と同様に、「条件づけられないもの」もまた概念知によって把握することはできない。これは(私が呼ぶところの)「心理的な脱条件づけ」に関するライトの話とはまるで種類が違うように思われる。

仏教には、「涅槃」や「条件づけられないもの」に関する、さまざまな考え方があるということを強調することが重要だ。そのうちのひとつの見方によれば、涅槃は生存の循環とは根本的に異なる。定義上、涅槃は業と輪廻が止滅することであるから、輪廻の宇宙論を前提としなければ涅槃を考えることはできない。したがって自然主義的な仏教徒たちは、輪廻の宇宙論さえ捨て去ってしまえば、心理的な状態としての条件づけられないものだけが残ると考える。

しかし、涅槃に関しては別の考え方もあり、必ずしもそうなるとは限らない。その考え方によれば、条件づけられないものをめぐる伝統的な説明と自然主義的な見方との対立の核心にあるのは、輪廻の宇宙論ではない。輪廻は、議論を脇道に逸らすためのいわば擬似問題だ。問題の核心は、条件づけられないものを超越的なものと考えるか、あるいは心理的な状態と考えるかという違いにある。

この考え方においては、「条件づけられないもの」という概念と、「輪廻」という概念は、互いに論理的に独立している。[47]「涅槃」はあらゆる精神的な苦しみの止滅として定義すべきであり、輪廻の止滅として定義する必要はない。涅槃が輪廻から脱することであるとされる理由は、精神的な苦しみ（渇愛、執着、無明）が輪廻の原因だと考えられているからだが、超越的な状態としての涅槃は輪廻を論理的に前提としない（輪廻がなくても涅槃はありうる）。また、輪廻は涅槃を論理的に前提としない（涅槃がなくても輪廻はありうる）。

最終的な涅槃（死ぬときの涅槃）には、「吹き消すこと」、すなわち心身の「集合」（人を構成する身体的・心理的要素）（五蘊）の消滅という意味や、（心身の）集合を超えたところにある想像もできない微細な存在という意味、あるいはそのような決定に従属しないものであるという意味があるが、そのいずれの意味で解釈されたとしても、上記のことは真実である（涅槃についてのこれら三種の概念はいずれも初期仏教にある）。したがって、仮に輪廻の宇宙論を捨てたところで、超越的なものとしての条件づけられないものに関する疑問は依然として残される。

問題は、私たちの存在を自由にする、それほど根本的で解脱的な変容というものがありうるのかということだ。少なくとも涅槃を経験したことのない者の目から見れば、それはまったく超越的なものにしか見えないはずであり、通常の存在者（凡夫）には条件づけられていないように見えるのである。これこそが、注目すべき解脱のパラドクスをもたらす考え方であり、幾世にもわたる非常に創造的で挑戦的な仏教的思索の源となってきたのだ。

実存的な心の変容としての涅槃

現代哲学の観点から見たとき、ここで予想されている〔解脱的〕変容は、単に心理的なものとしてではなく、実存的なものとして記述されなければならない。[48] ここで私が言う「実存的」は、実存主義という哲学的な意味におけるものだ。〔実存主義によれば〕人間存在は、経験心理学の記述的な概念だけでは十分に理解することができず、むしろ人間存在は「本来性（authenticity）」という明確な規範の点で理解される必要がある。それは、あなたが避けることのできない死に直面したとき、自分が送るべき人生をどのように選択するのか、ということにかかわるものである。解脱というのは、本来性という規範によって支配される私たちの実存を、まるごとつくり変えてしまうような変容を伴うものであり、心理学が考えるような自分たちの心の状態や特性に起きる単なる変化のことではない。

このような変容の考え方は、根本的に宗教的なものでもある。神学の言葉で言えば、それは完全な「回心（metanoia）」、すなわち心と感情の根本的な変化にあたる。このような変容をもたらす実践の道への旅立ちも回心（conversion）であり、そこには、日常の無関心な実存を拒絶し、それを放棄するという意味が込められている。

仏教経典のひとつである『念処経』では、マインドフルネス（念）の実践は実存の変容と解脱、「不滅」なる涅槃の実現のための「直接的な道」であると教えられる。[49] その道を歩むということは、自分たちの本質に関する理解と経験とを完全に再構成しなおす、仏教の詳細な概念体系を内面化するということだ。概念体系は、繰り返しの観想と、心と身体への適用を続けていくうちに内面化されていく。瞑想の対象には、死や朽ちていく死体としての自らの身体が含まれる。そのような対象を繰り返し観想することで、実存的な不安——根源的な無常に直面することの不安——が（解脱の）希望とともに誘発されるのである。

これに比べると、心理的な状態として解脱を捉えようとする安易な考えは、薄っぺらいものに思える。「渇愛は不適応なものである」という考えを述べるために、本当に仏教が必要だろうか？ 心理的にうまく順応しているということは、自分の感情に気づくことであり、それに過度に影響されないことであるというのは誰にでも分かる常識的なことではないのか？ マインドフルネス瞑想を実践することは心理的なウェルビーイングのためにはたしかに良いことかもしれないが、それはとても「ラディカルな取り組み」のようには見えない。むしろ、個人的な自己改善のための方法のひとつにすぎないように見える。

ライトは、マインドフルネス瞑想は「自然選択に対する反逆」であり、「自然選択の価値観の拒絶」であるがゆえに、「ラディカルな取り組み」なのだと主張している。[50] 自然選択によって私たちは、欲望をもち、妄想を抱き、将来の快感を過大評価し、自尊心を肥大化するように傾向づけられてきたが、マインドフルネス瞑想は私たちの心を落ち着かせ、妄想を超えて真実を見るための助けになりうるというのだ。

これに対して、「私たちの現在の欲望や妄想は、自然選択ではなく、むしろ資本主義や新自由主義に起因しているのではないか?」という疑問をもつ人もいるだろう。たしかに、私たちが何かに接近したり避けたりすることを可能にしている、いくつかの基礎的な動機づけのシステムは、自然選択の結果が高度に保存されたものかもしれない。しかし他方で、私たちのなかには柔軟な学習システムも高度に保存されている。その結果、いったい何が快感や苦痛に(たとえば、性的な嗜好性として、あるいは恐怖を感じるものとして)結びつけられるのかということに関しては、相当なバリエーションがありうる。

消費主義を中心とする現在の文化的環境において、私たちの周りには、私たちを快楽や何らかのステータスへと誘う無限のきっかけがあり、それらが、接近/回避の傾向性に火をつけ、渇愛がますます過剰になるように焚きつけていく。現在の私たちが抱えている問題の多くは、自然選択というよりも、むしろ文化に起因すると見た方がはるかに適切であるように思われる。また、個人的な自己改善のためだけにマインドフルネス瞑想を実践することが、本当に大きな効果をあげるのだろうか、という点に私は疑問をもっている。

いずれにせよ、自然選択は擬人化されるべきものではないし、それは何らかの価値をもつものではない。自然選択とは、それぞれの個体がその差異によって繁殖すること、そして、その結果として生じる遺伝子頻度の変化のことにすぎない。通常、それは物理学における力と類似した、進化の力として記述される。物理的な力が物体の運動に変化を引き起こすのに対し、自然選択は集団における遺伝子頻度の変化を引き起こすのである。また、自然選択は力ではなく、むしろ多数の原因と結果の集合に起因する統計的な傾向であるという別の見方もある。個人の出生、死亡、配偶者の選択、細胞や分子レベルの出来事が集積して、集団レベルの傾向を生み出す。これらの傾向が自然選択を構成する。

力であろうと統計的傾向であろうと、これらはいずれも意味のある原理や基準、あるいは規範という意味では価値をもたない。人間や、他の感覚ある生物だけが価値をもつのである。だから、マインドフルネス瞑想を「自然選択の価値観」への反逆として提示することに意味はない。

「人間の苦しみに対する仏教の診断は根本的に正しく、その処方箋は極めて有効で、まさに今こそ重要である」というライトの結論は、私も共感をおぼえる考えのひとつだ（本書の残りの箇所で説明している理由から、それを完全には受け入れることはできないとしても）[51]。私はライトがそのような結論を主張してくれたことを称賛したい。しかし残念ながら、結論に至るまでの彼の論証のあらゆるステップに対しては、ほとんどすべて同意することはできない。

仏教が真実であると主張するために、ライトは仏教から最もラディカルで魅力的な考えを剥ぎ取ってしまっている。それはつまり、私たちのナルシシズム、文化的な独りよがり、科学勝利主義を覆すような考えだ。彼はその処方箋としての効果を弱めているのだ。またライトは、マインドフルネス瞑想実践が必要条件としている、伝統的な仏教倫理や道徳的な教えの大部分を無視している。そのうえ彼は、「真実」がもつふたつの意味のあいだを行ったり来たりしている。つまり、事物それ自体のあり方と対応するものとしての真実（対応説的で実在論的な真理概念）と、何であれ私たちのウェルビーイングに貢献するなら信じる方がよいと証明されたものとしての真実（ウィリアム・ジェームズ流のプラグマティスト的な真理概念）である。

第四の疑問：「仏教は真実なのか」という問いはそもそも妥当なのか？

自然主義的仏教には説得力がない。私がそう考える理由をこれまで語ってきた。では、「仏教は真実なのか？」と問う、その考えそのものはどうだろうか。これが第四の、つまり最後の疑問である。

私の考えでは、「仏教は真実なのか？」というのは妥当な問いではない。そうではなく、次のように問うべきなのだ。「仏教は私たちに何を教えてくれるのか？」「私たちは仏教から何を学べるか？」「他の伝統にはない何が仏教に見つけられるのか？」と。そして、私が一番気に入っているのは次の問いだ。「過去の仏教徒、そして現在の仏教徒たちと議論することは、どのように私たちの思考を生き生きさせるだろうか？」

第三章 仏教は無我説か？——急ぐべからず

No Self? Not So Fast

仏教徒と議論するためのひとつの方法は、こう尋ねることだ。「自己は存在するか？　それとも自己は錯覚なのか？」

もちろん、仏教の思想家たちは一般に自己の存在を否定する。だが、彼らの見解を現代的に解釈しなおすことで、自己をめぐる現代の哲学的な議論が活性化してきた。[1] また認知科学者たちも、自己が脳や身体の他の部分とどのように関係するのか、という問題に関するさまざまな考え方をもって議論に加わってきた。こうした文化横断的な哲学と認知科学との融合によって、自己をめぐる思索は実り豊かなものになることが分かり、さまざまな立場や視点が提示されてきた。

無我（no-self）あるいは非我（not-self, nonself）は、仏教の中心教義のひとつである。あなたは自分のなかに、思考をめぐらせ、行為に権限を与える内的な自己が存在するかのように感じているかもしれない。しかし、あなたの身体にも心のなかにも自己に相当するものは存在しない。別の言い方をすれば、あなたの物理的・心理的組成のなかに、実在する内的主体や行為主体《エージェント》になりうるもの、あるいはその資格があるものは存在しない。「自己」という感じだけがあり、その感じに相当する自己は実在しない。自己は錯覚なのだ。

無我説と認知科学の親和性に対する疑問

「神経科学や心理学は無我の真理を裏付ける」。これは仏教モダニストが好む言い方だ。脳は自己という錯覚を生み出すが、脳のなかに自己は存在しない。同じ考えを「ニューラル・ブッディズム」も容認する。[2] これについて、仏教例外主義は「認知科学は、仏教の無我説が正しく、それ以外の宗教や哲学の自己観は間違っていることを示している」という考え方をとる。

告白すると、私もかつては多少なりともこうした見解を主張していた。私とフランシスコ・ヴァレラとエレノア・ロッシュとの共著『身体化された心』では、認知科学は仏教の無我説を支持すると論じていたのだ。[3] 今にして思えば、その評価は単純すぎた。物語の全容ははるかに複雑で、それゆえにずっと興味深いものだったのである。

私たちは『身体化された心』で次のことを論じた。認知科学によると、「人（person）」と呼ばれるものは、相互に因果的に関係づけられた、心と身体の出来事と形成作用の集合体だ。私たちは心の奥底で、こうした形成作用の内側や背後に、実在する不変の本質（変わることなき経験の主体・行為主体）、すなわち自己同一性の源泉となる自己が隠されていると感じている。だが、いざこの本質としての「私（I）」を探してみると、それはどこにもつかむことはできない。

認知科学による「無我」の発見に対して、仏教は経験的・倫理的に重要な観点を提供する。仏教心理学によれば、本質的な自己の存在を措定することは、単なる認知的な投影ではなく、根本的に情動的なものでもある。「自己」という感覚の基盤にあるのは、自己に対する情動的な「執着」であり、このような我執（self-grasping）があるゆえに、私たちは心の奥底で自分こそが世界の中心だという感覚をもつ。だからこそ、私たちは根本的に自己中心的（egocentric）なのである。

心を修養する仏教の実践は、こうした我執や自己中心性に経験的に気づき、それらを変容させるための実践的な方法を提供してくれる。私たちは、ありもしないと分かっているものにも感情的に執着してしまう。仏教は、このような困難に陥ることを防ぐ助けになりうる教えなのだ。一方で認知科学は、「自己」が存在するという信念を揺るがすが、自分たちがもつ情動的な我執を真正面から経験的に扱ってきたことはないため、それだけでは「本質的な自己が存在する」という感覚を止めることはできない。この難局から脱出するための方法は、科学的な無我の視点を、経験的・倫理的な視点によって補うことである。すなわち、我執を取り除き、心を変容させるための実践に根ざした視点だ。

こうした主張は、ここまでは妥当なものだった。私は今でもそう考えている。しかしそれは、あくまで全体の話の一部であった。議論を完全なものにするためには、自己に関する別の考え方、とりわけ今日の哲学で論じられる自己についての考え方を考慮する必要がある。特に、古典インドの哲学者たちが仏教の考え方に向けた批判は参考にすべきだ。これらの批判は、仏教の無我説が抱える諸問題を浮き彫りにし、インド哲学と認知科学との交流を豊かなものにするだろう。以下では、仏教モダニズムから見た無我の捉え方には、ふたつの点で問題があることを論じることにしたい。

第一に、自己の存在を認める他の哲学や宗教の見方よりも、仏教の無我説の方が優れているという考えは安直すぎる。南アジアでは、仏教の思想家とバラモン教の思想家とのあいだで過去何世紀にもわたる論争が展開され、その過程で、バラモン教の「我（アートマン、ātman）」の概念と仏教の「無我（アナートマン、anātman）」の概念は常に更新され続けてきた。論争は、両陣営にそれぞれ新たな洞察をもたらし、見解の修正を促した。バラモン教の思想家たちは仏教の立場を厳しく批判したが、その方法は認知科学の知覚に関する重要な洞察を先取するものだった。自己をめぐる南アジア思想史をよく理解すれば、仏教思想だけを特別視する必要はなく、コスモポリタニズムの哲学観を身につけることの方が大切だということがますます明瞭になるだろう。

第二に、認知科学者のなかに自己を錯覚だと述べる人が幾人かはいるとしても、それは認知科学の考えを反映したものではない。むしろ認知科学は、自己を構築されたもの（construction）として示すのである。

心身とは異なる自己

まずは、仏教の無我説の核心を現代的にアレンジして言い直すところからはじめてみよう。議論の鍵は、仏教が標的にする自己は我執の対象のことであると理解することだ。「自己」をこのような意味で理解すれば、私の自己とは、私という人格の本質であることになる。すなわち、私が本質的に何者であるのかを示すもの、もしそれが存在すれば私も存在し（逆も然り）、もしそれが存在しなければ私も存在しない（逆も然り）、そのようなものが私の自己である。

さらにまた、私の自己（私の人格の本質）は、私が行うすべての経験、すべての行為の主体として想定される（自己の存在が、それらの経験や行為を私に帰属させる）。このような考えはいかにも抽象的で哲学的に見えるかもしれないが、直感に訴えるものがある。そのことは、次のような思考実験を通して明らかになるだろう。[4]

あなたの身体が別の身体と入れ替わったと想像してほしい。そうすると、あなたはその身体をもつことがどのような感じなのかを経験することになる。[5] 子供の頃、私は自分がボビー・オア（カナダのアイスホッケー選手）だと想像しながらストリートホッケーをしていた。私は自分がボビー・オアとぴったり同一の人物であると想像しようとしていたのではない。そうではなく、ボビー・オアの身体やホッケーの能力をもつ自分の経験を想像しようとしていたのだ。言い換えれば、私はボビー・オアと厳密に同一人物であると想像したかったのではなく、自分がボビー・オアの身体と能力をもつことが私（私の自己）にとってどのような感じであるかを想像したかったのだ。

次に、あなたの心が別の心に入れ替わったと想像してもらいたい。そうすると、あなたはその心をもつことがどのような感じなのかを経験することになる。子供の頃、私は自分がボビー・フィッシャー（アメリカ出身のチェスの世界王者）の心でチェスをすることをよく想像していた。この場合もまた、私は自分がボビー・フィッシャーと厳密に同一であるという意味で彼になることを想像しようとしていたのではない。そうではなく、彼の心をもってチェスをしている自分を想像しようとしていたのだ。

この思考実験は、あなたがあなたのままでありながら、今とは別の身体や心をもつことを想像せよ、ということを求めている。今とは別の身体や心があってはじめて可能になる（あなたにとって可能になる）、そのような経験主体・行為主体となった自分を想像せよ、ということだ。この思考実験が示唆しているのは、身体や心の同一性としての自己ではなく、身体や心を超越し、それらとは異なる本質をもつものとして、あなたの自己を考える道があるということである。

もちろん、このような思考実験には意味がないと否定する哲学者もいるだろう。彼らは、この思考実験は整合的なシナリオがあるように見えて、実際は辻褄が合っていないと主張するだろう。しかし、このシナリオには直感に直接的に訴えるものがある。よく考察すればこのような考えは整合的でないことが判明するとしても、このシナリオは自己について考えている自己自身に気づくための ひとつの方法を教えてくれる。

この思考実験を仏教的な観点から見てみると、この実験は、私たちが習慣的に我執の対象としている自己が錯覚であることを際立たせる手助けとなる。私たちは人格の本質となる自己が存在するかのように心の奥底で感じているものの、仏教はそのような自己は錯覚にすぎないと説く。すなわち、変わり続ける心身の状態を「自己」とみなすのは間違いだが、私たちの存在とはこうした一時的な状態以外には何もない。したがって、（私たちが我執の対象とする）自己は存在しない。

しかし、強調しておかなければならないのは、仏教が我執の対象として捉えている自己（人格の本質としての自己）は、自己を理解するための唯一の方法ではないということだ。とりわけ、今日の認知科学や哲学には別の考え方がある。それゆえ、この種の自己が存在することが否定されたからといって、いかなる自己も存在しないということにはならない。

『無我相経』におけるふたつの議論

この話題にはまた後で立ち戻ることになるが、ここでは後の議論の準備のために、自己をめぐるインド哲学の論争という文脈における、仏教の無我説の歴史を素描しておく必要がある。まずは「ニカーヤ」（集成の意、漢訳では「部」）として知られる初期のパーリ語経典のなかで、ブッダに帰せられる教えと、それがどのように解釈されてきたかを見ることからはじめよう。『無我相経（*Anattalakkhana Sutta*）』は、伝統的にブッダの第二の説法と考えられてきた教説である。そのなかでブッダは、聴衆に対して、人を構成する身体（body, 色）・感情（feeling, 受）・知覚（perception, 想）・意志（volition, 行）・意識（consciousness, 識）、いわゆる五蘊（five aggregates）は、自己とみなされるべきではないと説く。[6] また、五蘊の一つひとつをどのように見るべきかという点についても「これは私のものではない、これは私ではない、これは私の自己ではない」という同じ教えを授けている。

ブッダは続けて語る。このように五蘊を自己ではないと見ることは、五蘊に関する迷いから覚め、無執着（dispassion, 無貪）、解脱（liberation）、そして自分が解脱したという自覚（knowledge that one is liberated, 解脱知見）につながるのだ、と。

では、なぜ五蘊は自己とみなされてはならないのだろうか？　ブッダはふたつの理由をあげる。第一の理由は、五蘊は私たちのコントロール下にはないものであり、そのために苦悩をもたらすということ。第二の理由は、五蘊は無常であり、苦痛を伴うものであり、変化を免れないということである。

このような理由が述べられるとき、何かが自己であるためのふたつの基準が暗黙裡に前提とされている。すなわち、自己は鍛錬によって心身をコントロールできるような存在でなければならないということ。また、自己は永続的な主体でなければならないということ（つまり、変化や変化による苦しみが生じない存在であるということ)。

このことから私たちは、ブッダがふたつの論証(argument)を提示したと解釈することができる。「無常性による論証」は、五蘊は無常であるゆえに自己ではないというものであり、「コントロール欠如による論証」は、五蘊はコントロールできないゆえに自己ではないというものである。

ウパニシャッドの世界観の中心には、我《アートマン》(ātman)は永続的であり(変化にさらされないゆえに至福を経験する)、身体と心をコントロールする存在であるという信念がある。ウパニシャッドは、ヴェーダ聖典に基づくバラモン教の文献を集めたものであり、その最も古い部分はおそらくブッダの時代に先行する。ブッダが「五蘊は無常であり、苦痛をもたらすものであり、コントロールできないものである」と主張するとき、彼はバラモン教的な自己性の基準に照らして、五蘊が自己であることを否定しているのだ。

しかしながら、ブッダが示したふたつの論証は、どちらかを単独でとりだしてみても、両者を合わせてみても、「自己は存在しない(無我)」ということを直接的には確立しない。むしろここでは、「何かが自己であるためには、永続的な主体か、心身をコントロールする存在でなければならない」ということを前提としながら、「五蘊のいずれも自己ではない(非我)」ということが確立されているのである。

バラモン教の思想家の多くも、ブッダが「五蘊」と呼ぶものは、実際に自己ではないという点には同意するだろうし、真実の自己（ātman）は五蘊を超越したものだと述べるだろう。真実の自己は、身体でもなければ感情でもなく、意志でも感覚的・心的意識でもなく、それらを超えたところにある。

そうだとすると、〔一〕ブッダの教説は、結局のところ自己（ātman）が存在するという考えと両立するか、〔二〕もし自己が存在するとすれば、五蘊のなかに存在するはずだとブッダは推論しているか、〔三〕ブッダは、自己が存在するかどうかという問いそれ自体を拒否し、肯定的な答えも否定的な答えも出していないか、のいずれかである。

これら三つの解釈は、いずれも仏教思想史のなかに見出すことができるし、それぞれの選択肢を検討することは、自己をめぐるインド哲学の論争を見極めるのに役立つだろう。

第一の選択肢：超越的な自己は存在するか

第一の選択肢によれば、ブッダは五蘊を誤って「自己」と同一視することを止めさせるための実践的な方法を教えたことになる。だがこの方法は、五蘊を超越し、五蘊によって条件づけられていない、「純粋な気づき」あるいは「純粋な意識」が存在するという考えとも両立できる。それゆえ現代の仏教指導者のなかには、ニカーヤにおけるブッダの教説を、五蘊とは異なる、超越的で条件づけられない意識を承認するものとして解釈しようとする者もいる[7]。

このような解釈は、ニカーヤにおけるブッダの教説をウパニシャッドと一致させることにもなりかねない。とりわけ、真実の自己（ātman）を純粋不二なる意識のことだと考える、後代のヴェーダーンタの哲学者シャンカラ（七八八―八二〇）が解釈したウパニシャッドの場合はそれが顕著になる。またこの解釈は、ニカーヤの教えを、心に「仏性」が内在するという後代の大乗仏教の考えと一致させることにもなりうる。たとえば、大乗仏教の『大般涅槃経（Mahāparinirvāṇa Sūtra）』では、「生きとし生けるものすべては仏性をもっている」（一切《いっさい》衆生《しゅじょう》悉《しつ》有《う》仏性《ぶっしょう》）が説かれ、仏性とは自己であるとされる。[8]

しかしながら、超越的な意識を認めるニカーヤの読み方には、いくつかの問題がある。第一に、ブッダは五蘊とは別に超越的な意識があることを明言していない以上、この読み方はテキストから乖離している。第二に、他の教説では、超越的な意識や超越的な自己に対するいかなる信念も「邪見」とみなされている。[9] 第三に、この読み方はいいとこ取りの解釈に基づいている。つまり、自説に都合のよい一節だけを選び取り、自説に合うように解釈し、それに反する他の多くの一節（この解釈を拒否するテーラワーダ仏教の注釈の伝統すべてを含む）を無視している。

第二の選択肢：自己は五蘊に存在するか

第二の選択肢によれば、『無我相経』には「五蘊が存在するもののすべてである」という明言されていない仮定、あるいは暗黙の前提があるため、「自己が存在するとすれば、それは五蘊のなかに存在しなければならない」ということになる。この解釈を支持する証拠（テーラワーダ仏教の主流派の見解）は、ニカーヤのいたるところに見出すことができる。

たとえば、ブッダは『思察経（*Ways of Regarding Things*）』を説きはじめるにあたり、次のように説く。「比丘たちよ、さまざまな仕方で（何かを）自己であると考えている沙門やバラモンたちは皆、執着の対象となる五蘊、あるいはそれらのうちのどれかを（自己であると）考えているのだ[10]」。もしも、自己とみなしうるもののすべてが五蘊に属し、五蘊が自己ではないのならば、いかなるものも自己とみなすべきではない。

また、ブッダは『一切経（*Discourse on the All*）』のなかで、「一切」とは六つの感覚能力とその対象（眼と形、耳と音、鼻と香、舌と味、身体と触れられる対象、心と心的現象）（六根：眼・耳・鼻・舌・身・意、六境：色・声・香・味・触・法）であると述べる[11]。これも五蘊と等しい別の分類法であるため、五蘊もまた「一切」である。ブッダは続けて、これ以外に「一切」を語る者は誰であれ間違っており、人々が知りうるものの領域を超えた何かを主張しているにちがいないと説く。この言葉に含意されているのは、「一切」は自己ではなく、自己になりうるものは他には何もない、という考えだ。またもうひとつ例をあげれば、「自己は存在する」という言明は、「あらゆる現象は自己ではない」という知識と矛盾するともブッダは述べている[12]。

第三の選択肢：自己が存在するかという問いは妥当か

第三の選択肢によれば、ブッダは、自己が存在するかどうかという問いを拒否し、その問いに対する肯定的な答えも否定的な答えもすべて拒否したことになる。この理解に従えば、ブッダは超越的な意識を容認していない。そうではなくブッダが教えたのは、何かを誤って「自己」として同一視することを、いかにして停止させるかという実践的な方法のみである。さらに言えば、ブッダは「自己が存在するか存在しないか」という形而上学的な問いを拒否し、そのかわりに、自分たちが経験するいかなるものも「自己」と同一視してはならないと力説しているのである。あくまでも経験をその内部から分析し、経験の外側にあるものを形而上学的に分析することはない。これがブッダの考え方だと解釈される。[13]

この解釈の問題点は、ニカーヤにはもともとなかった、存在の分析（形而上学）と経験の分析（現象学）との区別を新たに引き起こすところにある。ブッダが主として経験に関心を寄せていたのはその通りだが、彼はまた、私たちが経験から何を知りうるのかという観点（とりわけ彼自身が自らの経験から何を知りえたのかという観点）から、何が存在し、何が存在しないのかをしばしば説き示している。哲学の用語で言いなおせば、ブッダが述べたのは形而上学的な主張であるが、それは思弁的な立場というよりもむしろ経験主義的な立場から示されたのである。

先述の通り、ニカーヤが提供する強力な証拠から、ブッダの教説は「（バラモン教的な自己性の基準において）自己は存在しない」ことを教えたものだとみなされる。自己の否定は、（経験に訴える）経験主義的な根拠に基づいているとはいえ、「何が存在しないのか」に関する主張として見れば、無我説は形而上学的である。

なぜブッダは無我を明言しなかったのか

とはいえ、なぜブッダは「自己は存在しない」と明言しなかったのか、不思議に思われるかもしれない。何しろブッダが語ったのは「これは私のものではない、これは私ではない、これは私の自己ではない」という定型句だったのだから。また、ブッダは（異教徒）ヴァッチャゴッタから「はたして自己はあるのか？」「自己はないのか？」と尋ねられたときに沈黙を貫いた。もし自己が存在しないのならば、なぜブッダは素直にそう答えなかったのだろうか？

ヴァッチャゴッタの件に関しては、ブッダは弟子のアーナンダに沈黙を貫いた理由を後に自ら説明している。[14] もしヴァッチャゴッタに「自己はある」と答えていたら、「常住論者（常住不変の自己が存在すると信じる者）である沙門やバラモンに与することになっていただろう」。もし「自己はない」と答えていたら、「断滅論者（死後の世界は存在せず、私たちの存在すべては死とともに滅ぶと信じる者）である沙門やバラモンに与することになっていただろう」と。

ブッダはアーナンダに次のようにも語る。ヴァッチャゴッタに「自己はある」と答えることはできない。すべての現象は自己ではないという真理（諸法無我）と矛盾するからである。また「自己はない」と答えることもできない。ヴァッチャゴッタはますます混乱し、「私にかつてはあったはずの自己が、今はもう存在していないようだ」と誤って考えてしまうからである、と。

ブッダが「自己は存在しない」と明言しなかった理由は、これ以外にもあるかもしれない。

「自己は存在しない」という主張を考えてみよう。「自己は存在しない」が事実であると主張するのなら、そのことから論理的に、話者はそのことを信じていることになる。他方で、もし私が「私は「自己は存在しない」と信じている」と発話するならば、遂行的矛盾（自己を否定しながら、「私」に言及している言明）に陥るように見えてしまう。とりわけ、もし私がそこで正しくは何が否定されているのか（永続的な意識の主体、心身を統御する主体）を適切に理解していないならば、なおさらである。「私は自己ではない」「私には自己がない」と言う場合にも同じ問題が生じる。

さらに、解脱を達成し、「私」という「慢心（māna）」（自分の存在が「私」に基づいていると感じる、深く習慣的な傾向性）から完全に解放されない限り、「私」という慢心を強化することなく、一人称代名詞「私」を考えたり、言ったりする方法はないだろう。そのため、ブッダが「自己は存在しない」と言うことはおそらくない。なぜなら、この考えを間違った仕方で内面化してしまうと、彼の言葉を聞く者たちの「自己という慢心」をますます強めてしまうからだ。[15]

ヴァジラー尼による無我の教え

いずれにせよ、ブッダのメッセージは最初期から、「自己は存在しない。存在するのは五蘊のみで、それは便宜的に「衆生（being）」や「人（person）」と呼ばれる」という意味で理解されてきた。これが仏教の無我説の基本である。

すでにニカーヤのなかで、ヴァジラー尼がこの見解を述べている（彼女の言葉は、主人公がすべて尼僧である経典の集成に属している)。悪魔マーラが彼女の禅定を妨げようとして、尋ねる。


この「衆生」は何者によってつくられたのか?

衆生の作者はどこにいるのか?

衆生はどこで生起するのか?

衆生はどこに滅するのか?


ヴァジラー尼は答える。


いったいどうして「衆生」と信じているのか?

悪魔よ、それはそなたの思索にすぎないのではないか?

これは純然たる形成作用の集積であり、ここに「衆生」は見受けられない。

あたかも、諸部分の集合に「車(chariot, 二輪戦車)」という語が使われるように、
そのように五蘊があるとき、「衆生」という慣習的な語がある。

発生するものは苦しみだけ、持続し消滅するのも苦しみである。

苦しみ以外の何ものも発生することはなく、苦しみ以外の何ものも消滅することはない。[16]

『ミリンダ王の問い』における無我

車の比喩は、西暦のはじめ頃にさかのぼる『ミリンダ王の問い』という後代のテキストでも取り上げられている。[17] このテキストは、仏教僧ナーガセーナとバクトリア王国のギリシア人のミリンダ王（メナンドロス）とのあいだで起きた（おそらくは架空の）対話の記録である。ミリンダ王は、紀元前二世紀に王国を統治していたが、その版図は現在のアフガニスタン、インド、パキスタンの一部を含む広大な範囲にわたるものだった。

対話の冒頭で、王は自分が車に乗って到着したことをナーガセーナに伝える。それに対して、ナーガセーナは質問する。「車とは何でしょうか？」

王は「車とは、その部品（轅《ながえ》、車軸、車輪、車体など）のいずれとも同一ではないが、部品以外の何かであるわけでもない」と認める。車が実在であるためには、部品と同一であるか、部品とは別のものであるかのいずれかでなければならない。しかし、車は部品と同一でもなければ別のものでもない。部品は変わっても同じ車であり続けるからだ。そして、部品を超えて存在する車などない。

そこでナーガセーナは王に問いかける。「諸部分と同一であるにせよ、別のものであるにせよ、車という実在は同定できないことをご存知なのに、どうしてあなたは「私は車で来た」と、あたかも真実であるかのように語ることができるのですか?」

王はこう答える。

「轅、車軸、車輪、骨組み、綱、軛、スポーク、突き棒など、これらのものをすべて備えているからこそ、それは「車」という一般的に理解されている語、共通に使用される名称で示されるのです」[18]

言い換えれば、現実には車などというものは存在しないにもかかわらず、特定の仕方で配置された諸要素の集まりを表すのに有用な呼称として「車」という言葉があるのだ。

ナーガセーナは、王に「あなたは「車」という語の意味を正しく理解しておられる」と語る。それはつまり、言葉というものは有用な呼称であって、実在するものを言い表すものではないということだ。同様に「ナーガセーナ」も、ある特定の生き物を形成している諸要素のための有用な呼称であるということだ。

ここで含意されているのは、「ナーガセーナ」と呼ばれる生き物は実在ではないということである。実在するのは諸要素だけであり、私たちはただそれが有用だという理由でその諸要素を「ナーガセーナ」と呼んでいる。ナーガセーナは、ニカーヤからヴァジラー尼の詩句を引用して、次のように説明する。ちょうど私たちは「車」という言葉を、部分の集合体を表す有用な呼称として用いるのと同様に、五蘊を表す有用な呼称として「生き物(衆生)」という言葉を使用しているのだ、と。

アビダルマの還元主義

無我説の基本的な考えは、アビダルマ（サンスクリット語：Abhidharma, パーリ語：Abhidhamma）として知られるスコラ的な南アジア仏教哲学のなかで体系的にまとめられ、詳述されている。このなかで無我説は、より哲学的に正確なものになった。

アビダルマの見解は「仏教還元主義（Buddhist reductionism）」と呼ばれる。[19] その基本的な考えは、「自己は存在しない」ということ、つまり生き物や人には内的な本質は存在せず、それらは車のように「慣習的な実在」にすぎないということである。慣習的に実在するというのは、実在するということが、私たちがものごとを概念化し、名づける方法に関連しているということだ。

今、何らかの形で配置された諸要素の集合があったとすると、私たちは折々の目的に応じて、それを車のようなひとつの事物として概念化し、名前をつける。それが衆生や人の場合であれば、その要素の集合は五蘊である。すなわち、身体の物理的組成に、感情・知覚・意志・意識という心理的要素を加えたものである。アビダルマのなかで五蘊の分類法は、「究極的な実在」とされる物理的・心的要素を分ける数多くの分類法のうちのひとつにすぎない。究極的に実在するということは、ものごとに対する概念や名称を離れて実在するということであり、基礎的でそれ以上還元できないということだ。つまり、五蘊が究極的な実在であり、衆生や人はただ慣習的に実在するだけなのである。

無我説に対するニヤーヤ学派の批判

これでようやく、仏教の無我説がバラモン教の有我説と互いにどのように影響しあったのかを考察するための準備が整ったことになる。

ニヤーヤ学派の伝統に属するバラモン教の哲学者たちは、仏教還元主義が直面する深刻な哲学的問題を標的としている。たしかに車は非人格的な部品の配列にすぎないかもしれないが、車が命をもたない無生物〔無情〕であるのに対し、人は内なる生命をもつ、感覚のある存在〔有情〕である。内なる生命には、統一された、あるいは一貫した主観的視点を伴う、唯一無二の個人であるという経験が含まれる。もしも説明のために使えるものが非人格的な諸要素と因果関係だけしかなかったら、いったいどうやってこの経験を説明できるだろうか？

この問題は、ニヤーヤ学派の思想家ヴァーツヤーヤナ（四〇〇年頃）およびウッディヨータカラ（六〇〇年頃）が、仏教の無我論に対して強く回答を迫った問題である。[20] 彼らが論じたのは、人の生を、単なる因果関係で結ばれた客観的な精神的・物理的要素の連続と理解することはできないということだった。もし私が「こんにちは」と言えば、私はあなたがその言葉を聞くことの原因となるが、あなたがそれを聞くことは、「私」と呼ばれる因果系列の一部には含まれない。だが、どうしてそうならないのか？　結局のところ、このふたつの出来事のあいだには因果関係があり、仏教徒が想定しているのは、人は心理的・物理的出来事の因果系列以外の何ものでもないということになるはずだ。そうだとすれば仏教徒はどうして、あなたが私の声を聞くことは、「私」とみなされる系列のうちに含まれないと言うことができるのだろうか？

問題なのは、どの物理的・精神的要素と、どの物理的・精神的要素とが組み合わさって、「私」と「あなた」という区別をつくり上げるのかを確定することだ。ニヤーヤ学派の哲学者たち（ナイヤーイカと呼ばれる）は、もしも説明のために使えるものが非人格的な諸要素の因果関係だけしかないのなら、それを確定する方法はないと主張する。私が「こんにちは」と言うとき、私という存在は、あなたにその言葉を聞かせる原因となっているばかりでなく、私自身にその言葉を聞かせる原因でもある。ひとつの原因にふたつの結果があるのだ。ひとつの結果は「私」と呼ばれる因果系列に属し、もうひとつは「あなた」と呼ばれる因果系列に属している。「私」や「あなた」という区別は、単なる語り方の問題ではあるが、ニヤーヤ学派の哲学者たちは、両者の区別を因果関係だけで根拠づけることはできないと非難する。もしも説明のために使えるものが、因果関係で結ばれた離散的で非人格的な出来事だけしかないのなら、どの出来事の系列がある人物をつくり上げ、また別の人物をつくり上げるのかを区別する方法はない。何か因果関係を支えている別のもの、因果関係のなかのある一部を「私」とし、また別のものを「あなた」とする何かがなければならない。つまり、特定の因果連鎖に、統一性と一貫性を与える何かが必要なのだ。ここで必要とされるのが、同一性の原理（principle of identity）である。それは、特定の諸要素が身体化された生命の唯一無二の心の流れに属するようにする原理であり、これによってある諸要素が「私」という心の流れに属し、別の諸要素が「あなた」という心の流れに属すことが説明される。ニヤーヤ学派の哲学者たちが説くように、仏教の無我説には同一性の原理がないため、何が人を人たらしめているのかをうまく説明することができないのである。

今私が論じた問題は、実在《リアリティ》をつくり上げている精神的・物理的出来事の因果ネットワークの全体から、いったいどのようにして、あるひとりの人（個別的な精神的・物理的流れ）を選び取るのかという問題である。これに関連する問題は他にもある。それは、ひとりの人間の経験における見かけ上の統一性と一貫性を、いかにして内側から説明することができるのかという問題である。

たとえば、私はあるひとつのマンゴーに対して、それを見る、嗅ぐ、触る、味わう、ということを一挙に行い、その色、形、香り、手触り、味を、ある同一の事物に属するものとして知覚する。このとき私は、これらのばらばらな感覚的知覚の主体である私自身もまた、単一で同一の存在だと考える。ここには、諸々の性質がすべて同一の対象に統合されているように見えるという事実、私が自分自身を複数の知覚における単一の主体と考えているという事実があるが、いったい何がこれを説明してくれるだろうか？　あるいは、マンゴーを知覚することは、それを食べたいという欲求を導くことでもあり、また私は自分自身のことを、マンゴーを手に取って齧《かじ》る行為主体であるとも捉えている。ここには、私が自分を知覚の主体であると同時に、欲求の主体でもあり、行為の主体でもあると考えているという事実があるが、いったい何がこれを説明してくれるだろうか？　最後に、私はその味を思い出し、手にしたマンゴーがさっきと同じマンゴーであると認識し、もう一口齧ろうと決意し、自分自身を最初の一口を齧った数秒前の自分と同じ主体、同じ行為主体であると考える。この記憶と知覚認識との見かけ上の統一性を説明するものは何だろうか？[21]

この例が示しているのは、人が人であるためには、諸々の知覚、欲求、行為、記憶が、ある時点あるいはある時間の経過のなかで、内側から統一・統合されていなければならないということである。しかし、もしも因果関係で結ばれた非人格的な精神的・物理的要素しか存在していないのなら、どうしてそのような見かけ上の統一性や統合性がありうるだろうか？

ニヤーヤ学派の哲学者たちの主張によれば、仏教徒はこうした経験の見かけ上の統一性を説明することができない。繰り返しになるが、単なる原因と結果の関係（因果関係）に加えて、同一性の原理が必要なのだ。ニヤーヤ学派の哲学者たちは、仏教の無我説には同一性の原理が欠けているため、何が人を人たらしめているのかを説明することができないと非難している。

ニヤーヤ学派の哲学者たちは、ふたつの相互に連関する問題を突き止めていた。それは、今日の私たちが「結びつけ問題（binding problem）」と「意識の統一性（unity of consciousness）の問題」と呼んでいるものである。

「結びつけ問題」とは、色・形・境界・輪郭・質感・香り・味など、私たちが知覚する多様な質がどのように結びつけられれば、統合された三次元の対象として知覚されるようになるのかという問題だ。脳の各領域がさまざまな異なる質を区別し、カテゴリー分けを行っていることは分かっている。問題は、多様な質を正しい対象に属するものとして適切に結び合わせて知覚することを可能にするために、脳はこれらの分離された識別と分類をどのようにまとめあげているのかということである。黄色は容器やテーブルの形ではなく、マンゴーの形と結びつけられる必要がある。私たちが知覚しているのは、秩序だった対象（テーブルの上のボウルに入ったマンゴー）であって、さまざまな質（黄色、丸い、四角い）や、ましてや局所的な質（そこにある黄色、そこにある丸さ、そこにある四角さ）ではない。

結びつけは、秩序だった対象を知覚するために必要だが、それだけで十分とは言えない。なぜなら、見る・嗅ぐ・触る・味わう、という個々別々の知覚は、単一の主体に統合されたものとして主観的に捉えられる必要があるからだ。あなたは自分のことを「知覚委員会の一員（committee of perceptions）」と思っているわけではなく、諸々の知覚の単一の主体として考えている。このような経験主体の見かけ上の統一性を説明するのが、「意識の統一性の問題」である。

世界の因果関係の集合のなかから、いかにしてひとりの人を選び取ることができるか。知覚の結びつけや対象の認識をどのように説明するのか。見かけ上の意識の統一性をどのように説明するのか。ニヤーヤ学派の哲学者たちがこれらすべての問題のために必要としたのが、自己（ātman）を想定することだった。自己は、ある時点あるいはある時間の経過のなかで生じるさまざまな経験の統一性を説明するための同一性の原理である。これに加えて、ニヤーヤ学派の哲学者たちは、自己は「実体」であり、性質や運動の基体となる独立したものであると主張する。自己は認識・感情・欲求・努力の究極的な主体であり、ある時点あるいはある時間の経過のなかで生じるそれらに統一性と一貫性を与える存在である。

また、インドの文脈で忘れてはならないのは、このような自己をめぐる論争は根本的なところで業の問題、すなわち、善い行いは善い結果をもたらし、悪い行いは悪い結果をもたらすという道徳律・因果律とも関係しているということだ。ニヤーヤ学派の哲学者たちにとって、自己は善業・悪業の担い手である。私の業は、私が行うことがもたらす作用であり、あなたの業は、あなたが行うことがもたらす作用である。一方、仏教徒の場合、特定の業を「私の業」、また別の業を「あなたの業」と呼び分けるが、これは匿名的な善悪の心的出来事とその善悪の結果を語るために有用な慣習的表現にすぎない。仏教の無我説は、人を人たらしめるものは何かを説明できないのと同様、業についても説明できていない。ニヤーヤ学派の哲学者たちはこのように仏教徒を非難する。

仏教説とニヤーヤ学説に対する認知科学の評価

認知科学者は自己を実体であると考えていない。そのため、無我説か有我説かという論争では、仏教還元主義者が勝利をおさめると考える傾向がある。これは標準的な仏教モダニズムがとる方向性でもある。だが、このようなものの見方は短絡的で偏っている。認知科学の観点から正しく見れば、仏教徒とニヤーヤ学派の哲学者たちにはどちらも長所と短所があることが分かる。

一方で私は、仏教還元主義者に同意する。私も実体的な自己は存在しないと考える。しかし、知覚の結合と意識の見かけ上の統一性についての彼らの説明は、満足できるものではない。彼らは、「心的知覚（mental perception, 意知覚）」が、知覚された別々の諸性質を統合するとともに、瞬間ごとに生じる思考や感情などが同一の主体に属しているかのように見せかけるのだと主張する。しかし、心的知覚もまた別の非人格的で瞬間的な認知的出来事にすぎないため、この説明がうまくいっているかどうかは明らかではない。ニヤーヤ学派の哲学者たちは、瞬間ごとに生じる別々の心的知覚が統一されているように見えることを説明するのは何なのかを知りたがるだろう。

他方で私は、ニヤーヤ学派の哲学者たちにも同意する。私も知覚の結合や意識の見かけ上の統一性を説明するためには、何らかの統一性や一貫性の原理が必要であると考える。しかし、そこで求められる統一性の原理が、「実体の同一性」の原理であるという点には同意しない。認知科学者が試みているのは、知覚の結びつきや意識の統一性を、実体の同一性の観点からではなく、脳の組織化原理と心的内容同士の相互関係から説明することだ。

私が強調したいのは、バラモン教の有我の理論は、仏教の無我の理論に劣らず合理的で経験的だということだ。両陣営にはそれぞれ長所と短所がある。哲学や思想史の観点から見れば、仏教だけをより「科学的」なものとして選び取るのは党派的で短絡的だ。

この話の教訓は、仏教思想史の全般、特にその無我説を正当に評価するためには、宗派の枠を超えたコスモポリタニズムの哲学的視点が必要であるということだ。仏教哲学は、それが南アジアにおける他の哲学伝統と交流してきた対話の文脈のなかで考えられなければならない。仏教哲学がこれまで長期にわたって培ってきた洞察や分析、議論のなかには、今日の哲学や認知科学においても価値あるものがある。それらは仏教の伝統だけが所有している財産ではなく、より広範にわたる対話を通した出会いの産物なのだ。

現代の哲学者たちは自己をどう捉えているか

これでようやく、先に予告していた論点に立ち返ることができる。すなわち、仏教が我執の対象として捉えていた自己（人格の本質となる自己）は、「自己」の意味を理解するための唯一の方法ではなく、この種の自己を否定したからといって、いかなる自己も存在しないというわけではないという議論だ。今日の哲学者や認知科学者が自己について語るとき、自己は身体化され、社会に埋め込まれた経験の主体を意味するのが普通になっている。この種の自己というものは、構築されたものではあるが、錯覚というわけではない。

この論点に議論を進めるために、仏教の影響を受けながら自己は存在しないと主張した、ふたりの現代の哲学者の見解を見ることにしよう。

最初に紹介するのは、トーマス・メッツィンガーだ。彼はかつて私に、自らの見解を「分析的ニューロ・ブッディズム（analytical neuro-Buddhism）」と説明した。[22] 彼は次のように主張している。

仮に自己が存在するとすれば、それは多数の属性をもっていなければならない。[23] そのような自己は、経験の主体・行為の主体であるだけでなく、独立したもの（哲学者が言う「実体」）でなければならないだろう。その自己はまた、心的あるいは霊的なものであり、いかなる時点にも時間の経過のなかにも存在する単一のもの、他のあらゆるものから区別された存在でなければならない。しかしながら、科学はこうした特徴をもつものの存在を支持する証拠を何も提示できない。それゆえ、自己のようなものは存在しないと結論づけるべきだ。

メッツィンガーが書いているように、「自己のようなものはこの世界に存在しない。これまで誰も自己であったことはなかったし、誰も自己をもったことなどなかったのだ」。[24] しかし彼は、「物ではなくプロセス」としての「現象的な自己（phenomenal self）」が存在することは認めている。厳密に言えば、それは自己ではなく、むしろ脳の「自己モデル」の内容だ。[25] だが、私たちはモデルをモデルとして認識できないため、その内容があたかもモデルとは別に実在する自己を表象しているかのように経験しているのである。しかし実際にはそのようなものは存在しない。それゆえ、自己は錯覚である。

この議論の問題点は、それが自己に関する偏った考えに依拠しているという点にある。メッツィンガーが想定する「自己」は、個々の実体（諸属性を保持する独立した存在）に内属する人格の本質である。だが、そのようなものは存在しないことから、自己は存在しないと結論づけられる。彼の議論が成り立つためには、次の前提がなければならない。すなわち、何かが自己であるためには、それは単一でなければならず、固有でなければならず、統合されていなければならず、また人格の本質を備えた独立のものでなければならない。自己をこのようなものだと考える哲学者たちもいるが、多くの哲学者たちはそうではない。したがってより穏当な結論は、「ある種の自己は存在しない」あるいは「自己は独立したものではない」ということになるだろう。

ふたり目の哲学者は、ミリ・アルバハリだ。[26] 彼女は、その著作『分析仏教（*Analytical Buddhism*）』（未邦訳）で、私たちが習慣的に自分自身だとみなしている「自己」は錯覚だと論じた。私たちは自分自身を、境界をもつ個人、経験の個人的所有者、行為をコントロールする主体、として経験しているが、実際にはそのような特性をもつ自己は存在しない。むしろ自己という印象は、一時的ではかない心や身体の経験を「私」や「私のもの」だと同定することの幸福を追い求めることから生じてくる。

このような、欲望に駆動された自己同一化（desire-driven identification）が起こると、自己／他者という区別が働きはじめ、自己に属するものと自己に属さないものとのあいだに感じられる境界線が引かれる。アルバハリは境界性（boundedness）と個人的所有者性（personal ownership）は、欲望に駆動された自己同一化によって生み出された錯覚だと主張する。さまざまな経験は、境界づけられた独立的存在である「私（I）」によって所有されているように見えても、実際には繰り返し行われる自己同一化が、「私」という見かけをつくり出している。アルバハリの用語を借りれば、自己は一連の経験によって「構築されたものではない」と思えるし、そのような諸経験とは別に存在しているように見えるが、「自己」という印象は実際、これらの経験から構築されているのである。自己は、（本当は経験から構築された存在だが）自らが（経験から）構築されていない独立の存在であると称している。それゆえ自己は錯覚である。

さらに言えば、自己は存在しないため、自己同一化という心理的プロセスは必然的に挫折する運命にある。したがって欲望に駆動された幸福追求というプロジェクトは、はじめから破綻したものであり、最終的には挫折に終わるしかない。自己同一化のプロセスを駆動しているのは、「私（me）」や「私のもの（mine）」に対する根深い「渇愛」だ。もしも私たちがその渇愛を取り除くことさえできれば、私たちは「自己」という錯覚を取り除くことができるし、経験は本来無我であること（selfless, 無所有者性：ownerless）を悟ることができるだろう。

アルバハリは、自己という感覚が構築される過程を鋭く分析したが、「自己は錯覚である」という彼女の主張は、メッツィンガーの説明と同じ問題を抱えている。すなわち、自己とは一連の経験によって構築されるものではなく経験から独立したものだというアルバハリの説明もまた、自己に関する偏った考えに基づいている。哲学者のなかには自己をこのように考えた者もいるが、多くの哲学者はそうではない。一八九〇年に出版されたウィリアム・ジェームズの『心理学原理（*Principles of Psychology*）』（未邦訳）と、一九三四年に出版されたジョージ・ハーバート・

ミードの『精神・自我・社会』（みすず書房）以来、哲学者や科学者たちは、「自己」を発達的で社会的に構築されたものであると捉え、経験から離れて存在するものではないと考えてきた。アルバハリの議論から導かれる、より穏当な結論は、「ある種の自己は存在しない」、あるいは「自己は非構築的なものではない」ということになるだろう。

現代の哲学者や認知科学者が考える自己

今日の哲学者や認知科学者は、自己を一連の経験の所有者である人格の本質を伴う、非構築的なものだとは考えていない。それゆえ、そのような自己の存在を否定しただけで、いかなる自己も存在しないと証明するのは不十分だ。とはいえ、たとえそのような自己の存在を知的に否定したとしても、私たちは習慣的に自分自身をそのような存在として捉えるのだという議論もできるだろう。しかし、こうした判断は結局のところ、次のことを主張しているのと同じだ。すなわち、「非構築的な人格の本質」「経験の所有者」「行為の主体」である、欲望に駆動された自己という印象は、私たちがもっているデフォルトの自己の感覚であり、私たちの行動を動機づける主な要因であるということである。これと同じ主張を、かつて私たち（ヴァレラ、ロッシュ、トンプソン）は『身体化された心』で述べていたが、今考えてみればそれは問題のある主張だった。それはどのような主張だったのか、私たちはこれを問いなおす必要がある。

もしこの主張が現象学的なもので、自分たちの経験についての主張だったとしたら、それは明らかに真実ではない。たしかに私たちはしばしば、あたかも自己を経験の所有者・非構築的な人格のように感じるかもしれない（先ほどの思考実験で、自分とは異なる身体や心をもつことを想像したように）。しかし、たとえ深層心理のレベルであっても、私たちは習慣的に自己をこのような仕方で経験しているかどうかは明らかではない。たとえばモーリス・メルロ＝ポンティのような現象学者によれば、私たちは習慣的に自分自身を、世界と動的に同調した生ける身体としての主体（living bodily subject）として経験しているのであって、目撃者的な視点から特定の身体をたまま自分のものとみなして占有する心的自我（mental ego）として経験しているのではない。[27]

もしこの（『身体化された心』での）主張が科学的なもの、すなわち行動に関する経験心理学的な主張だったとしたら、それは実験によって検証されて裏付けられる必要があるが、そのような検証はこれまでのところされていない。

もしこの主張が哲学的なもの（「自己」という概念は欲望に駆動された非構築的な「私」という概念である、あるいは「自己」という語はそのようなものを正しく指示している）だったとしたら、それは論争中で決着がついていない。なぜなら哲学的には「自己」という概念についての他の説明もあるし、哲学や科学においては「自己」という語を別の意味で使うこともあるからだ。

非構築的な人格主体としての「私」という錯覚が、さまざまな精神的な苦しみを生み出す。この主張は、私たちの精神生活における率直な経験的主張のように思えるかもしれないが、実際には規範的かつ救済論的なものだ。なぜこれは規範的なのか。それはこの主張が「自分は人格の本質を有する、非構築的かつ独立したものだ」という感情はすべて捨てるように努力すべきであり、自分たちのさまざまな経験が個人の自我（ego）に属すると考えるべきではないということを語っているからだ。またなぜこれは救済論的なのか。それはこの主張が、この教えを実践すれば精神的な苦しみから解放され、永続する心の平安が得られると語っているからだ。この主張は仏教の世界観を表現したものであり、それとは独立して成立している心理学の真理を表現したものではない。

私は先ほど、救済論的な概念は科学的ではないと論じた。それらは測定可能な要素で定義されることもなければ、実験で検証することもできないからだ。美に関する概念と同様に、救済論に関する概念も多様に解釈されるものであって、それぞれの概念が何を意味するかは、それらの概念を使う実践共同体が決めている。したがって、救済論的な概念が科学的な地位を手にしているかのように扱うのは概念的誤謬である。

しかしながら、仏教モダニストは概して、救済論的な概念をまるで科学的であるかのように扱っている。たとえばアルバハリは「自己の錯覚を見抜く」という考えを、それのみで「覚り」という結果を生み出す因果的な要因のように扱っている。それゆえ彼女は、「もしも「覚り」が本当に可能ならば、自己の錯覚を見抜くことは強力な説明メカニズムである。私たちはそれを通して、そこで起こると言われている深淵な認知的転換（cognitive shift）を理解することができるからである」と書いている（強調はアルバハリ）。[28]

しかし、「説明メカニズム」という言葉は不適切だ。説明メカニズムとは、ある行動の発生を説明するために用いる一連の因果的な要因であり、要因と行動が特定化されたら一切の曖昧さが許されなくなるというものである。ところが、「自己の錯覚を見抜く」というのは、「覚り」を生み出す分離された因果的な要因ではなく、むしろ「覚り」という意味の一部をなしているものなのだ。さらにまた、「覚り」や「自己の錯覚を見抜く」という言葉が具体的に何を意味しているかは、最初期の史料ですら個々の仏教伝統ごとに異なっている。したがって、どの伝統にも与することのない中立的な立場から、これらの概念の明確な意味を定める方法はない。「自己の錯覚を見抜くこと」を因果的な要因とし、「覚り」を結果となる行動として扱うのは仏教モダニズムの典型だ。しかしそれは、仏教の諸概念がそれぞれに本来もっている多面性を、科学の名のもとに歪曲しているのである。

さまざまな自己意識の形

メッツィンガーとアルバハリは、ふたりとも自己と自己の感覚（sense of self）を区別している。彼らは、自己を独立したものや実体として定義し、自己の感覚を「自己である」というフィーリングや印象として定義する。自己が存在することは否定しても、自己の感覚をもつことは認めるのだ。

このふたりとは対照的に、現象学の伝統に属する哲学者たちは、自己の感覚とは別に自己を定義しようとする試みをすべて拒否する。[29] 自己は、事物や人格の本質として定義されるのではなく、自己意識（self-awareness）、すなわち主体や行為主体であるという経験の観点から定義される。別の言い方をすれば、現象学者たちが主張しているのは、自己とは経験の構造であるということであり、その構造こそ人が自分を自分として経験することを可能にしているということである。

自己意識にはさまざまな形がある。現象学者によれば、どんな意識的経験においても常に存在している構造的特徴が自己意識のミニマルな形だ。彼らはこの種の自己意識を「前反省的（prereflective）」と呼ぶ。この言葉が意味しているのは、この自己意識は私たちが自分の経験を反省するよりも前に起きているということ、またそれは明示的というより非明示的なものであるということだ。[30] この考え方によれば、あらゆる意識経験は反省や思考なしに、意識経験としてそれ自身に現れるということ、あるいは別の言い方をすれば、あらゆる経験は非明示的に、その当の経験それ自体を経験することを含んでいるということである。

たとえばあなたが夕日を見るとき、あなたが気づいているのは夕日の色だけではない。自分が見ているというそのことにも気づいている。自分が見ているということは、自分の経験の対象ではない。つまり、あなたは自分が見ていることに焦点を当てているわけではない。しかし、自分が見ているということは、夕日とともに経験的にあなたに現前している。現象学的に言えば、あなたは夕日に焦点を当てながら、自分が見ていることを「体験そのものとして」経験しているのである。現象学者たちによれば、前反省的な自己意識は他のさまざまなタイプの自己意識のために必要なものであり、自己の感覚をミニマルな形で構成しているものになる。

これとは対照的に、反省的な自己意識（reflective self-awareness）の方は、自分の経験を反省する場面で生じてくる。心理学者は、この種の意識を「メタ意識（meta-awareness）」と呼び、現在の経験内容に対する明示的な意識として定義する。たとえば、あなたが何か作業をしていて、自分の気が散っていることに気づいたとしよう。するとあなたはいろいろな思考の流れと、いま行っている作業に関係がないことを明示的に意識するだろう。メタ意識は「メタ認知」の一種であり、自分自身の心的状態について思考したり、モニタリングしたりすることだ。

メタ認知は、ある種の記憶や、未来への計画を立てるために必要になる。過去の経験を自分のものとして想起する能力など、自分自身の記憶能力に関する知識はメタ認知に関係している。同じように、展望的記憶（prospective memory. 未来への計画を立て、その計画を実行することを記憶しておく能力）にもメタ認知がかかわっている。メタ認知はまた、「自伝的自己（autobiographical self）」、すなわち過去の経験の記憶からつくられる自己の感覚のためにも必要なものとされている。あるいは、メタ認知は「物語的自己同一性（narrative identity）」、すなわち人生に構造と目的を与えるために、自分自身のことを語る物語の集合からなる自己の感覚のためにも必要とされる。

また現象学者たちは、身体的な自己意識（bodily self-awareness）も重視している。身体的な自己意識の最も基礎的な形は、あなたが知覚したり、動いたり行為したりするときに働いている、自分の身体についての前反省的な経験だ。このような身体的な自己意識は、鏡に映った自分を認識したり、ビデオカメラで外側から自分の姿を見たりするときの、自分の身体に関する意識とは別のものだ。前反省的な身体的自己意識とは、自分の身体を対象《オブジェクト》として知覚することではなく、身体的主体《サブジェクト》として自分自身を経験することである。

最後に、現象学者たちは、社会的な自己意識（social self-awareness）に並々ならぬ関心を寄せてきた。社会的な自己意識にもさまざまな種類があるが、現象学者たちが重視するのは、他者の視点を通して自分自身を意識することができるというタイプの自己意識だ。このような「間主観的自己意識（intersubjective self-awareness）」が求められるのは、自分は他者たちの共同体におけるひとりの人間なのだと考えることができるようになるためである。

構築された自己、錯覚の自己

現象学的な観点から見ると、自己とはさまざまな種類の自己意識からなる多面的な構築物であり、非構築的な人格の本質や独立したものではない。この観点に立てば、「自己は錯覚である」と言うことに根拠はない。もちろん、日常的な場面や臨床の場面では、自己の錯覚や妄想はあるが、そこから「経験の構造としての自己は錯覚である」という結論を導くことはできない。錯覚は心が構築したものだが、心が構築したもののすべてが必ずしも錯覚ではない。「自己の感覚は構築されたものである」と言うこと、あるいはむしろ「自己の感覚は絶え間なく構築されていくプロセスである」と言うことは、「自己が存在しない」ことや「自己の感覚は錯覚の現れである」ことを論理的に含意しないのである。

仏教の伝統には、この点を明らかにする方法が示されている。そのためには、「自己（self）」（ātman）と「人（person）」（pudgala）というふたつの用語、あるいは概念を区別する必要がある。もし「自己」という語を、独立した経験の所有者や行為の主体となる人格の本質という意味に限定し、「人」という語を、さまざまな自己意識のモードを含む多面的に構築されたものを指示するために使用すれば、「自己は錯覚であるか存在しない虚構だが、人は存在する」と言うことができる。すなわち、仏教哲学の観点からすれば、「自己は構築されたものである」という私の主張は、「人は構築されたものである」という主張の論拠とみなすことができるのである。

インドの文脈では、「ātman《アートマン》」というサンスクリット語がもつ意味とその語の誘意性を考慮すれば、（「自己」と「人」という）用語を区別することには意味がある。しかし、哲学や心理学において「自己」の語に多様な意味が付与されている現代の文脈を考慮すれば、この区別はこじつけのように思われる。

さらにまた、仏教モダニスト、特にニューラル・ブッディストたちは、この用語の正確な使用を尊重していない。その結果として彼らは、「自己とは脳によって生み出された錯覚である」という非常に誤解を招きやすい言い方をして、仏教哲学者はあたかも人（person）を否定するニヒリスティックな主張をしているのだと誤解されるリスクを生じさせている。
こうした理由から、私は次のように言いたいと思う。すなわち自己は構築されたものである。そして自己という感覚のなかで、不変で独立した人格の本質という印象を抱かせる部分が錯覚なのである、と。

仏教と自己認識

「自己は構築されたものである」という言い方は、無私の状態（selfless state）が可能であることを許容する。つまり、自己の感覚が非常に弱まったり、なくなったりしてしまうような経験的な状態がありえるのだ。ただし、このような状態をどのように概念化すればよいのかは厄介な問題だ。

現象学者たちは、前反省的な自己意識を欠いた経験的な状態というものの可能性を否定しているため、無私の状態とは反省やメタ意識が不在の状態のことだと考える。しかし現象学の外部では、このことは論争の的になっている。同様に、インドやチベットの仏教哲学者のなかには、あらゆる意識（awareness）は「再帰的（reflexive）」（〔意識〕それ自身への気づき、self-aware）であると主張する者たちもいる。彼らは、「再帰的意識」を欠いた経験の状態はありえないと考えている。

再帰的意識という仏教徒の考えは、「意識が見かけのうえで統一されているのはなぜか」という、ニヤーヤ学派が仏教を批判する際に問題にした論点に対するひとつの答え方だと見ることができる。私が青空を意識しているとき、私は自分が青空を見ていることにも気づいている。私が青空を思い出すとき、私は自分が青空を見ていることも思い出す。[31] したがって、瞬間ごとに生じる意識の因果的連鎖のなかには、意識がそれ自身をまさにその意識として内側から気づくこと〔再帰的意識〕が含まれているのだ。

仏教哲学者のなかには、潜在意識的な「蔵識（storehouse consciousness, アーラヤ識）」があると主張する者たちもいる。それは五感や意識という表層の下部にあり、過去の経験が残した潜在印象を貯蔵しているもので、これら潜在印象は「種子」に譬えられ、しかるべき条件のもとで「熟する」ものだとされている。

バラモン教の哲学者たちに言わせれば、仏教徒たちは「自己」を裏口から密輸入していることになる。再帰的意識や蔵識を否定する仏教哲学者たちも、同輩の仏教徒に対して同じ論難を投げかけた。これらの論争は、「インド哲学のなかでは、自己をめぐる議論は常に対話を通して進化して来た」という先の論点を補強するものである。

だが、自己は構築されたものであると論じる目的のため、これらの論争についてはひとまず脇においておこう。

認知科学、エナクティブ主義、そしてコスモポリタニズム

ここまで論じてきたように、もし自己が構築物だとすれば、その構成要素である身体的生命や

感覚など、いくつかの部分は存在し続けながら、（おそらく特定の種類の瞑想を通して）自己は解体可能なものだと考えるのは理にかなっている。ただし、そのような無私の状態が、規範的あるいは救済論的な基準に照らして有益なものか有害なものかはまた別の問題だ。

認知科学において、自己は経験の構造として理解されており、そのような自己に関する理論はますます増えている。これらの理論は、自己が文化的に形成された生物学的能力のなかからどのように創発したのか、あるいは自己がどれほどそれに依存しているのかということを検証している。

これらの理論の多くは、「認知心理学の父」と言われるウルリッヒ・ナイサーの古典的研究に基づいている。彼は五種類の自己知（self-knowledge）と、それに対応する五種類の自己の概念を区別した。[32]

〔一〕「生態学的自己（ecological self）」は、目の前の物理的環境に順応する能動的な身体的行為主体（active bodily agent）であるという経験だ。この自己の概念は、身体的な自己意識という現象学の考えと結びつく。

〔二〕「対人的自己（interpersonal self）」は、他者との関係において自己であるという経験だ。この自己の概念は、間主観的な自己意識という現象学の考えと結びつく。

〔三〕「拡張的自己（extended self）」は、想起された過去や予期された未来を有するという経験だ。この自己の概念は、自伝的自己意識や物語的自己意識という現象学の考えと結びつく。

〔四〕「私秘的自己（private self）」は、自分自身の内的な経験を有するという経験だ。この自己の概念は、主観性という現象学の考えと結びつく。主観性は、前反省的な自己意識を基本形としているが、反省的な自己意識も含まれている。

〔五〕最後に、「概念的自己（conceptual self）」とは、自分自身について考えるときに利用する自己の心的表象をもっているという経験だ。このような自己の概念は、反省的な自己意識という現象学の考えと結びつく。

これらの自己の概念や「自己」という語の使用法のどこにも、人格の本質、あるいは独立したものとしての自己という概念は含まれていない。哲学者のショーン・ギャラガーが書いているように、自己性（selfhood）がもつこれらのさまざまな様相は、「それ自体で独立した存在をもつ何かを修正したもの」として理解されるべきではない。むしろ自己のさまざまな様相は「特定のパターンに組織化されたもの」として理解されなければならないし、「そのようなパターンの特定のバリエーションこそ、私たちが「自己」と呼ぶものを構成する」[33]。

この考えを私が好きな言い方で言いなおせば、自己とは行為によって「私」を創造《エナクト》する進行中のプロセスであり、「私」とはこのプロセスそのものに他ならない。たとえばダンスとは、ダンスをその行為によって創造するプロセスであって、ダンス（dance）とはダンスすること（dancing）そのものなのだ[34]。

ダンスは、この世界や他のダンサーとのダイナミックな相互関係のなかに身体全体の表現として存在する。「ダンスはダンサーの筋肉の内部にある」と考えるのが的外れなように、「自己は脳のなかに見つかる」と考えるのも的外れだ。「自己は脳のなかに見つからないから、自己は存在しない」と言うのは、自己の概念を誤解している。ダンスと同じように、自己とは創発されるプロセスだ。それは、空間と時間のさまざまなスケールのなかで行われる心や身体の活動を通じて構成され続けるものである。自己は、豊かな社会環境のなかで文化的に形成された、生ける身体(living body)に付随して生じる。たしかに、自己は独立的で非関係的な存在であると考えるのは間違っているが、依存的で関係的だからといって自己が実在しないことにはならない。

現代においては、仏教だけが自己に関する説明を独占しているわけではない。それよりもむしろ、多様な伝統の思想や洞察を織り交ぜたコスモポリタニズム的な説明がある。哲学者ジョナルドン・ガネリの仕事は、ひとつの模範となるものだ[35]。彼は、仏教・バラモン教・ジャイナ教の思想家たち、さらにはインドの自然主義と唯物主義の伝統までにわたる「サンスクリット・コスモポリス」を横断しながら、さまざまな思想を組み合わせようとしている。私は、厳密に仏教の考え方だけにとどまるよりも、ガネリのように広くインド全体を見渡すコスモポリタン的な視点に立つ方が、文化横断的な哲学のためにはるかに生産的なものになると思っている。

歴史的に見れば、仏教の考え方だけを特権的なものとみなすことは、南アジアの他の思想文化とのつながりを断つことになる。哲学的に見れば、他の伝統と対話を通して相互に依存しあう関係から切り離して、仏教の考え方だけを特権的なものとみなすのは、仏教の護教論に与することになる。自己を構築されたものと考える多面的な考え方の方が、仏教モダニズムが説く無我の考え方よりも、より広く豊かな文化横断的な哲学的資料群に基づいている。多元的・多文化的・コスモポリス的世界のなかでは、多面的な視点の方がよりうまくいくだろうし、認知科学との知の融合もはるかに高まるにちがいない。

第四章　マインドフルネスへの熱狂

Mindfulness Mania

マインドフルネスへの熱狂が北米社会に蔓延している。[1]マインドフルな生活、マインドフルな子育て、マインドフルな食事、マインドフルなセックス、マインドフルなリーダーシップ、マインドフルな塗り絵。例をあげればきりがない。雑誌『ワイアード』では、「シリコンバレーで瞑想は一時的な流行ではない。瞑想はキャリア形成に役立つ」という話が語られている。[2]『フォーブス』のコラムで取り上げられるのは、「なぜマインドフルネスのテクニックがネットワーク社会での成功をもたらすのか」といった話題だ。[3]さらに別の自己啓発本『マインドフルネス・エッジ（*The Mindfulness Edge*）』（未邦訳）には、「スケジュールを増やさずにリーダーシップと個人的な卓越性のために脳を配線しなおす方法」という副題がつけられている。[4]ＭＮＤＦＬと呼ばれる場所まで登場した。「人間を心地よい気分にするために存在する」ところであり、「ニューヨーク市で第一級の瞑想スタジオ」だと宣伝されている。[5]雑誌『アトランティック』が「マインドフルネスのジム」と呼び、『ヴォーグ』は「マンハッタンで絶対訪れるべき瞑想スタジオ」と呼んでいる場所だ。[6]

現代のマインドフルネスの問題点

多くの仏教徒は、マインドフルネスが自画自賛の対象となり、大衆消費の対象になっていることを嘆いている。マインドフルネスはストレスを軽減したり、集中力を高めたりするための倫理的に中立なテクニックではなく、心の状態や振る舞いを不健全なものにせず、できるだけ健全なものにしていくための実践法だというのが仏教徒の主張だ。「八正道《はっしょうどう》」の第七支にあたる「正しいマインドフルネス」（正念）は、自己を抑制し、他者の幸福を気にかけることを要求している。それは貪り（greed、貪欲）とは両立しないし、個人や企業の能力を高めるための商品や現状を強化するための商品として市場に出されるべきではない。仏教の評論家のなかには、このような商品化されたマインドフルネスのことを「マック・マインドフルネス（McMindfulness）」と呼ぶ人もいるくらいだ。[7]

このような批判はここまでのところは正しいが、表面的である。社会批評家、哲学者、宗教学者がこれまでずっと指摘してきたように、仏教やヨーガ、アジアの宗教一般に対する熱狂的崇拝は、グローバル資本主義からの絶え間ないストレスを和らげるものを必要とする消費主義的な企業文化に完全にフィットしている。[8] マインドフルネスのテクニックが、その目的を達成するための手段のひとつとなったことは否定できない。また、個人の「幸福」と「心の平安」を与えるものとしてマインドフルネスのテクニックを、グローバル市場に流通する商品に仕立て上げる原動力であり続けたのが仏教モダニズムであることも否定できない事実である。[9]

このようなトレンドは「本来的には」仏教的なものではない、という言い方がされることがある。しかしながら、「本来の仏教」という考えは役に立たない。仏教は常に進化し続ける伝統であり、その歴史を通していくつもの形態をとってきた教えである。仏教は、布教伝道を伴う宗教のひとつであり、その土地々々の文化の経済システムに巻き込まれてきた。たとえば、ブッダと弟子たちは在家者の布施に依存していた。裕福な金貸し業者、キャラバンの商人、有力な支配者などがブッダや後の僧院の設立をサポートし、その見返りに宗教的な「功徳（merit）」を受け取るのである。仏教はインドと中国を結ぶシルクロードの交易ルートを介してアジア全域に広がった。したがって、大衆市場化されたマインドフルネスを批判しようと思うのであれば、本来性や経済的な純潔性という根拠とは別の根拠に訴えなければならないのである。

伝統的なマインドフルネスを支持し、仏教モダニスト的なマインドフルネスの考えをないがしろにするという別のやり方もうまくはいかない。仏教にはマインドフルネスに関する合意された、ただひとつの伝統的理解があるわけではない。むしろ仏教が教えてきたのは、ときに対立することもある多様なマインドフルネスの考え方なのである。[10]「マインドフルネス」という言葉は、「記憶」を意味するサンスクリット語の「スムリティ（smrti）」や、パーリ語の「サティ

(sati)」の訳語だ。瞑想の文脈においては、この語は、気を逸らしたり、うっかりしたりせずに、選ばれた対象を心のなかで保持し続ける能力のことを指す。いくつかの仏教心理学の体系では、マインドフルネスは本質的に善とされるが、また別の体系では中立(neutral, 善でも悪でもない)とされる。瞬間ごとに生じるすべての気づき(awareness)は、常にマインドフルネスの性質と結びついているとする立場や、マインドフルネスはあるときもあればないときもあると考える立場もある。[11] マインドフルネス瞑想への「古典的」なアプローチは、いくつかの明示的な価値観に従って、心に現前する対象を判断することの重要性を強調する。一方、「非二元」のアプローチでは、価値判断を拒否し、道徳律を重視することなく、思慮分別なしに「ただ注意を逸らさないこと」を強調する。[12] 現代的マインドフルネス、つまり仏教モダニズムの中心となるマインドフルネス実践のスタイルは、「古典的」なマインドフルネス実践のスタイルよりも、むしろ「非二元」のスタイルから多大な影響を受けている。[13]

マインドフルネスは科学的か

マインドフルネス瞑想を研究する多くの科学者が、マインドフルネスが大衆市場に出回る手助けをしてきた。マインドフルネスは脳を「文字通り変化させる」、マインドフルネスは脳を「配線しなおす」といった無意味な呪文のような言葉の責任は、科学者の成果をレポートするジャーナリストだけでなく科学者にもある。そもそもあなたがすることは何であれ、脳を変化させる。

過大に宣伝されてはいるが、マインドフルネスの実践が脳に長期的で有益な変化を引き起こすという科学的エビデンスは未だ暫定的なものである。[14] 実際、最近の科学的研究のひとつでは、マインドフルネスの臨床研究には肯定的な発見を報告しようとするバイアスがあるかもしれないことや、否定的な結果は報告されずにいるかもしれないことが示唆されている。[15]

さらに言えば、瞑想実践を行う社会的な文脈から切り離され、個々人の脳のなかで「有効成分」として機能する、何か「マインドフルネス」成分のようなものがあるという考えはおそらくは間違いだ。なぜなら、マインドフルネス実践で経験される利益の多くは、宗教的であろうと世俗的であろうと、その実践を支える社会的あるいは共同体的な環境と切り離すことはできないからである。[16]

マインドフルネス瞑想についてのふたつの誤解が広まっている。ひとつは、マインドフルネスは本質的に、自分自身のプライベートな心に関する内向的な気づきであるということ。もうひとつは、マインドフルネス実践の効果を知る最善の方法は、頭のなかにある脳を見ることだということ。このふたつの考え方は、相互に補強しあっている。心と脳についてどういう風に考える傾向があるかを想像してもらいたい。もしもマインドフルであることが、あなたのプライベートな心を内向きに眺めることだとすれば、その効果は自分の脳のなかを見て測定するのが最善だと考えるだろう。また、マインドフルネスのリアルな作用は脳のなかで起きていると考えるなら、マインドフルであることは、あなたのプライベートな心の観察のことだと考える可能性が高い。いずれの場合も、その考え方は哲学者が「内在主義的」と呼ぶものに相当する。この考え方は、個人の心の内部で起こることに焦点を当てる。そこでは心はある種のプライベートな劇場のようなものとみなされ、これが脳の内部で起こることに重ね合わされる。

これらの考えは、私たちがどのように自分自身について考え、語るかということに影響を与える。(ジャーナリストだけでなく)科学者や臨床家は、「マインドフルな親になったりマインドフルな同僚になったりするためには、マインドフルネスのトレーニングをして、扁桃体を抑制する仕方を学ぶ必要がある」といった発言をすることがある。マインドフルネスが個人の心の内部にあるものとして概念化される一方、心は根本的に脳のことだと捉えられているのだ。その結果私たちは、「マインドフルな脳」という混乱した構築物を通して、自分自身のことを、なかでも精神生活のことを考えるようになるのである。[17]

マインドフルになるのは、人間であって脳ではない。「マインドフルな脳」という表現は、換喩(意味されるものの全体をその属性で置き換えた比喩表現)のひとつなのかもしれない。もっとありうるのは、単なるカテゴリー錯誤だ。人間にのみ当てはめるのが正当な属性を、脳に当てはめてしまっているのである。

このカテゴリー錯誤は、自分が何者であるかを脳との関係において考えるときの、根本的に不安定な考え方と結びついている。一方において、あなたはマインドフルネスのトレーニングによって脳をコントロールする仕方を学ぶことができるのだから、あなたと脳は別物である。心をトレーニングすることで、脳を変化させるのだ。しかし他方においては、あなたの心は根本的に脳の働きのことだと捉えられるのだから、あなたは脳そのものである。マインドフルネスを長続きする心の特性にするために、脳をトレーニングする必要があるのだ。

前者は二元論、後者は唯物論の考え方である。西洋文化は今なお、この両極端のあいだを揺れ動く振幅のなかから抜け出せていない。

エナクティブ・アプローチ

この両極端を超えるためには、自分を脳から切り離すことなく、いかにあなたが脳ではないのかを理解する方法が必要になる。認知科学における、身体性からのアプローチとエナクティブ・アプローチは、こうした心の理解を与えてくれる。あなたは身体化された存在である。あなたの脳が認知を生じさせているとしても、心は脳のなかで起きていることと同一ではない。あなたの心は、世界のなかに埋め込まれ、他者との関係性のなかにある、身体化された存在の全体を含んでいる。

アナロジーをひとつあげてみよう。鳥が飛ぶためには翼が必要だが、鳥の飛行は翼の内部にはない。鳥が飛ぶことは、その動物の全身とその環境との関係であり、飛ぶことはある種の身体化された行為なのだ。これと同様に、あなたが考えたり知覚したりするためには脳が必要だが、あなたの思考は脳の内部にはない。あなたの思考はあなたと世界との関係であり、認知はある種の身体化された意味形成なのである。もう少し一般的な言い方をすれば、人間の心をもつためには脳が必要だが、心は脳の内部にはない。心とは、その人間と世界（社会や文化を含む）との関係なのである。

二〇一四年の『サイエンティフィック・アメリカン』に掲載された、瞑想に関する神経科学の記事の挿絵では、マインドフルネスが頭のなかにあるという疑わしい考えがありありと描写されている。[18] その記事は「集中」瞑想（focused attention meditation, 止、サマタ）、「観察」瞑想（open monitoring meditation, 観、ヴィパッサナー）、慈悲の瞑想（compassion and loving kindness meditation）という三種類の瞑想実践を論じている。

集中瞑想では、呼吸をしているという感覚など、選ばれた対象への注意を持続することが求められる。そして、気が散らないように用心しながら、今この瞬間に集中したままでいる能力を育成していく。

観察瞑想では、用心する態度を維持し、瞬間ごとに生じるあらゆる思考・感情・感覚に気づく能力を養成しつつ、選ばれた対象への選択的注意を手放す。

慈悲の瞑想では、他者に向かう利他的な考えや、他者の苦しみを和らげるためにいつでも行動を起こせるようにする気持ちを育成していくことを目指す。

〔記事中の〕図では、心的なプロセスの動的サイクルと、それに対応する脳の活性化の観点から集中瞑想が描かれている。心的なサイクルとは、「持続的な注意→気が散ることと心が彷徨うこ

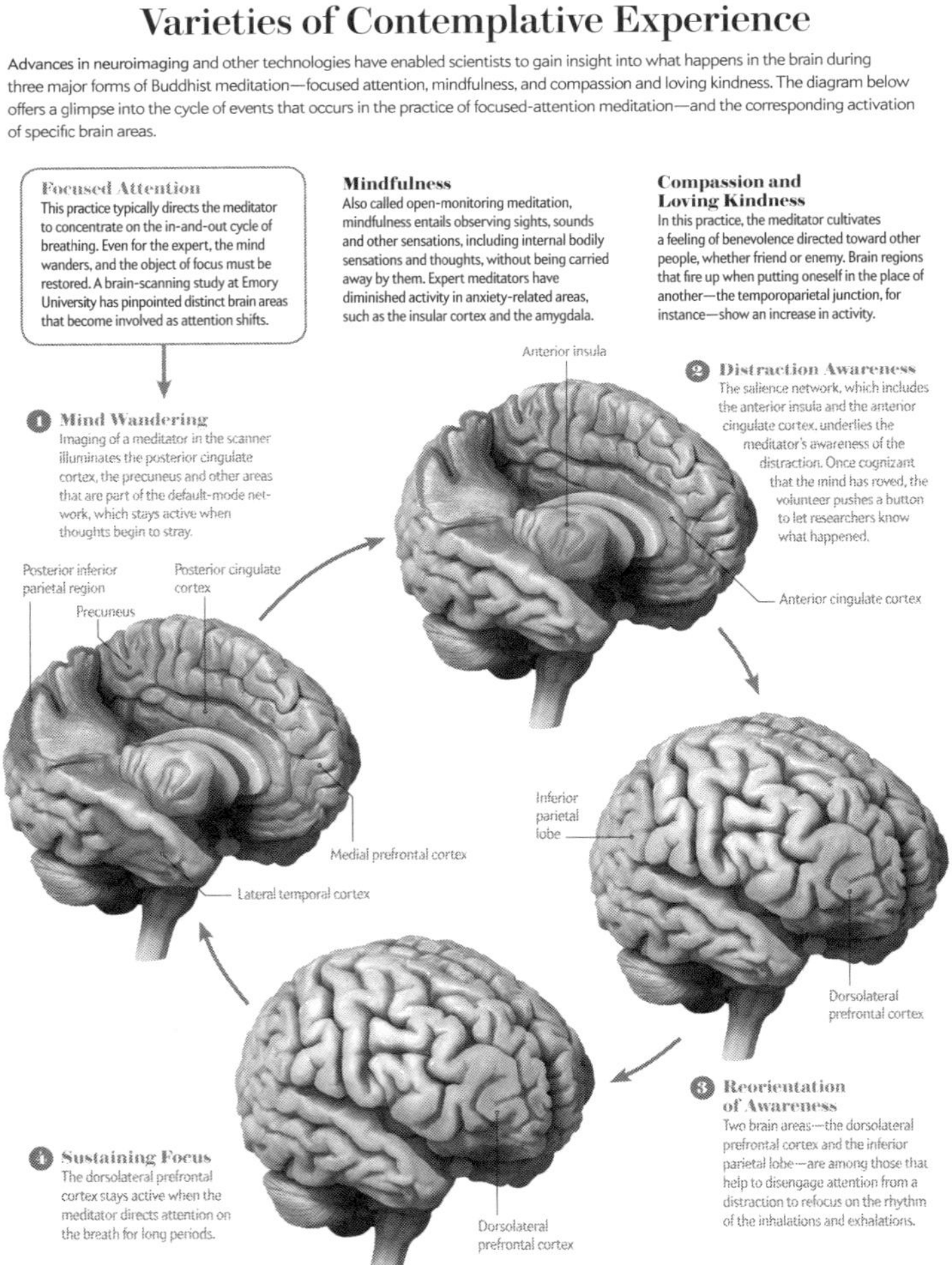

図1：瞑想経験における脳の活性化（Cf. Matthieu Ricard, Antoine Lutz, Richard J. Davidson, “Mind of the Meditator,” *Scientific American* 311-5（2014）：38-45）

と→気が散っていることに気づくこと→気づきを対象に再び方向づけること→持続的な注意に戻る→気が散ることと心が彷徨うこと」のプロセスの繰り返しである〔図1〕。それぞれの心的プロセスや認知活動は、脳の特定の領域の活性化と結びついているように描かれている。この場合、特定の脳領域というのは、特定の認知活動に特化した神経ネットワークの重要なノード群として理解されている神経領域を意味する。心が彷徨っている状態は、デフォルト・モード・ネットワーク〔後帯状皮質、前帯状皮質、後下頭頂部〕の活性化と結びつけられ、気が散っていることへの気づきは、セイリエンス・ネットワーク〔前部島皮質、前帯状皮質〕〔顕著性ネットワーク：脳内外の情報の顕著さを検知するネットワーク〕の活性化と結びつけられ、気づきの再方向づけは、背外側前頭前野と下頭頂葉の活性化と結びつけられ、集中の維持は背外側前頭前野の活性化と結びつけられている。

瞑想と脳の関係に対するふたつの反論

瞑想と脳とを関連づけようとするこのような考え方に対して、私はふたつの反論を述べる。最初の反論では、瞑想実践と言われるもの一般に含まれる認知機能、特にマインドフルネス瞑想における認知機能を特定の脳領域や神経ネットワークにマッピングしていくことは、経験的に根拠づけられないことを示す。第二の反論では、マインドフルネスを特定の脳領域や神経ネットワークに重ね合わせるのは、概念的な錯誤であることを示す。

最初の反論は、次の前提からはじまる。すなわち、どのような認知機能（たとえば注意）でも、それを記述する適切なレベルは脳領域や神経ネットワークではなく、身体化された主体や人間という全体のレベルであるということだ。たとえば、注意をしているのは、正確に言えば脳領域や神経ネットワークではなく、正確には身体化された主体あるいは人である。これは概念にかかわる論点になる。

反論の第二段階は、経験にかかわる論点である。特定の認知機能と、特定の脳領域や特定の神経ネットワーク（特に脳機能イメージングを利用して現時点で同定されているもの）とのあいだには、一対一対応のマッピングが存在するとは考えにくい。たとえば、注意の認知機能と脳の特定領域の活動のあいだには、直接的な対応関係はない。

この二点から、瞑想実践一般、個別的にはマインドフルネス瞑想にかかわる認知機能を、特定の脳領域や神経ネットワークの特異的な活性化にマッピングしていくことには根拠がないと言えるだろう。

第一の反論の第一段階：認知は脳にあるのではない

「認知が起きる場は、人間であって脳ではない」という反論の第一段階を擁護するために、注意という認知機能のことを考えてみよう。

認知科学の哲学者であるクリストファー・モールは、注意を概念化する最善の方法は、それを個別のプロセスとして考えるのではなく、複数の認知プロセスが互いに関連しながら展開するモードとして考えることだと主張している。[19]このモードのことを、彼は「認知ユニゾン(cognitive unison)」と呼ぶ。

認知ユニゾンの考え方では、知覚や運動に関するタスクであれ、心的なタスクであれ、何かタスクを実行することは、調和的・整合的・持続的な形で協働する多様な認知的プロセスに依拠する。注意とは、これら複数のプロセスのうちのどれかひとつのことでもないし、それらの集合のことでもなく、そのタスクを実行するためにそれらの認知プロセスがユニゾンとなって作動することなのである。

それらのプロセスがユニゾンとなって作動している限り、その行為主体は注意の状態にある。このとき脳のレベルでは、多種多様な神経プロセスが認知的ユニゾンを促進しているかもしれない。ただしそのようなユニゾンは、タスクを実際に実行している行為主体、すなわち身体化された行為主体の全体というレベルで起こっている。ちょうどオーケストラのなかにユニゾンが存在する場所はないように、脳のなかに注意が存在する場所はない。注意とは、タスクに関連する認知プロセスがユニゾンとして作動する、行為主体レベルの現象なのである。

これらの考えは、瞑想にも当てはまる。集中瞑想のためには認知ユニゾンが必要になる。

第一に、自分の目の前にある環境にあわせて身体を適切な位置に据えて、その状態を維持することが必要である。この場合の環境には、他の実践者という社会的な状況もしばしば含まれる。

第二に、経験範囲にあるもののうちから、呼吸の感覚など、注意の対象を選択する必要がある。

第三に、その対象に集中するために、また、気が散ったことに気づいて再びその対象に戻ってくるために、〔内臓感覚や身体内部のことを感覚する〕内受容感覚的リソースや認知的リソースをユニゾンにして働かせる必要がある。

こういった三つの要件は、視覚化された心的イメージのように、注意にとっての純粋な心的対象にも当てはまる。実際、認知ユニゾンに対するタスクの負担は、この場合の方が大きなものになる。なぜなら、ある対象に注意を向けるためには、その対象を心のなかで維持し続けなければならず、その対象を維持し続けるためには、対象に注意が向け続けられていなければならないからである。

観察瞑想もまた、一種の認知ユニゾンを必要とする。この種の瞑想実践の場合、マインドフルであるという状態は、特定の注意対象に選択的注意を向けるというより、たとえ何が起きようとも「ただ気を散らさないこと」という形で生じる。ただし、気が散った状態と気が散っていない状態が動的に循環するなかで、ユニゾンを維持するという全体的なタスクの構造は残り続ける。ただ気を散らさないことのためには、瞬間ごとに生起する心的・感覚的・運動的なプロセスのユニゾンが必要とされるのであり、そのようにして認知ユニゾンが実際に作動している。認知ユニゾン・モデルの観点からすれば、観察瞑想はたとえ注意の種類が選択的でも局所的でもないとしても、やはり注意にかかわる実践の一種なのである。

注意を認知ユニゾンとして理解すれば、持続的な注意を特定の脳領域、たとえば背外側前頭前野のような領域にマッピングすることは、カテゴリー錯誤である。文脈によっては、特定の脳領域の活性化が注意を促進することもあるが、そのことが注意を生成したり構成したりするわけではない。注意は脳の内部にはない。それは人間という全体が（部分的には脳のおかげではあるが）タスクに従事するあり方、つまり、認知ユニゾンのあり方のことなのである。

第一の反論の第二段階：認知機能と脳領域は一対一で対応しない

次に、「認知機能と、脳領域や神経ネットワークには、一対一の対応関係はない」という反論の第二段階に移ることにしよう。この点を論じるにあたって私が参考にしたのは、哲学者のマイケル・アンダーソンと認知神経科学者のルイス・ペソアの仕事だ。[20]

彼らは、脳画像データの大規模データベースを調査して、特定の脳領域と特定の認知機能とのあいだに一対一の対応関係は存在しないことを証明した。むしろ、いずれの脳領域も文脈に応じて、さまざまなタスクにかかわって活性化されうるし、いかなるタスクもさまざまな脳領域を活性化させることができるのである。それだけではない。彼らはまた、認知機能と神経ネットワークのあいだにも、一対一対応のマッピングは高い確率でなさそうだということを論じている。したがって、脳を個別の領域から理解するのではなく、ネットワークという視点から理解するなら、脳の活性化と認識機能とは多対多で結びつけられるのであり、一対一対応でマッピングされることはなくなるだろう。

これらふたつの理由、すなわち、第一に、注意のような認知機能は特定の脳のプロセスではなく人間という全体や行為主体のレベルにおける作用モードであること。第二に、脳領域やネットワークと認知機能とは多対多の関係でマッピングされること。以上により、瞑想を構成する認知プロセスを、特定の脳領域やネットワークに一対一の対応関係でマッピングすることは、経験的に裏付けられないことになる。

第二の反論の概要

次に、瞑想を脳に重ね合わせることに対する第二の反論に移る。最初に反論のそれぞれの段階を要約してから、詳細を論じよう。

第一段階。マインドフルネスとは、ある状況づけられた行為において、認知的・情動的・身体的な数多くのスキルを統合する訓練であるということ。

第二段階。脳のプロセスは、マインドフルネスを可能にする必要条件ではあるが、あくまでもマインドフルネスを部分的に構成するものにすぎないということ。脳のプロセスがマインドフルネスを構成すると言われるのは、あくまでも認知や行為を身体化されたもの、〔環境に〕埋め込まれたものとして考える広い文脈で捉えた場合に限る。

結論。マインドフルネスを特定の神経ネットワークの特異的な活性化に重ね合わせるのは、概念的な錯誤である。

第二の反論の第一段階：認知・情動・身体のスキルを統合する訓練としてのマインドフルネス

第一段階は、マインドフルネスとは何かという理解に関係する。前にも述べた通り、仏教の伝統のなかでも「マインドフルネス」に対する一義的な意味や定義は存在しない。仏教モダニストたちの典型的な解釈では、「マインドフルネス」は「ありのままの注意」を意味し、感覚や思考が生じたときに、それらに対する判断を何も加えることなく、直接的にそれらに気づくことだと考えられている。しかし、パーリ語の sati《サティ》 やサンスクリット語の smṛti《スムリティ》 には、何かを持続的に「心にとどめておくこと」「記憶すること」「想起すること」という意味がある。

パーリ語経典のなかでマインドフルネスの鍛錬を説いた権威ある経典『念処経』によれば、人は身体・感覚・心の状態・心的要素を、持続的に心にとどめるよう努力すべきだと教えられている。[21] この種のマインドフルネスのスタイルのためには、無常にして無我なる現象を適切な概念で理解することが求められるだけでなく、注意・記憶・メタ認知（自身の心的プロセスを認知すること）が求められる。

ところが、仏教がアジアを横断しながら成長・発展していくなかで、このような「古典的」なマインドフルネスの考えから分岐した「非二元」スタイルのマインドフルネスが、さまざまな形で発生したのである。[22] 非二元のマインドフルネスが特に目的とするのは、日常経験にある主観－客観構造が弱まった状態を誘発することであり、マインドフルネスの本質は、主観客観を離れた「ただ気を散らさないこと」にある。

いかなるマインドフルネスの概念やスタイルを私たちが選択しようとも、認知科学の観点から見れば、私の反論の第一段階は有効だ。マインドフルネスとは、概念的に構造化された形で「心にとどめること」であれ、非概念的な形での「ただ気を散らさないこと」であれ、ある状況づけられた行為において（正式な仏教の実践と日常的な生活の残りの部分のどちらをも含む）、認知的・情動的・身体的な数多くのスキルを統合する訓練のことなのである。

第二の反論の第二段階

反論の残りの部分のために、次のアナロジーを考えてみよう。良い親であるために必要なのは、さまざまな情動や認知のスキルをもち、かつそれらのスキルを行為のなかで働かせることである。そのようなスキルとそれに基づく行動は、明らかに脳に依拠しており、スキルを改善すれば脳も変化するが、スキルというものは、プライベートな精神状態でもなければ、脳の内部に存在するものでもない。何らかの文脈によっては、固有の脳の活性化パターンが良い親であることと相関することは十分に考えられるが、そうした存在があるからといって、良い親であるとはどういうことかが説明されるわけではないだろう。

子育ては脳の内部には存在しない。それは人間生活が営まれる社会的世界のなかに存在するのだ。さらに言えば、何が良い子育てと考えられるかは、社会的文脈や文化に依存している。それゆえ子育ては、単純に脳のレベルで可視化されるものではない。子育てを可視化するためには、社会・文化環境の文脈を視野に入れるだけでなく、人間という全体の文脈を視野におさめる、より広い視点が必要になるのである。

これとまったく同じ指摘は、マインドフルネスの実践にも当てはまる。マインドフルであるとは、特定の情動や認知のスキルによって成り立つものであり、またそれらのスキルを社会のなかで働かせることによって成立するものだ。「心にとどめること」あるいは「想起を介した注意」という、古典的な仏教におけるマインドフルネスの考え方を取り上げてみよう。想起を介した注意としてのマインドフルネスには、身体を注意深く観察すること、思考や情動をモニタリングすること、そしてどの瞬間においてもこれらを行うことを思い出し続けることが含まれる。そうすることで、心が他の何かにふらついてしまうときでも、心を引き戻すことができる。認知科学の用語で言えば、このような認知的なスキルを訓練するためには、意識・注意・記憶・メタ認知を統合できるようにしておくことが必要になる。「ただ気を散らさないこと」としてマインドフルネスを実践する場合でも、これらのさまざまな認知プロセスを調和させることが求められるのである。

マインドフルな状態を構成する情動や認知のスキル、またそれに基づく行動は、たしかに脳に依存しており、スキルを改善することで脳は変化する。しかし、スキルはプライベートな精神状態ではなく、脳の内部に存在するのでもない。脳が活性化する固有のパターンが、特定の文脈でマインドフルな状態にあることと相関することはありうるが、そのことに訴えるだけではマインドフルネスとは何かを説明したことにはならない。

マインドフルネスを脳のレベルで同定したり、説明したりしようと努力することは、ただ単に概念的な混乱をもたらすだけでなく、神経科学としても悪手である。

4E認知科学によるマインドフルネス

マインドフルネスは頭のなかにあるという考えが、現代のマインドフルネスへの熱狂を助長している。この考えが、社会環境という大きなスケールを無視して、自分の心だけを考えればよいという自己本位の個人主義を強化しているのだ。マインドフルネスは、会社のオフィスにあるプライベートな空間でも実践することができる。マインドフルネスはプライベートな実践であるという考え方が、マインドフルネスを個人でも入手可能な商品にしてしまい、その消費行動を強化しているのである。

「マック・マインドフルネス」に反対する仏教徒は、自己本位的な個人主義や商業化は、すべての点で仏教の伝統に反していると主張している。[23] 十全で豊かな意味におけるマインドフルな状態とは、社会や環境の変化とともにかかわるものであり、単に個人の心や脳のレベルだけで影響を受けるものではない。

この批判が説得力をもつために重要なことは、マインドフルネスは頭のなかにあるという考えが、なぜ見当違いなのかを確認しておくことだ。その考えは、概念的に混乱しながら経験的にも欠点のある、心と脳の関係への理解に基づいている。脳は認知を可能にするものだが、認知は脳のプロセスではない。認知とは、身体化された意味形成の形なのである。

私たちが瞑想の科学研究において必要としているのは、「脳に縛られた」アプローチや「神経中心的」アプローチとは異なるアプローチだ。そこで「4E認知科学」として知られているものを見てみよう。それによれば、認知とは、身体化され（embodied）、環境に埋め込まれ（embedded）、拡張され（extended）、行為的なもの（enactive）とされる。[24] 4E認知科学は、もともとはフランシスコ・ヴァレラとエレノア・ロッシュ、そして私が『身体化された心』で提案した「エナクティブ・アプローチ」から発展した考え方である。[25]

身体化された認知（embodied cognition）

認知が身体化されているという考えが意味するのは、認知は、全体として機能する身体に直接的に依拠しており、ただの脳に依拠しているわけではないということだ。[26] たとえば視覚研究においては、能動的な運動が知覚内容に直接的に影響するということが示されている。[27] 別の言い方をすれば、あなたがどのように動くかということが、あなたが見るものや、見る仕方に直接的に影響するということである。人はまったく同じように動いたとしても、自分で能動的に動いたか、受動的に動かされたかによって、奥行や立体構造に関して異なる判断をする。身体の一部で生じた自己生成的な運動は、単に知覚を引き起こしているのではなく、それ自体が知覚の一部であり、あなたが何を見るか、どのように見るかに直接的に影響しているのだ。[28]

身体化された認知に関する別の例は、ジェスチャー、言語、思考の研究からも報告されている。[29]これらの研究によれば、ジェスチャーは単なる発話や思考の付随物ではなく、むしろ発話や思考が成立するための不可欠な要素なのである。ジェスチャーとは、行為のなかにある思考である。

環境に埋め込まれた認知(embedded cognition)

認知は(環境に)埋め込まれたものであるという考えが意味するのは、認知(特に適応的・知的行動)は、物理的・社会的環境に大きく依拠しているということである。物理的・社会的環境は、進行中の認知を構築し、支えるための足場を提供する。そして、認知が環境に埋め込まれるための媒介となるのが、身体における感覚−運動システム(sensory and motor systems)である。認知科学者のランドール・ビアーの言葉で言えばこうなる。「厳密に言えば、行動とは脳−身体−環境が連結《カップリング》したシステムの全体がもつ属性であり、一般的には他のシステムから切り離されたどれかひとつのサブシステムだけに〔行動を〕適切に帰属させることはできない」[30]

拡張された認知(extended cognition)

認知は拡張されたものであるという考えが意味するのは、環境、特に物質的、象徴的《シンボリック》なリソースや道具は、単なる認知の外的な足場であるだけでなく、脳や他の身体と適切な形で結びつけられる場合、それ自体が認知の一部でもあるということだ。[31]

哲学者のひとり、アンディ・クラークは次の例をあげる。計算に熟練した会計士は、数字を生物学的な短期記憶にとどめるよりも、作業中に数字をメモ帳に書き写すことによって速く正確に問題を解くことができる。クラークの主張によれば、会計士のメモ帳は計算のための単なる道具や補助ではなく、生物学的記憶に勝るとも劣らない認知活動の一部として適切に機能しているのである。[32]

マーリン・ドナルドの考えが、この点に特に関連する。[33] 彼は象徴を用いる文化(symbolic culture)の環境に焦点を当て、人間の脳は文化的な脳であると主張する。つまり、人間の脳は象徴を用いる文化に適応したのであり、もしも脳が文化的な環境に埋め込まれていなければ、脳が認知器官として適切な形で発達し、機能することはなかったのである。

ドナルドが提唱するのは、生物学的な記憶システムと、象徴を用いる記憶システム(文書、コンピューター)こそが、拡張された認知、ハイブリッドな認知システムを構成するという考え方だ。人間の記憶は、個人の頭の内部に保持されるものを超えて拡張する。文化的素材や文化的プロセスは、脳の発達や機能と密接に関連づけられているため、人間の認知に必要不可欠な一部として作動するのである。ドナルドはまた、こうした認知システムの文化的な拡張が、人間意識の諸能力の全面的な拡大を可能にするとともに、自発的な注意やメタ認知をも可能にしたのだと論じている。この自発的な注意やメタ認知こそ、マインドフルネスに求められる心的能力に他ならない。

ドナルドの見解はさらにまた、文化心理学者、とりわけレフ・ヴィゴツキー、マイケル・トマセロの考えにもつながっている。[34] ヴィゴツキーによれば、メタ認知を含むあらゆる高次の心的プロセスは、ふたつの発達段階において現れる。第一段階は社会的なもので、第二段階は内面化された個人的なものである。社会的な段階では、子供は他者とともに文化的実践や共同の心的活動に参加する。子供は繰り返される経験を通じて、他者と共同の心的活動を内面化し、ひとりの個人となっていく。たとえば、共同注意（joint attention）では、子供と保護者は、まず互いに同じもの（たとえばおもちゃ）に注意を払っていることを認識する。そして最終的に、その子供は自分自身もまた同じように共有される注意の対象でありうることを理解するようになり、自分自身に対する外部からの視点を内面化していく。自分自身の内部にこのような外部視点を形成することは、メタ認知にとっては決定的に重要である。

トマセロの主張は、この考え方のうえに築かれている。彼の主張では、能動的注意（voluntary

attention）やメタ認知は、社会的認知を内面化した形態であり、それらは他者と意図を共有したり、他者を模倣したり、注意を共有したりすることができるかどうかに依存している。

行為が生む認知（enactive cognition）

認知はエナクティブであるという考えは次のようなものだ。認知は身体化され、〔環境に〕埋め込まれ、拡張されながら、意味や関連性をもつ生きられた世界（lived world）を、行為によって生み出し創造する。認知とは身体化された行為を通じた意味形成である。これは、私たちが書いた『身体化された心』の中心的なコンセプトだった。

エナクティブ・アプローチが含意していたのは、多くの条件下で認知プロセスを神経ネットワークのレベルに位置づけてしまうと、認知システムの境界を見誤らせるということであった。よりよい分析の単位は、脳－身体－世界がひとつにカップリングされたシステムである。これは「認知生態学（cognitive ecology）」の中心にある考え方で、そこでは認知的生態系を研究するために、4E認知科学の視点と道具立てが利用されている。

認知生態学を代表する主要な科学者のひとりであるエドウィン・ハッチンスは、認知的生態系を「ある共同体における認知プロセス群と認知構造群の諸関係のシステム」と定義する。[35] ハッチンスが例にあげるのは、文字をもたないミクロネシアの人々の航海術、空を星座の暦として読み解くこと、そして現代の海軍の航海術である。[36] これらの事例からハッチンスが主張するのは、複雑なタスクの計画や実行のために必要となるタイプの認知は、大規模スケールのシステムの所産であり、それは文化的実践、注意の習慣、自分の置かれた物質的・社会的な環境との相互作用における身体の使い方、などから成り立っているということだ。[37]帆走術や航海術などの文化的実践が、注意や身体感覚という認知能力を統制・調整し、それらが船旅のような認知的パフォーマンスを行為的に創造《エナクト》しているのである。

ハッチンスは、人間の認知を分析する際に、文化という要素を除いてしまうことの危険性に警鐘を鳴らしている。たとえ認知システムそれ自体は似通っていても、仮に文化的活動が異なれば、認知プロセスが異なることはありうる。たとえば、注意がコントロールされているためには、背外側前頭前皮質の活性化が不可欠であるが、類似した活性化パターンをもつふたつの脳であっても、そのふたりがどのような文化的な統制・調整を受けてきたかに応じて、まったく異なる認知活動に関与するということもありうる。今生じている認知活動を理解するために重要なことは、脳神経の活性化そのものではなく、むしろそれがいかに文化的な影響を受けて作用するのかという点にある。

科学的な実験もまた、文化的実践のひとつだ。脳イメージング研究の事例では、人間を被験者とするあらゆる実験は、豊かに構造化された文化を背景とした文化的実践の展開・運用である。もしも文化的実践が認知能力を統制・調整することによって認知的な結果が生じているのだとすれば、脳神経イメージング実験を通して得られた認知的な観察結果を、ただ被験者の脳だけに帰属させることは正当化できない。それらの脳が、いかに文化と絡まっているのかということの方が決定的に重要なのだ。

以上の論点は、瞑想に関する科学的研究にも当てはまる。観想の実践には能動的注意やメタ認知などの高度な認知が求められるが、この種の認知はひとつのシステムの所産であって、そのシステム（瞑想実践者の社会的共同）には、文化的実践や注意を行う習慣、身体の使い方などが含まれている。（宗教的であれ世俗的であれ）儀礼のような文化的実践が、注意やマインドフルネスといった認知能力を統制・調整しているのであり、それが瞑想という認知的パフォーマンスを行為的に創造《エナクト》しているのである。

メタ認知としてのマインドフルネス

ここで思い出す必要があるのは、瞑想に含まれる認知的プロセス、特にマインドフルネス実践はメタ認知的であり、それゆえ、それは社会的認知が内面化された形態として理解される必要があるということである。この点について、瞑想における心的プロセスを理解するための近年のフレームワークとの関連から、以下に説明してみよう。

このフレームワークというのは、心的状態を三次元の「現象学的マトリックス」のうえにマッピングするモデルのことである。現象学的マトリックスの三つの軸は、「対象指向性（object orientation）」（対象を指向する持続的な心的注意）、「メタ意識（meta-awareness）」（今起きている経験内容に気づく意識）、「脱物象化（dereification）」（経験内容を今ここにある実在としてではなく、単なる心的内容として捉える能力）から成る。[38]

たとえば、自分が太陽の下でビーチに寝転がっているという空想にふけっているとき、（想像している風景に集中しているため）対象指向性は高く、（想像にふけるあまり、自分が想像している状態をはっきりと自覚していないため）メタ意識は低く、（空想を空想として眺めておらず、対象をリアルなものと想像し、太陽の暖かさを感じているため）脱物象化は低い。

このフレームワークを生み出した著者は、以上の三次元モデルに沿って、瞑想を含むさまざまな心的状態の図を描いている。たとえば、注意散漫に気づいていない場合、（思考している内容に集中しているため）対象指向性は高く、（自分の心が彷徨っていることに気がついていないため）メタ意識は低く、（自分が考えていることを単なる思考だとはみなさず、自分が考えていることが今実際に起きていることであるかのように想像にふけっているため）脱物象化は低い。

抑うつ的反芻の場合、（ネガティブな思考にとらわれ、そこから逃れることができないため）対象指向性は高く、（思考しているものを、現実ではない単なる思考として眺めることができないため）脱物象化は低い。

瞑想に熟練した人の集中瞑想の場合、（注意はその対象に対して安定的・持続的であるため）対象指向性は高く、（気が散ってもそれに気づくことができ、注意が対象に向けられているかどうかをモニタリングすることができるため）メタ意識は高く発達していなければならない。脱物象化は（注意の対象が心的内容であるのか、あるいは実際のものごとであるのかに応じて）高いときもあれば、低いときもある。

瞑想に熟練した人の観察瞑想の場合、（どれか特定の対象に優先して注意を向けないようにするため）対象指向性は低いが、メタ意識と脱物象化は高い（その人は、一時的に生まれては消える思考や感情と調和しており、思考や感情の内容を、今ここにおけるものごとの本当のあり方を表象しているものだと思い込むのではなく、それそのものとしての思考や感情に気づいている）。

選択した対象に対する能動的な心的注意・メタ意識・脱物象化という三つの心的能力は、いずれもメタ認知であるという点に注意してほしい。これらの心的能力は、自分自身の認知的プロセスに気づくこと、あるいは考えることを必要とする。発達の観点から考えれば、三つの認知能力は社会的認知が内面化されたものだ。これらの認知形態は、他者との相互作用や対面でのかかわりを通して、まずは二者関係のなかで発生し、後に無意識のうちに個人に同化したものである。その結果、人は自分自身の思考や感情に対しても内面的な認知的スタンスをとることができるようになる。

瞑想を実践するとき、私たちは社会的認知のスキルを利用している。瞑想は社会的なものだ。その理由は、瞑想が共同体のなかで実行される、文化的に統制・調整された認知的実践だからというだけではない（このことは隠遁者にとっても真実である。隠遁者も社会的にサポートされているのであり、彼らが実践に与えている意味もまた、社会的・文化的に創造されたものである）。加えて、瞑想が社会的であるもうひとつの理由は、瞑想のために必要となる認知能力はメタ認知的であり、社会的認知に属するからである。

結論

結論はこうだ。マインドフルネス瞑想とは、プライベートな心の劇場をプライベートな形で内観するようなものではない。瞑想による内観は、それ自体で独立して最初から存在しているプライベートな心の領域に対する内的知覚ではない。マインドフルネス瞑想はメタ認知であり、社会的に構成された経験に関する内面化された社会的認知なのである。

私は、認識や意識に関するあらゆることが社会的に構成されているのだと言っているわけではない（また、そのようなことが論理的に帰結するわけでもない）。（前章で言及した）哲学的な問い、「あらゆる意識は、メタ認知より前に、メタ認知とは切り離されて、前反省的に自覚されるのか、すなわち再帰的なものなのかどうか」という問いは、ここではオープン・クエスチョンにしておこう。この問題に関しては、英米系・大陸系の哲学者たちだけでなく、インドやチベットの哲学者たちが長大な時間をかけて論じてきた[39]。「再帰的意識（reflexive awareness）」という概念は、「非二元」タイプのマインドフルネス瞑想を支持するインド・チベットの仏教哲学者が重視してきたものであり[40]、それ以外の仏教哲学者たちはこの概念を認めていない。いずれにせよ、仮に「非二元的な気づき（nondual awareness）」のなかに「住する」ことができるとしても、そのことを「非二元」として概念化することも含め、人がその経験を思考したり、概念化したりするその瞬間、その人はメタ認知、言語、社会生活の領域のなかにいることになるのだ。

マインドフルネスは頭のなかにあるという思想に助長されてきたのが、マインドフルネスへの熱狂である。瞑想の科学は、脳神経イメージングの技術を通して観察される脳に過度な注目をすることで、この思想を強化してきた。4E認知科学は、この難局から抜け出る道を科学に提供している。私たちは、瞑想を認知神経科学の観点のみによって研究するのではなく、認知生態学的な観点へと視点を移して研究する必要がある。ただ脳だけに焦点を当てるのではなく、いかに文化的実践が瞑想に伴う認知的スキルを統制・調整するのかを探究する方向へ向かう必要がある。瞑想の科学がこのような方向転換をしない限り、それはマインドフルネスへの熱狂の自画自賛に対する共犯者であり続けることだろう。

第五章　悟りのレトリック

The Rhetoric of Enlightenment

一八五七年、ロンドンの『タイムズ』紙に、ブッダのことを「悟りを開いた人／蒙を啓いた人（the Enlightened）」と表現した匿名の記事が登場した。同じ年、ドイツ生まれの文献学者でオックスフォード大学の教授でもあったマックス・ミュラーが、その著作『仏教と仏教巡礼者たち（*Buddhism and Buddhist Pilgrims*）』（未邦訳）で、同じ記事を自身の名前で発表した。そこで彼が書いたのは次のような文章だった。「ブッダという人物はバラモンの教えを体験した。彼は苦行を実践し、彼らの哲学を学んだが、最後には供犠や迷信、苦行・カーストなど儀礼的なもの一切を無価値なものとして放棄し、自らをブッダ、すなわち悟った人だと主張することになった。彼はそれまでの複雑な哲学体系を、救済のための簡潔な教義に変えたのである」[1]

「ブッダ」という語は、「目覚める（awake, awaken）」というサンスクリット語の動詞語根「budh」に由来し、「目覚めた人」を意味する。ミュラーは「目覚めた、覚った（awakened）」を意味する抽象名詞「ボーディ（bodhi）」を「悟り（enlightenment）」と翻訳した最初の学者のひとりだ。この翻訳はやがて人口に膾炙し、十九世紀末までには仏教のことを論じる際、「悟った（enlightened）」「悟り（enlightenment）」という語を使って表現するのはありふれたことになった。[2]

英単語は、特にギリシア語やラテン語で書かれたキリスト教関連の文献が翻訳されるなかで、豊かな歴史を重ねてきた。ジェームズ王訳の新約聖書におさめられた使徒パウロの「エペソ人への手紙」にはこう書かれている。「どうか、私たちの主イエス・キリストの神、栄光の父が、智慧と啓示の霊をあなたがたに賜わり神を知ることができますように。あなたがたの心の目が啓蒙され（enlightened）ますように、そして、あなたがたが神に召されて抱いている望みがどんなものであるかを知りますように」（第一章十七節―十八節）

ジャン・カルヴァンが一五三九年に書いた、プロテスタント改革の鍵となる文書「サドレへの返書」にはこうある。「神の真理を知るように私たちの心を啓蒙する者、その御霊によって真理を私たちの魂に刻印する者、その真理をたしかに証明することによって私たちの良心を確認する者、それはただ神のみである。この基本的な原則をもたざる者に、キリストは存在しない」[3]

ミュラーはヨーロッパにおける宗教学研究の創始者のひとりで、その学問分野を「宗教についての学（science of religion）」と呼んだ。彼はブッダを迷信や聖職者のカーストを否定する者、「蒙を啓いた者（enlightened）」として描くことで、プロテスタントの宗教改革者のイメージと重ね合わせたが、これが魅力的に映るものだったため、現在では広く普及するようになった。

「エンライトメント（Enlightenment）」という英語は、啓蒙時代（Age of Enlightenment）あるいは理性の時代（Age of Reason）という、ある特定の時代を指す名称としても使われる。すなわち、それは理性・科学・自由を重視し、宗教、特にカトリック教会に反対する十八世紀に起きたヨーロッパとアメリカにおける思想的運動である。イマヌエル・カントは、一七八四年に書いた小論『啓蒙とは何か（*An Answer to the Question: What Is Enlightenment?*）』（岩波文庫）のなかで、「啓蒙」を人間が「自ら招いた未成年状態から抜け出ること」と定義する。未成年状態とは、他人の指導なしには自分の悟性を用いる能力がないことである。「啓蒙の標語」としてカントが記したのは、「あえて賢くあれ！　自分自身の悟性を用いる勇気をもて！」という言葉だった。[4]

ミュラーが示したブッダの姿は、啓蒙時代の感性に合致している。ブッダは、自ら決意して自分の道を歩み出し、ヴェーダ聖典が説く儀礼を拒絶し、自らの悟性を信頼し、解脱という真理を自ら発見した。このようなブッダの神話的イメージは仏教モダニズムの中心となるものであり、神的な属性を備えた超越者として描かれる他の時代のブッダのイメージとは対照的である。

仏教モダニズムによる悟り

しかしながら、この「啓蒙」の意味に関しては、ヨーロッパ人と仏教モダニストのあいだに著しい不一致がある。その違いは、自己の理解にかかわるものだ。

カントにとって自らの悟性を用いることは、他者の権威を受け入れるのではなく、自分の意志と理性に従って自分自身でものごとを進めることを意味する。そのためには、強い自己の感覚をもつことが必要だ。あなたは、あなた自身を合理的な行為主体として理解する必要があるし、人格や道徳の自律性を主張しなければならない。人格と道徳の自律性とは、他人の指示に従うのではなく、自らで決断する能力をもつこと、道徳法則に従って行動する能力をもつことである。

ところが仏教モダニストたちは往々にして、「悟り（enlightenment）」を自律的な自己や行為主体が存在しないことの認識であると説明する（そうして彼らはしばしば、他者からの指示、すなわち仏教のグルや老師、指導者の命令に従うことをまったく厭わない）。たとえば、瞑想指導者であるシンゼン・ヤングはこう述べる。「悟りとは、あなたの内側に「自己」というモノが存在しないことを直接に認識することによって生まれる、一種の恒久的な視座の転換のことだと考えることができる」[5]

社会学者のリチャード・P・ボイルは、アメリカやヨーロッパで活躍する十一人の仏教瞑想の指導者にインタビューを行い、彼らの「覚り体験」に共通する三つの特性を抽出した。それは、「自らの環境と切り離されていないこと」、「自己に対して感情的に執着しないこと」、「知ることにとらわれないこと」の三つだ。[6] これらはまた、それぞれの瞬間に、意識が行為とともに自由に共起する経験をもつこととしても定義される。こうした特徴は、自己の感覚を減衰させること、あるいは自己の感覚を取り除くことを示唆している。すなわち、人生の中心にあって人生を導く役を演じる存在（自律的で自己統治的・理性的な行為主体という自己の感覚）を減衰させ、取り除いていくということだ。

要するに、ヨーロッパの啓蒙主義とその系譜に連なる実存主義などが、自己の自由（freedom *of* the self）を強調するのに対し、仏教モダニズムにおける悟りは、自己からの自由（freedom *from* the self）だと考えられているのだ。[7]

当然ながら、「啓蒙（enlightenment）」とはひとつのメタファーである。蒙を啓くとは視界の暗さを取り除くことであり、その意味が拡張されて、洞察を与えることや悟性を授けることも指す。「目覚め、覚り（bodhi）」もまたひとつのメタファーである。私たちは眠りから目覚めるが、ブッダは日常的存在（saṃsāra）の無知から目覚め、解脱（nirvāṇa）をもたらす完全な知識を手に入れたと言われる。それゆえ仏教徒にとって、「目覚めた」ということは、単に「賢い」とか「極めて知的である」などという状態ではないし、眠りと無知の状態から目覚めて正しく認識する状態へと移行することは不連続だと考えられている。また、ブッダの覚りの状態は完全であるとされているので、一方ではその後にさらなる覚りがある可能性はなく、また他方では、無知の状態に退転する可能性もない。

伝統的な仏教徒は、ブッダの覚りが実在していることや、自分たちにも覚りの可能性があることを、信仰の問題として受け入れている。彼らは、仏教的な生き方が覚りにつながるという信頼と自信をもっている。このような信仰をもつことが、彼らが仏教徒であることの本質的な部分なのだ。

これに対して、仏教モダニストたちは、覚り（目覚め）を科学的世界観に関する自分たちの理解と整合するように仕立て上げようとする。彼らの多くは、二方面アプローチを用いている。議論の第一の方面は、覚りを合理的に理解可能な心理状態とすることで、覚りを脱神話化することに向けられており、第二の方面は、覚りを直観的で非概念的なエピファニー（突然の閃き）とすることで、覚りを理想化することに向けられている。デヴィッド・マクマハンの言葉を借りれば、「モダニストの悟りは、初期仏教の文献が定義する悟りとは異なり、（輪廻における）自らの過去の生存を眺めることでもなければ、あらゆる他の生き物たちの過去の生存を眺めることでもない。八正道を見極めることでもない。モダニストの悟りはモダニズム文学におけるエピファニーのようなもの、すなわち、日常が新たな光によって、存在そのものの充溢として顕わになるような存在の瞬間のことなのである」[8]。

ニューラル・ブッディストたちは、さらに一歩踏み込んで、そのようなエピファニーや「覚り体験」に対応する「神経相関」を脳のなかに見つけることで、それらをよりよく理解することができるとも考えている。

私が見る限り、仏教モダニストが考える悟りの概念は一貫性を欠いている。覚りや涅槃を信じることを受け入れるか、それとも科学的に理解可能なものだけを信じる道を選ぶか、彼らにはそのいずれかしかないのであり、両方の道を同時に選ぶことはできない。前者において覚りや涅槃は、伝統的には概念的思考を超越したものであり、科学によって正当化すること（や正当化しないこと）はできない。後者の場合、「存在の充溢（fullness of being）」や「ありのままの真実（suchness of reality，真如）」といったものは科学的概念ではないため、悟りを非概念的・直観的な認識だと考えるのをあきらめなければならない。宗教と科学は、お互いが向き合う態度によっては共存できる道もあるかもしれない。しかし、科学が宗教を正当化することはできないし、両者をひとつに統合することもできないのである。

覚りの曖昧さ

ここでの問題のひとつは、覚り体験あるいは覚りの状態とは、どういう内容なのかという点に関して、仏教徒のコンセンサスがないことにある。もちろん、定義上では覚りとは涅槃の実現であり、涅槃とは定義上、あらゆる心の「汚れ」や「汚染」が解消すること、あるいは輪廻の止滅である。けれども、初期仏教の文献の頃からすでに、解脱へつながる覚り体験の内容に関しては、互いに相容れない異なった考えがあったことが確認されている。より一般的に言えば、仏教の伝統は、覚りの状態の内容に関する、膨大で多様な文学的、哲学的、神話的な説明を精巧につくり上げてきた。このことは、覚りを心理状態として説明し、脱神話化しようとするすべてのアプローチに対して根本的な問題を突きつける。さらに、覚りを神経生理学的に測定できるものだとする考えに対しては言うまでもない。もし悟りが何らかの心理状態だとされるなら、その内容は明瞭に特定できなければならないが、覚り体験の内容が正確に何であるかは、仏教においてもコンセンサスがない。そして、この種の宗教的、哲学的な問題に裁定を下すことは、科学の範囲におさまるものではないのだ。

まずは歴史的なところから議論をはじめよう。仏教の根本には、ブッダの悟り、つまり、彼の覚りの体験と解脱の知見に対する信頼と信仰がある。伝承によれば、その体験は彼が三十五歳のときのことであった。その体験は正確には何だったのか？　私たちにはそれを知る術はない。いつ、どのようにしてそれは生じたのか？　私たちは何も言えない。ブッダの覚りに関する伝統的な説明は、ブッダというひとりの実在の人物の身に起きた歴史的な出来事の幾分かを反映しているかもしれないが、私たちがアクセスできるのは神話的物語だけなのだ。それは、イエスの磔刑と復活の物語や、ムハンマドの身に起きた神の言葉の啓示の物語のようなものだが、イエスやムハンマドの生涯に関する歴史的証拠の方が、ブッダの生涯に関する歴史的証拠よりも数多くある。

ブッダは口頭で教え、それを書き記すことはなかった。その生涯や経験に関する一人称的な説明は存在しない（また仮にそういうものがあったとしても、実際の経験と記述されたことは別のものであり、その記述を理解するためには翻訳や解釈が必要になる）。ブッダと同時代を生きた弟子たちも、師の教えを書き記すことはなかった。その教えは、世代から世代へと口承で伝えられ、ブッダが入滅してから幾世紀がすぎるまで書き記されることはなかったのだ。ブッダが説いたとされるパーリ語経典（五部のニカーヤ、「経集」）や、サンスクリット語の阿含経典（アーガマ、現在ではそのサンスクリット語原典は失われ、漢訳経典で残されている）は、作者不明の文献である。[9] 作者の署名をもたないこれらの文献は、ブッダの四十五年間の伝道（紀元前五二八－四八三年、または紀元前四四五－四〇〇年）に関する初期の僧院共同体の集合的記憶が形になったものである。この四十五年のあいだ、ブッダは文脈に応じて、さまざまな人に対してさまざまなことを説き、メッセージの伝え方は進歩してきたことだろう。またブッダに付き従った者たちは、彼からさまざまなことを聴聞し、それを記憶しただろう。そして彼らはブッダが入滅した後、その教えをどのように理解して体系化すればよいかという課題に直面したはずだ。

伝承によれば、この課題が達成されたのは、ブッダが入滅した際（紀元前四八三年あるいは四〇〇年）に行われた最初の仏教徒の「集まり（Council）」、「暗唱（Recitation）」（第一結集）のときであった。第二結集はその百年後に行われ、第三結集はマウリヤ朝のアショーカ王の治世（紀元前二五〇年頃）で行われたと言われる。紀元前二五年にスリランカで開かれた第四結集までは、経典が貝葉に書写され文書化されることはなかった。

この間およそ四百年。そのあいだにブッダの教えに修正が加えられ、その他の変更が行われた可能性は高い。仏教徒たちは、たとえ彼らが自分ではそれを新しいと思わなかったとしても、それぞれが教えの異なる要素を強調し、さまざまな方法でそれらを組み合わせ、新たな思想を展開したはずだ。[10]

文献の歴史に関連するこれらの点から言えるのは、最初期の仏典の段階ですでにブッダの教え、特に覚りの内容に関する記述にはさまざまな見解の不一致が含まれていたということだ。[11]言い換えれば、伝統のはじまりの時点からすでに、さまざまに異なる覚りの理解があったことが推測されるのだ。

瞑想状態は概念的思考を伴うか

ブッダの覚りが深い瞑想状態のなかで、あるいは深い瞑想の結果として起きたものだということは一般に合意されている。しかし、その覚りの状態や内容に関する記述は一様ではない。なかでも主要な相違点は、瞑想状態が概念的な思考を伴うのか、それとも概念的な思考を超えているかという点にかかわるものだ。

ある経典によれば、覚りとは深遠にして多面的な認知的洞察のことである。[12]ブッダが理解したのは四聖諦、すなわち、苦しみの真理、苦しみの原因の真理、苦しみの滅の真理、そして苦しみの滅につながる道の真理（八正道）だとされる。ブッダは、苦しみは完全に知り尽くされなければならない、苦しみの原因は捨て去られなければならない、苦しみの滅は実現されなければならない、そして苦しみの滅につながる道は実践されなければならないと理解した。彼はこの課題のすべてが達成されたことを理解し、最後に、自分が完全な覚りに到達したこと、自分が解脱したこと、再生しないであろうことを理解した。

もしもあなたが仏教モダニストで、心理学の用語を使った、覚りについての理解しやすく説得力のある説明を期待してこの経典を眺めているとしよう。するとあなたは、このような認知的洞察が記述されるためには、概念化（それを表現するための何らかの独創的な考えや言葉を生み出すこと）が必要になるという結論を出さざるをえない。

概念化は深い瞑想状態のなかで直接的に起きるのか、それとも瞑想状態の後で起きるのか、という点も問われなければならない。一方で、もし概念化が瞑想状態のときに起きるのだとすれば、その状態にはすでに概念的思考や理解が含まれることになる。また他方で、もし瞑想状態が非概念的だと考えるのであれば、認知的洞察のためには、非概念的状態の意味を後から概念化することが求められる。そうだとすれば、ブッダの覚りは観念を伴う認知的洞察なのだろうか、それとも非概念的な状態なのだろうか、あるいは非概念的状態にその後の概念化を加えたものなのだろうか？

四禅・三明・九次第定

また別の経典では、ブッダの覚りは「四禅」（パーリ語：jhāna，サンスクリット語：dhyāna，禅）と呼ばれる一連の精神集中の瞑想状態における、第四の境位に住した結果として起きたのだと説かれる。ブッダは四つの瞑想状態にひとつずつ「入り、住した」と語っている。

初禅は、「適用される思考（applied thought，尋）と持続する思考（sustained thought，伺）を伴いながら、遠離から生じる喜悦と楽がある」と言われる境地である。第二禅は、「適用される思考と持続する思考」が消え、「精神集中から生じる喜悦と楽」を伴いながら、「自信と心の単一性（self-confidence and singleness of mind, 心一境性）」から成る境地である。第三禅では、喜悦が消え、身体にはまだ楽が感じられる一方、心の平安とマインドフルネスが現前する。最後に第四禅では、楽も苦も捨て去られ、「苦も楽もなく、心の平安によりマインドフルネスの清らかさ」がある境地である。[13]

ブッダは次に、夜の三更を経るあいだに、いかにして三種類の知識を得たのかを説明する。最初の知識は、自らの過去の生存の想起である。仏伝ではこの想起は、ブッダ自身が一人称で自らの記憶（心理学者がエピソード記憶、または自伝的記憶と呼ぶ記憶の一種）を次のように報告するという形で提示されている。「そこでは、私はかくの如き名、かくの如き種姓、かくの如き見た目であった。……その生を終えて、私は別のところに生まれた。そこでもまた、私はかくの如き名、かくの如き種姓、かくの如き見た目であった」

第二の知識は「生物の死と再生についての知識」であり、「いかにして生物はそれぞれの行い（業）に応じて、（次の生に）趣くのか」ということもともに理解される。

第三の知識は、「汚れの滅尽についての知識」であり、ここで言う「汚れ」とは感覚的な渇愛、進行中の存在、無知という汚染を指す。[14] それらは生と死と再生のサイクル（samsāra, 輪廻）に人を縛り付けるものであり、苦しみとその原因、その滅と滅に至る道の洞察によって永遠に破壊される。ブッダもまた、汚れを滅尽する知識を得たことで、自らが解脱したことを知ったのである。

繰り返しになるが、もしあなたが仏教モダニストで、覚りに関する心理学的に説得力のある説明を見つけようとしているのであれば、これら三種類の知識が第四禅のあいだに起きるのか、それとも心がこの瞑想状態から離れた後で起きるのかを問わなければならない。第四禅は、洗練された深い集中状態であり、完全にマインドフルで心の平安が得られた状態にあたる。そこには思考もなければ、あらゆる種類の苦も楽もない。そのような状態は、能動的想起とは両立せず、また「これは苦しみである」、「これは苦しみの原因である」、「これは苦しみの停止である」、「これは苦しみの停止につながる道である」と識別するために必要となる一種の思考とも相容れないように思われる。

それゆえ、これらの認知的洞察は第四禅から出た後に起こると考える方が、心理学的には説明しやすい。しかし文献が示しているのは、瞑想的精神集中（samādhi, 三昧）の状態でこの洞察が得られるということだけであり、第四禅以外の状態については何も言及されていない。

要するに、もし心理学的に説得力のある説明を求めるのであれば、この文献はどっちつかずの曖昧なものになる。一方では、ブッダの覚りは高位の禅定状態で起こるのであり、そこに概念化が生じる余地はなく、あるとしても最小限であると考えられる。しかし他方では、覚りの内容は豊かに構造化された認知的洞察であり、それが成り立つためには複雑な概念化が求められる。科学の一分野である心理学は、このふたつの解釈のどちらを妥当と判断すべきかを教えてくれない。

同じ経典ではもうひとつ、瞑想状態に関するさらに別の分類法と結びついた、覚りと解脱に関するまったく別の考え方も説かれている。この分類法には漸進的な九つの段階が示されており、四禅から四つの「形なき到達（四無色定）」、そして「知覚と感情の停止（想受滅）」と呼ばれる九番目の状態へと進むものだ。

「形なき到達」は、「無限の空間（空無辺処）」、「無限の意識（識無辺処）」、「無（無所有処）」、「知覚でも非知覚でもない状態（非想非非想処）」と呼ばれる。これらの状態については、その名前以上の説明はほとんどなく、名前から示唆されているのは、心の働きやその中身を次第に減少させることで、瞑想を段階的に深めたり広げたりすることである。この分類法は、何か独特の瞑想状態に関する記述的な知識に来歴があるのかもしれないが、古代インドにおける苦行者あるいはヨーガ行者の瞑想実践に関するさまざまな説明を規範的に体系化したものだと思われる[15]。「形なき到達」の漸進的な四段階は、第九の「知覚と感情の停止」で頂点に達する。それは、あらゆる形の知覚や観念、感情を超えた状態だと言われている。その状態では、身体は生きたままだが、すべての心と身体の活動は停止しているらしい。その停止は死にも似ていると記され、この生における涅槃実現の境地であり、解脱の洞察のために必要なものだと考えられている[16]。

覚りと解脱に関しては、それを認知的洞察としての悟りと考えるのか、あるいはあらゆる思考や感情の停止と考えるのかという違いがあるが、学者たちはどちらがより歴史的に古いものなのか、より「真に仏教的である」のはどちらなのかをめぐって議論を続けている。だが、ここではその議論に立ち入る必要はない[17]。それよりも重要なことは、こうした考え方が引き起こす覚りに関する哲学的・宗教的な疑問であり、それらの疑問が仏教の伝統のなかでいかに枝分かれしていったのかという点だ。覚りの内容は深く鋭い認知的な洞察なのか？　それとも非概念的であらゆる思考を超えたものなのか？　あるいはその両方なのか？　涅槃の実現は、何か積極的に語りうる経験的内容をもつものなのか？　それとも完全に消極的な停止なのか？　両方が真実でありうるのか？

これらの疑問に対する決定的な答えは、初期の仏教文献には見当たらない。私たちの時代にいたるまで、あらゆる仏教の伝統がこれらの疑問に取り組んできた。意見の対立は深刻だが、哲学的には豊かで魅力的でもある。またその対立は修辞的な面にもおよび、それぞれの伝統や思想運動が、それぞれの推奨する覚りに関する考え方や言葉を喧伝することで、独自の権威を確立しようと競い合った。

涅槃とは何か

仏教における覚りは涅槃と同じものであり、苦しみを「吹き消すこと」、苦しみを消し去ることを意味する。涅槃は永続する安らぎであるから、「条件づけられないもの」と言われるが、他方で「条件づけられたもの」、すなわち原因や構成要素から組み立てられたものは何であれ、いつも無常で満たされないものとされる。しかし、この考え方そのものが問題を生じさせる。条件づけられていないものは何であれ、何かの原因の結果であるはずはないし、それに影響を与えるものは何もない。したがって、瞑想実践を含むいかなる活動も涅槃をもたらすことはできない。だとしたらどうして、覚りや涅槃は、瞑想や仏道を歩むことによって実現可能なのだろうか？

伝統的な答えのひとつは、涅槃は単なる非存在（absence）であるということだ。これまで「汚れ」や心の苦しみを生み出してきた原因が非存在であるとすれば、それらが持続的に生じることはない。より一般的には、瞑想や仏道に従うことは、その原因（無知や渇愛）を取り除くことで苦しみを消し去ることである。しかしながら、涅槃が単なる非存在であるとすれば、どのような原因も必要ない。さらに、あらゆる汚染や苦しみから解き放たれた心であれば、それらが非存在であることを知覚できるという意味において、この非存在を知ることもできるし認識することもできる。

では、この非存在は純粋に消極的なものなのか？　それとも、何らかの積極的な内容を含むのだろうか？　涅槃という至高の安らぎは、苦しみの炎を単に「吹き消す」だけにすぎないのか？あるいは、たとえそれが微細で表現できないものだったとしても、何か積極的な情動の内容や認識の内容を有しているのだろうか？

伝統的な考え方のひとつによれば、涅槃は積極的なものではない。むしろ涅槃は断滅、すなわちこの人生において渇愛が停止し、死後に条件づけられた存在が停止することなのである。伝統的な仏教徒にとって、条件づけられた存在とは、生・死・再生・再死の円環全体のことだ。しかし、もし解脱を得ることが存在の循環が停止することだとすれば、それ以上の未来の再生はない。またもしも永続する自己や霊魂（ātman）が存在しないのであれば、そのような断滅は、死を消滅と考える世間的・唯物論的な理解とどこが異なるのだろうか？　別の言い方をすれば、もし本質的な自己が存在せず、実存の問題とは再生のこと（saṃsāra, 輪廻、心身の諸要素がひとつの生から次の生へと永続すること）だとすれば、その解決策（涅槃の達成と諸要素の消滅）は、唯物論者における死の考え方と同じではないのか？

とはいえ、最終的な涅槃を消滅と同じであると考えるのが正しいとは思えない。経典によるとブッダは、覚った人が死後の生存を停止するというのも間違いであり、覚った人が死後も存在し続けるというのも間違いであると説いたとされる。[18]ブッダは、いずれの選択肢も「当てはまらない」と述べている。[19]

これらの記述は、涅槃が理解を超えたものであり、言葉で表現できないものだということを示唆している。この解釈が示唆するのは、涅槃が単なる非存在であるはずはないということだ。だがこの解釈もまた、パラドクスを避けている。「涅槃は言葉で表現できない」という言明は、涅槃について何かを表現しているように思えるが、そうするとこの言明は文字通り表現不可能なはずなので、言明それ自体が矛盾していることになる。いったい私たちはそのような言語をどのように理解すべきなのか？　このパラドクスを受け入れるべきなのだろうか？　それとも何とかして手直しすべきなのだろうか？　仏教哲学者たちは、長い時間をかけてこのふたつの選択肢の問題を探究してきたのである。

この問題を扱うもうひとつの方法は、次のように主張することだ。こうした知的な努力は、ただ間違った心の「増殖（proliferations, prapañca, 戯論）」を生み出すだけであり、事態をさらに悪化させる。それよりも、単純にブッダとその教え、仏教の共同体に対する信仰をもつ方がよい。ブッダが勧める道を筏として、その道に従うのだ。その筏は、一度「彼岸に渡った」ならばもはやそれ以上必要のないものである。

悟りをめぐる論争と超宗派的アプローチ

何千年ものあいだ、仏教徒は覚りに関する疑問に対処するこれらの方法を洗練させ、変容させてきた。彼らはその対処法をまた新しい方法で補い、そうすることでさらに新たな疑問をつくり出してきた。たとえば、智慧（prajñā）と瞑想における精神集中（dhyāna）は、どちらが覚りのための主要な手段なのかという論争がある。この論争の起源は初期の文献にまでさかのぼり、現代のテーラワーダ仏教のヴィパッサナー、あるいは洞察瞑想を推進する運動のなかにも再登場している。[20]あるいは、大乗仏教で説かれる、生まれながらの「仏性」という思想と、それを否定する「批判仏教」と呼ばれる現代日本の動向を考えてみてもらいたい。[21]あるいは、中国禅仏教における「南宗」の「突然の覚り（sudden awakening）」〔頓悟〕の立場（覚りは瞬間的に全体的に生じる洞察であるとする立場）と「北宗」の「漸進的な覚り（gradual awakening）」（漸悟）の立場（覚りは漸進的な鍛錬と浄化によって生じるとする立場）との論争。[22] あるいは、チベット仏教には自空・他空の論争がある。これは、覚りとは、あらゆる現象が固有の本性を欠いていることを理解することなのか（自空の立場）、それとも清浄で非二元的な仏性（非本質的で偶発的な性質のみを欠いている）を理解することが覚りなのか（他空の立場）をめぐる論争である。[23]

仏教徒のなかには、これらの問題に対して超宗派的なアプローチをとる者もいる。たとえば、現在のダライ・ラマ十四世も提唱する十九世紀の東チベットで起きた「リメ運動」という宗派の壁を超える運動が掲げた理想は、仏教のさまざまな伝統の差違はそのままに、相互の対話と意見交換に価値を見出すというものだった。[24]

有名なテーラワーダ仏教の瞑想指導者であり、マサチューセッツ州のバリーにある「インサイト・メディテーション・ソサエティ」の共同設立者であるジョセフ・ゴールドスタインは、アメリカ仏教モダニズム版の超宗派運動を提案している。彼はその著書『ひとつのダルマ（*One Dharma*）』（未邦訳）のなかで、マハーシ・サヤドーが提唱する近代ミャンマーのテーラワーダ仏教の伝統から、近代のタイ森林派テーラワーダ仏教の伝統、中世の韓国禅、そしてチベットのゾクチェン（「大究竟」）の伝統にいたるまで、数多くの異なる、そして一見すると相容れそうには見えない涅槃に関する仏教の理解を調べ、「それらは同一の悟りの異なる側面だということは十分にありうる」と提案している。[25]

私はこれには納得できない。当然ながら、あらゆる仏教徒は何か涅槃のようなものがあるという点に同意しているが、それはあらゆる一神教徒が何か神のようなものが存在しているということに同意しているのと同じことだ。それゆえ、私たちはこれらさまざまな理解が同一の事柄の別々の側面であると考えることもできるとしても、それぞれの仏教の伝統はその教義や哲学、瞑想実践に著しい相違があるのであって、はたしてそれらすべてが同一の本質をもつ悟りに収斂するのかということには疑問が残る。単純にこうした収斂を主張するのは、ある特定の見解を普遍性の名のもとに密輸入するリスクが伴う。実際、普遍主義的な見方はそれ自体が特定の見方であって、さまざまな相容れない見方をそのまま相容れないものとして尊重して認めることとは別物だ。私たちは「新興の西洋仏教」(『ひとつのダルマ』の副題)にすべてを合わせようとすることなく、仏教の伝統という大きな傘のもとに存在する、真に哲学的・宗教的な相違点をそのまま認めることができるし、またそうすべきなのである。

信仰をもたないまま悟りの内容を語ることはできるのか

覚りや解脱に関する仏教徒の議論は、一神教的な宗教における神や救済に関する神学的な議論に似ている。信者たちにとってそのような議論は、議論の外部に存在する最高に重要なものをめぐって行われているというのは当然のことであり、彼らはその議論には決定的な指示対象が存在することを前提にしている。信仰を共有しない人々は、こうした前提を拒絶するか、もしくは懐疑的である。

しかし仏教モダニストは、矛盾するふたつのことを両立させようとしているのだ。彼らは信仰を最小限に抑えたり完全に排除したりすることができると考えながら、同時に「悟り」とは何かを語ることができると考えている。そのためのひとつの方法が、「史的ブッダ」の悟り体験に訴えるという方法だが、これまで論じてきたことから分かるように、これに見込みはない。私たちがアクセスできるのは神話的な英雄としてのブッダであり、実際の人物としてのブッダにアクセスすることはできない。そして、彼の覚りの内容についての最も古い説明さえ曖昧なものなのである。

仏教モダニストが好んで用いる言い方に、「悟りとは真如、すなわちものごとのあるがままを非概念的に直観することである」というものがある。しかし、ここで言う「非概念的」や「真如」とは何を意味するのだろうか？　なぜ直観が悟りや解脱をもたらすのか？　仏教という教えの宗教的な枠組みは、根本的に涅槃に対する信仰に支えられているが、もしもあなたがその枠組みを受け入れるのであれば、あなたはこれらの疑問の答えを得ることができるだろう。だが、もしもあなたがそのような信仰の枠組みの外側にいるのなら、このことについて何か意味のあることが言えるかどうかは分からない。

仏教モダニストは概して、「悟りとは、ものごとの実相についての非概念的で直観的な認識のことである」と述べる。しかし彼らはそのことによって生じる哲学的な諸問題に向き合っていない。もし「非概念的」ということが本来的に概念化できないことを意味するのなら、（悟りとは）「実相」（というまた別の概念）の「本性」（というまた別の概念）を認識することだと記述することは、いかにして正当化されるのか？　「本性」や「実相」は何を意味するのか？　「非概念的」というのもひとつの概念ではないのか？　非概念的な認識は、どのようにして言語で報告可能であったり記述可能になったりするのか？　ある非概念的な認識を他の非概念的な認識からどのようにして識別できるのか？　非概念的な認識はどのようにして悟性の概念枠に統合されうるのか？　とにかく、いったい「概念的」や「非概念的」とは何を意味しているのか？[26]

私は、こうした質問には何も答えられないのだと言いたいのではない。むしろ逆である。仏教哲学の歴史を繙《ひもと》けば、そこにはこれらの問題に応えようとする驚くほど多種多様な方法が示されている。覚りと解脱に関する難題とパラドクスこそ、仏教の歴史を通して創造的な思考と教義のイノベーションを促す大きな原動力であり続けてきた。こうした難題と格闘することが、新しいスタイルの瞑想実践だけでなく、新たな哲学的・文学的洞察を生み出してきたのだ。ただし、これらはすべて仏教の救済論（涅槃の実現によって救済されるという教義）と涅槃と解脱の実在《リアリティ》に対する信仰を前提としている。

悟りのレトリックに対する批判の概要

仏教モダニストが用いる悟りのレトリックに対する私の批判の要点をまとめておこう。

第一に、もし悟りが現代の科学的心理学の意味で「心理学的に説得力がある」と考えられるのであれば、悟りの内容は特定可能なものでなければならない。しかし、覚りの状態の内容については、多くの相互に相容れないさまざまな説明がある以上、その内容は曖昧であるということ。

第二に、解脱に関する競合する説明であれ、両立可能な説明であれ、それらの説明をひとつにまとめるものは涅槃という概念的な参照点であり、これはあらゆる仏教徒が信仰の問題として受け入れているものである。したがって、仏教モダニストのように信仰を排除してしまうと、悟りを語るための概念的な支えが失われるということ。

最後に、悟りを非概念的な直観として語ろうとすると、その言明が引き起こす問題をうまく解決する哲学的な手段をもはやもつことはできず、支離滅裂とまでは言わないものの、結局は問題のある主張をすることになってしまうのである。

概念依存性の問題

ここまで、私の批判の矛先は仏教モダニズムに向けられてきたが、ここからはより大きな思想を探究していきたい。仏教徒ではなく哲学者という立場から、仏教の外部に立ってこの問題を考えてみると、「悟り」という言葉には、概念に依存しない客観的な指示対象があるのかどうか疑わしく思える。言い方を変えれば、存在が「汚れ」「汚染」「煩悩」によって構成されているという考えは私にはないし、涅槃に対する信仰を共有しているわけでもない。つまり、汚染の除去と再生の停止によって定義されるような至高の認識を信じてはいない。だからこそ、「悟り」という言葉が概念領域の外側にある指示対象をもっているということは、私には疑わしく思える。私は、悟りを概念依存的なものとして考えるようになりつつある。より正確に言えば、「悟り体験」と呼ばれる経験は何であれ、概念依存的なのだと考えている。

私の言いたいことを説明するためには、「何かが概念依存的である」という考え方を説明する必要がある。ゲームについて考えてみよう。「ゲーム」という概念を離れてゲームは存在しない。何かがゲームであるようにそれを構成するためには、「ゲーム」という概念が必ずそのパーツとして必要になる。「ゲーム」という概念を世界から取り除けば、もはやゲームというものは存在しなくなるのである。

たとえばチェスは、ルール、チェスの駒、その位置と動きから成る概念的システムである。この概念的システムから離れて、本質的・本来的にチェスであるものは何もない。木かプラスチックでできた白黒の駒は、各々がポーン、ナイト、ビショップ、ルーク、クイーン、キングとして概念化されない限りチェスの駒ではない。より一般的に言えば、そもそも「ゲーム」という概念から離れて、本質的・本来的にゲームなるものは何もないのだ。ゲームは概念依存的である。

愛の概念依存性の問題

次に愛について考えてみよう。心理学者のなかには、愛というものは、文化的な概念としての愛に依存していると主張する人もいる。[27] 哲学者のダニエル・デネットは、愛は私たちが「愛」と呼ぶ概念を離れては存在しないと主張している。デネットの言葉を引用しよう。「愛はそれ自身の概念に依存した現象のひとつである。……他にもある。貨幣が明瞭な例だ。もし、誰もが貨幣とは何かを忘れたとしたら、もはやどこにも貨幣はないことになるだろう。つまり、刻印された紙の伝票の束、エンボス加工された金属製のディスク、コンピューターで管理された口座残高の記録、花崗岩や大理石でできた銀行の建物、それらは存在したとしても貨幣は存在しない。また、インフレーションもなければ、デフレーションもない。為替レートや金利もない。そして、貨幣価値もない」[28]

貨幣が概念に依存していることは明白だが、愛はどうかと思う人がいるかもしれない。だが、愛という概念は多義的であり、たったひとつのものを指示するわけではないということは分かるはずだ。愛というものは、感情や価値のつけ方、社会的な結びつき、文化的な実践などの複雑な集まりから成り立っている。私たちはロマンティックな恋愛、エロティックな愛、子に対する親の愛、親に対する子の愛、姉妹愛、兄弟愛、ペットへの愛、神の愛などについて語る。そのうちのいくつかは、中世の宮廷での愛のように、今日の私たちには無縁である。

愛はメタファーから切り離すことができないものでもある。「恋に落ちる」「恋煩い」「一目惚れ」などの表現がある。また愛は論争のテーマでもある。あなたはポリアモリー（複数恋愛）、夫婦愛、「自由恋愛」のどれを支持するだろうか？ 実際のところ、「愛」という概念の意味そのものが論争の的なのである。「強迫観念的な愛」は本当に愛なのか？ 「恋愛中毒」のようなものはありうるか？

『オール・アバウト・ラブ 愛をめぐる13の試論愛についてのすべて（*All About Love*）』（春風社）のなかで、フェミニスト作家のベル・フックスはこう主張している。「愛と虐待は共存しない。定義上、虐待やネグレクトは、養育やケアの対極にあるものだ」。彼女は虐待のある家庭で育った人にとって何が死活問題なのかをよく知っている。「ほとんど普通の人たちにとって、自分の家族にはもはや愛が存在していないのではないかと思ってしまうような愛の定義を受け入れることは、あまりに恐ろしいことなのである。大多数の人間は、虐待を受け入れさせたり、起こったことがそれほどひどいことではなかったと思い込ませてくれるような愛の観念にしがみつく必要があるのだ[29]」

結局のところ、そもそも愛とは何なのだろうか？ 愛は感覚なのか、感情なのか、愛とはさまざまな感情の集まりなのか、行動なのか、価値判断のモードなのか、人とのつながりや人とのつながりをつくることへの希求なのか、自分を顧みることなく他者を気遣うことなのか、あるいはこれらすべてが何らかの形で組み合わされたものなのか？ 哲学者たちはそれぞれの考えについて議論してきた。もしも愛が概念依存的なものだとしたら、愛に関する私たちの言説が複雑になるのは必然的に予想されることである。

愛や貨幣やゲームが、実在ではないと考えているわけではない。それどころかむしろ、これらは完全に実在している。ただしその実在性は、私たちがそれらの概念をもっているかどうかに依存しているのである。なぜなら、私たちがもつこれらの概念が、愛や貨幣やゲームというものを部分的に構成しているからだ。貨幣という概念がない限り、貨幣はこの世界にまったく存在しない。恋愛という概念がなければ、恋愛は存在しないだろう。ゲームは、ゲームという概念から独立して存在することはない。愛も貨幣もゲームも、本質的に概念依存的なのだ。

「愛は生物学的な現象である」という反論があるかもしれない。愛は哺乳類が赤ちゃんを育てるための進化的適応であり、性的欲求、愛着、配偶者選択を伴っており、化学的（ホルモン的）な基盤もある。しかしながら、これらの事実は、愛が概念依存的でないことを示すものではない。生物学的現象は、愛の必要条件ではあっても十分条件ではない。それは、宮廷風恋愛を生物学的な用語で理解するのが不可能であることからも明らかだ。しかし、親から子への、また子から親への愛でさえ（養子や代理母、あるいはＬＧＢＴＱの子育てが示すように）生物学的な母子の絆とは概念的に区別されるものであり、子育てという文化的実践や親から子への愛、子から親への愛、という概念から切り離して理解することはできない。

さらに言えば、私たちがもつ概念が、私たちの生物学を形成するのである。たとえば恋愛において、複雑な生理学的反応の連鎖《カスケード》はどのように展開されるのか、また私たちは愛をどのように経験しているのか。こうしたことの一部は、私たちがいかに「恋愛」を概念化するかということと連関している。愛という概念や文化的実践がなかったとしたら、愛の生物学はこのようにはならなかったことだろうし、逆もまた然りである。

犬は、愛の概念をもっていなくても愛を感じることができるという反論があるかもしれない。しかし、言語的なものではないものにせよ、犬がいくつかの概念をもっていることを示す証拠は多数存在する。[30]もしかすると犬的な愛は、犬的な愛の概念に依存している可能性もある。この問題の一部には、概念とは何か、概念をもつためには何が必要かという仏教哲学者や認知科学者が語るべきことがあるが、ここでは立ち入ることができない。[31]

悟りの概念依存性

「悟り体験」と呼ばれる体験は、すべて概念依存的であるという話に戻ろう。私は「悟り体験(enlightenment experience)」や「覚り体験(experiences of awakening)」が存在しないと言っているわけではない。それらが存在するのはたしかである。私が言いたいのは、ある体験を「悟り体験」と呼ぶことは、それを概念化することであり、またその概念化こそが「悟り体験」を形づくるということなのである。[32]もう一度、愛のことを考えてみてもらいたい。人は愛を体験しないということは考えられない。人が愛を体験するのは当然である。私が言いたいのは、愛の体験は愛の概念に依存しており、愛の概念が「愛の体験」と呼ばれる経験を形成しているということである。

愛については他にも多くのことを述べたが、それらは悟りについても当てはまる。悟りの概念は多義的であり、その概念が経験的に指示する明確な対象などないのである。古代インドにあったいくつかの苦行の形態のように、いくつかの悟りの形態は今日の私たちの大半にはアクセスできないものとなっている。悟りは、メタファーから切り離すことはできない。というよりもむしろ、「悟り」それ自体がメタファーなのだ。

悟りは論争のテーマである。たとえば、悟りは必然的に慈悲と結びつくのだろうか？　初期の仏典で示されたひとつの見方では、ブッダが解脱に至ろうとした動機は完全に個人的なものであり、他者を救済しようという願いはなく、彼が説法をしたのはそうするように要請があったときだけだったと捉えられているようだ。[33] ところが大乗仏教の場合は、覚りは一切衆生を苦しみから解放するという深遠なる願いと結びつけられているのである。

他にもさまざまな問いがある。悟っているにもかかわらず、性的虐待をする人はありえるのか？　それとも、そのような振る舞いはまだ悟っていないことを示す明白な証拠となるのか？人種差別者、国粋主義者、冷酷な軍事的暴力の提唱者でありながら、悟った人がありえるだろうか？

仏教モダニストは、これらの問いに完全に巻き込まれている。[34] アジアや北米の男性仏教指導者が性的不祥事の数々を引き起こしているにもかかわらず、彼らが「深遠な悟り」のために称賛されている事態を考えてみてもらいたい。[35] また、かなりの数の日本の禅指導者が人種差別的な愛国主義を抱き、第二次世界大戦における恐ろしい暴力を支持したことや、[36] 今日のミャンマーで起きている仏教僧によるムスリムの軍事的迫害のことを考えてみてもよいだろう。[37] これらのことは、悟りと両立するのだろうか？　それとも、悟りとは必然的に矛盾するのだろうか？　あなた自身が悟りについての何らかの概念にコミットし、それを擁護する準備ができていなければ、これらのさまざまな問いかけに答える術はない。

三つの結論

「「悟り体験」と呼ばれる体験はいずれも概念依存的である」という命題から、次の三つの重要な結論が得られる。

第一に、仏教モダニストが用いるレトリックに反して、悟りは本質的に非概念的な閃き（エピファニー）ではありえない。これは、その体験には非概念的な要素が含まれないという意味ではない。それはまた別の問題であり、「概念」をどう定義づけるかにかかわる。[38] 問題はむしろ、非概念的な要素それ自体は悟りにはなりえないということだ。愛の場合と比べてみよう。愛の体験にも非概念的な要素が含まれるが、愛が成立するためにはそれらだけでは不十分だ。非概念的な要素は、それらが愛という概念のもとにまとめられたとき、はじめて愛の一部分になるのである。

第二に、ニューラル・ブッディズムとは逆に、悟りが脳の状態であるという考えは混乱をもたらすということだ。[39] いかなる脳の状態も本質的・本来的に愛の状態ではないのと同様に、いかなる脳の状態も本質的・本来的に悟りの状態ではない。もちろん、それらの状態に至るためには脳が必要だが、どれだけ脳のなかを探しても悟りや愛は見つかることはない。それらは頭の外側に概念的に構築された社会的世界のなかに存在するものであり、そもそも探す場所を間違っている。瞑想の達人の脳活動における特定のパターンが、特定の共同体や伝統において、悟りとして概念化されている状態や体験と確実に相関していることが分かったとしよう。このような情報は、瞑想が脳に与える効果を理解するのに役立つかもしれないが、悟りについて教えてくれることはほとんどない。次の例と比べてもらいたい。〔チェロ奏者の〕ヨーヨー・マの脳活動における特定のパターンが、バッハの〈無伴奏チェロ組曲第一番〉の演奏と確実に相関していることが分かったと仮定する。彼の長年の訓練と専門的技術を考えれば、この発見は驚くべきことではないだろう。このような情報は、音楽のトレーニングや専門的な演奏が脳に与える影響を理解するのに役立つかもしれない。しかしそれは、バッハについてはもちろん、音楽についてはほとんど何も教えてはくれない。むしろ逆に、その神経パターンの意義を理解するために、音楽、チェロ、そしてバッハを理解しておく必要があるのだ。悟りの場合も同じである。悟りの意味を構成する概念や社会的実践をはじめに理解しておかなければ、神経パターンの意義を理解することなどできはしない。

最後に、もしも悟りが概念依存的なものであるならば、現代の仏教徒は、単に「悟りとは何か」を問うだけではなく、「悟りとは何でありうるか」を問う必要がある。[40] 別の言葉で言えば、今・ここにおいて、いったいどのような悟りの概念が適切であり、詳しく述べるに値するものなのか、ということを問わなければならない。悟りや覚りに関して、いかなる概念、いかなる社会的実践にまで手を伸ばす価値があるのか[41]？ カントの言葉で言えばこういうことだ。「あえて賢くあれ！ 自分自身の悟性を用いる勇気をもて[42]！」

第六章　コスモポリタニズムと会話

Cosmopolitanism and Conversation

覚りの探求

小さな村の郊外にある古い森のなかで、三十五歳のひとりのインド人の出家者が瞑想のために坐していた。彼が見つけたのは「そばに澄んだ水をたたえた川が流れ、なめらかで心地よさそうな川岸があるところにある、いかにも心地よさそうな木立」であった。[1]彼はすでに二種類のヨーガの瞑想法を習得していたが、そのいずれにも満足できなかった。それらの瞑想では、誕生・老化・病気・死・憂い・煩悩から解き放たれることはできなかったからだ。彼はただ涅槃だけを求め、その他は何も求めていなかった。文献にはそれが実際にはどれくらいの期間であったのかは記されていないが、彼の「聖なる探求」はついに成功し、「束縛から離れた至高の安らぎ」、すなわち、不生・不老・不病・不死・不憂・不染汚の涅槃に到達した。涅槃に到達したとき「私の解脱は不動である。これが私の最後の生まれである。もはや再生することはない」という知見が生じた。

男は、自分が発見したことを人々に教えるべきか迷っていた。それは「見難く、聞き難い。寂静にして微細であり、単なる推論だけではとても到達できるようなものではない」。そのうえ「世の人々は、執着を楽しんでいる」。人々は教えを理解しないだろうし、教える努力は徒労に終わるだろう。

歓喜天の王であるブラフマー神（梵天）はブッダの考えを知り、「彼が悟ったことを教えなければ、世界が滅びてしまうだろう」と恐れを抱いた。そこでブラフマー神はたちまちのうちに天界から姿を消してブッダの前に現れ、彼の教えを理解することができる「ほとんど汚れなき眼をもつ」衆生がいることを伝えながら説法を懇願した。

ブッダは特別な「仏眼」で世界を見渡し、ブラフマー神が正しいことを理解した。たしかに、ほとんど汚れなき眼をもつ衆生がいて、彼らは鋭敏な能力と善なる徳性を備えている。彼らにであれば教えることはたやすい。そこでブッダは懇願を受け入れ、ブラフマー神は去った。

ブッダはしばらくのあいだウルヴェーラーの郊外に滞在した後、ヴァーラーナシーに向かって出発した。ほどなくしてガヤーに到着する前に、彼はウパカという求道者とすれ違ったが、ウパカはブッダの姿に感銘を受けて質問した。

「友よ、あなたの感覚能力は鮮明であり、肌の色は清浄で輝いている。あなたの師は誰なのか？

あなたは誰の教えを信仰しているのか?」

ブッダはウパカに詩句で答えた。平易な言葉で言い直せば、こういう意味になる。

「私は一切を超越し、一切を知る。私は渇愛から解放されている。私はこれらすべてを自分自身で成し遂げたのだから、誰を師としようか? 私に師はいない。たとえ神々といえども、この世界に私に並ぶ者は存在しない。私は成就した者、最高の師、ただひとりで完全に悟った者である。私はこれから説法のためにカーシー国へ向かう。暗闇に閉ざされた世界のなかで、不死の太鼓を打ち鳴らすであろう」

ウパカは語る。

「友よ、あなたの言う通りならば、あなたはあらゆるすべてのものに対する勝利者にちがいない」

ブッダは答える。

「勝利者というのは、汚れの滅尽に到達した私のような者のことである。私はあらゆる悪の状態に打ち勝った。それゆえウパカよ、まさにその通り、私は勝利者なのだ」

そして、これに続く箇所は、この経典のなかで最も私の好きな場面だ。

「友よ、そうであれば結構だ」

こう言ってウパカは頭を振り、脇道へと去って行った。

梵天勧請の謎

この物語の典拠は、『聖求経（*The Noble Search*）』という経典である。この経典はブッダによる覚りの探求が自伝的に描かれており、登場人物であるブッダ自身の声で語られている。学者のなかには、この経典はブッダの探求を描いた最初期の記述のひとつだとみなす者もいる。[2] このテキストには興味深い修辞的・護教論的な要素がちりばめられているが、それらはブッダの教えが優れていることを聞き手に納得させるためのものだ。ここから分かるのは、古代インド世界は多様で競合する哲学や実践がひしめいており、この経典の一部はこうしたものへの応答として書かれたにちがいないということだ。

この仏典はまた、アーラーラ・カーラーマとウッダカ・ラーマプッタというふたりの瞑想の師に言及している。彼らは、ウパニシャッド思想に基づいてヨーガの瞑想実践を教える指導者であったようだ。[3] ブッダがまだゴータマという一介の出家者にすぎず、ブッダではなかったとき、彼はこのふたりの体系を習得したのである。アーラーラ・カーラーマとウッダカ・ラーマプッタは、ゴータマに自分たちのコミュニティに指導者として加わってもらいたいと勧誘したが、彼はそれを断った。なぜなら彼らの瞑想体系は、ブッダが求めるものを与えてくれるものではなかったからだ。ふたりの師は解脱への道を知らなかったのだ。

ゴータマが覚りを得てブッダとなったとき、彼は説法することを躊躇っていた。ブッダを説得するためにあいだに立たねばならなかったのが、ヴェーダの神であるブラフマー神（梵天）だった。ブラフマー神はブッダのもとに到来し、「上衣を片方の肩にかけ、合掌礼拝する両手を差し出した」。ブッダが瞑想のために坐しているのに対して、ブラフマー神は彼に敬意を払う伝統的な仕草で立っている。この場面は、ブッダがブラフマー神よりも優れていること、ブッダの教えがバラモン教の信仰よりも優れていることを描写しており、後には古代インド美術の主要なモチーフともなっている。[4]ブラフマー神というヴェーダの偉大な神ですら、ブッダがただ独りで見つけた解脱の道を知らないのである。

しかし、こうしたブラフマー神への当てこすりは問題を引き起こす。なぜブッダは説法を躊躇したのだろうか？　なぜブッダにはブラフマー神による説得が必要だったのだろうか？　仏教の伝統によれば、今生ではゴータマという出家者として生まれたこの菩薩（覚りを求める者）は、ブッダとなり他者に説法をするまさにこのときのために、数え切れないほどの膨大な時間をかけて準備を重ねてきたとされている。ではなぜブッダは最初説法することに乗り気でなかったのか？　パーリ語で注釈を書いた者たちは、この問題をさまざまな仕方で説明しようとしているが、その根拠は説得力に欠ける。[5]

この問題はブッダの探求に関する異なる解釈から生じているもので、すでに初期の伝統のなかに存在していた。ひとつの見解は、ブッダが解脱を得ようとした動機は個人的なものであり他者を救うためではなかった、だから求められたときだけに説法をしたというものだ。つまりブラフマー神の話は、ブッダの教えの優位性を示すための仕掛けだったのだが、このような仕掛けは別の見解と矛盾することになる。[6] それは、ブッダの覚りと「法輪を転じること」(教えを説くこと)は、無数の過去世にわたる探究の結果であり、その動機は覚りを得て人々を解脱へ導きたいという願いだったという見解だ。

ウパカとアージーヴィカ教の教え

ウパカとの出会いは、互いに競合する哲学的見解を有していた出家者、求道者、苦行者たちの社会的背景を反映している。ウパカはアージーヴィカ教徒であったと言われている。アージーヴィカ教徒は、初期の仏教徒やジャイナ教徒のライバルであり、彼らと同様にヴェーダの宗教やバラモン教の信仰を否定した。[7] アージーヴィカ教徒は苦行を実践し、すべては「運命」や「宿命(niyati)」によって厳格に決定されていると説いた。この経典がウパカに言及していることから、ブッダの悟りを認めず、彼を師と認めない出家者や苦行者がいたことが分かる。

私はずっとウパカという人物に愛着を感じてきた。彼は、ブッダがとても落ち着いて見えることをよく理解している。実際、ブッダ自身もそのことを詩句で語っている。「私ただひとりが完全に正しく覚った者である。私は(煩悩の炎が)鎮まり、消えた者である」と。[8] しかしウパカはこれに懐疑的で、ブッダの勝利宣言を前にして、自分自身の道へと去って行くのだ。

アージーヴィカ教徒は古代インドで広く普及していたが、現代まで生き残っていない。彼らの文献はすべて散逸しており、彼らのことはライバル関係にあった仏教徒やジャイナ教徒を通して知られるだけである。仏教徒の数は最初こそ少なかったが、長い時間をかけてはるかに大きな成功をおさめた。ただ、そこで忘れてはならない重要な点がある。ブッダは、ヴェーダ聖典の伝統を拒否し、それぞれ独自のコミュニティを確立した多くの「求道者」たちのなかのひとりだったということだ。初期の仏教徒たちは、自分たち以外の組織化された哲学・苦行の運動、とりわけアージーヴィカ教徒やジャイナ教徒と競合関係にあることを自覚していただろう。また、すべての「求道者」はヴェーダの祭官（バラモン）と競合関係にあった。古代インドは、古代ギリシアや古代中国と同じく、多元主義と思想的競合の場だったのである。

サンスクリット・コスモポリス

『聖求経』に描かれる世界は、歴史学者シェルドン・ポロックが「前コスモポリタン時代（precosmopolitan period）」と呼ぶ世界に属している。書き言葉としてサンスクリット語が使われるようになるのは西暦のはじまりの頃だが、これはそれよりも前の時代にあたる。[9] ブッダは弟子たちに自分の教えをヴェーダ語の詩句の形で伝承しないようにと忠告していたようだ。[10] 彼の言葉は当初、ガンダーラ語やパーリ語といった地方言語で保持されていた。それらの言葉は、さまざまな地理的エリアに由来するいくつかのプラークリット方言が混交したものである。ブッダの教えが書き写される頃（西暦一世紀頃）までには「コスモポリタン時代」が進行し、七世紀までにはサンスクリット語で書かれた膨大な数の仏教資料の集成が出揃う。そこに含まれる数多くの哲学文献には、仏教徒同士の議論やバラモン教の哲学者たちとの議論が記されている。仏教は、ポロックが「サンスクリット・コスモポリス」と呼ぶ、「サンスクリット語による超地域的文化勢力圏」の形成を促すと同時に、「サンスクリット・コスモポリス」によって形成されたのである。[11]

サンスクリット・コスモポリスは、およそ千年の期間を通じて、南アジアと東南アジア（現在のパキスタンとインドネシアのあいだ）にわたって拡大した。サンスクリット・コスモポリスは、広範な地域にわたる多様な人々を結びつける一方、文学や政治権力からそれぞれの土地の言語を排除し続けた。しかしやがて、土着語がサンスクリット語を模範とすることで広く使われるようになる。ポロックが言う「土着語化（vernacularization）」のプロセスだ。このように、ローカルとグローバルのあいだ、地域と超地域を行ったり来たりする循環が、コスモポリタンなアイデンティティとローカルなアイデンティティの双方を形成するために決定的に重要な役割を果たした。

ポロックは、サンスクリット・コスモポリスを、ラテン語とローマ帝国を中心に形成された「もうひとつのヨーロッパ・コスモポリス（European countercosmopolis）」（以下、「ヨーロッパ・コスモポリス」）と対比する。ヨーロッパ・コスモポリス（サンスクリット・コスモポリスに並ぶ）は、文化的・言語的・政治的に自らを普遍主義的な語（ラテン文体：*latinitas*, ローマ帝国：*imperium romanum*）で記述しているが、「サンスクリット語は決して自らの普遍性を概念化しようとはしなかった」し、「サンスクリット語が創造し、定着する政治領域と文化領域のいずれにおいても、自己生成的な記述子《ディスクリプタ》をもたなかった」[12]。「ラテン語は征服国家の言語として行き渡り、……征服地で出会う言語を消し去った。……サンスクリット文化に参加する人々はそうすることを選んだのであり、それを選択することができた」[13]。政治的・経済的な力がサンスクリット語の力を強化しなかったと言っているわけではない。しかしそれでも、ポロックによればサンスクリット・コスモポリスは、征服や植民地化、貿易によって生み出されたものではなかった。

似たようなことは、古典中国語にも言うことができる。古典中国語が東アジア全体へ伝播していった漢王朝（西暦二五―二二〇年）や六朝時代（西暦二二二―五八九年）には、中国仏教と儒教という「競合するコスモポリタニズム」が存在した[14]。

したがって、コスモポリタニズムをヨーロッパだけに当てはまる用語として考えるべきではない。それは、「ヨーロッパの包括的な普遍主義（universalism）とアジアの偏狭な個別主義（particularism）」を歴史的に対立するものとする考え方の一種だが、そうではなく、コスモポリタニズムにはラテン的なものとアジア的なものの二種類があるのだ。両者は「ローカルなものを超えて、より大きな世界に生きているという感情を刺激する」が、「一方は強制的、他方は自発的」という違いがある。[15]

コスモポリタニズムの現代的意義

ポロックのプロジェクトは、コスモポリタニズムにはさまざまな種類があり、コスモポリタンであるためにはさまざまなあり方があることを教えてくれる。このことは、今日の私たちにとって重要である。喫緊の課題は、個別的なものと普遍的なもの、ローカルなものとグローバルなもののあいだにある緊張関係であり、それはとりわけ宗教と科学をめぐる対立に表れている。私たちは、ナショナリズムとグローバリゼーション、宗教原理主義と厳格な無神論、反－科学と科学万能主義などの、悪い両極端のあいだに挟まれているように思える。しかし、こうした希望のない選択肢を前提とする必要はない。私たちは過去に存在してきたさまざまなコスモポリタンの実践を見ることで、コスモポリタンであるための未来の展望を描くことができるだろう。[16]

現代の仏教は、ミャンマーやスリランカ、タイにある仏教原理主義から、世界中を普遍化しようとする仏教モダニズムまで、これらの悪い両極端に巻き込まれている。現代の仏教は仏教モダニズムを通してコスモポリタン的になったのであり、それはローカルで伝統的な形式をとるアジア仏教と自ら対立している。しかしこれまでも見てきたように、仏教モダニズムは特に宗教と科学に関して哲学的に混乱した理解に陥っている。しかも、その一派である仏教例外主義は、仏教モダニズムが普遍主義的であるというレトリックを土台から崩しているのだ。

ヌスバウムのコスモポリタニズム

これまで私は「コスモポリタン」という言葉を、地域を超えた連携をつくるプロセスや実践を指す記述的な術語として使ってきた。ポロックがサンスクリット・コスモポリスを論じるとき、彼はそのような意味で使用している。しかし「コスモポリタン」という言葉は、倫理学や社会哲学・政治哲学においては、指令的・規範的な意味も併せもっている。そこにおいてこの言葉は、私たちは人類の一体性（oneness）を支持すべきであるという価値判断、またその一体性を促進し、地域共同体や国家を超えた文化連合や政治構造に参加すべきであるという価値判断を示している。倫理的なコスモポリタンが直面する決定的に重要な問題は、地域への忠誠心や身近で親しい人に対する特別な責任と、人類がひとつの共同体であるという理念のバランスをいかに取ることができるかという点にある。

コスモポリタニズムのひとつのバージョンでは、身近で親しい人への特別な献身は正当なものになる。人は、身近で親しい人が他の人よりも価値があるから献身するのではなく、それが善をなすために最良の方法だから献身する。たとえば、良い親であるというのは自分の子供を特に大切にすることだが、そのことは自分の子供が他人の子供よりも価値があることを意味しない。そうではなく、すべての子供には等しく価値があるが、特に自分の子供を大切にすることが親として善をなすための最良の方法なのだ。より一般的に言えば、あなたが遠くのものよりも身近なものの方を気にかけなければならないのは、そうすることそれ自体がよいからではなく、善であるためのより効果的な方法だからである。哲学者のマーサ・ヌスバウムが支持しているのが、このようなコスモポリタニズムだ。[17]

シェフラーのコスモポリタニズム

すべての哲学者がこれに同意しているわけではない。サミュエル・シェフラーは、このようなコスモポリタニズムを「極端すぎる」と考えている。[18]彼がヌスバウムから読み取るのは、「特定の人々に特別な配慮を払うことが正当化されるのは、平等であるとみなされるすべての人間の利益に鑑みてもそれが正当化されうる場合に限る」という主張だ。[19]シェフラーによれば、ヌスバウムは私たちにジレンマを突きつけている。私たちが身近で親しい人に特別な配慮を払うのは、それが善を行う効果的な方法だと考えられるからなのか？　あるいは、身近で親しい人々の方が他の人々よりも価値があると考えるからなのか？[20]

シェフラーはこのジレンマを否定する。私たちの多くは、人間の平等性を肯定したいと望む一方で、身近で親しい人たちに対して特別な責任を負っていると考えている。この責任は、人類全体の善を促進するからといった何らかの派生的な理由によって生じるのではなく、むしろ関係性それ自体から直接的に生じるものだ。[21]親や子供、配偶者、友人などの他者に深くかかわることの一部は、彼らとの関係性を、配慮や献身、義務の独立した源泉として扱うことにある。それは、関係性をそれ以外の何によっても生じることのないケアの理由の源泉として扱うということであり、そこには平等であるとみなされる全人類の利益も含まれている。私たちが特定の人々に与える特別なケアを、より大きな目的に照らしてのみ正当化されるものとして扱うことは、パーソナルな関係を目的のための手段として扱うことになる。たしかに私たちは、パーソナルな関係を道具のように扱うこともある。だが、こうした扱いだけになると、私たちは関係性それ自体がいかに善なるものであり価値あるものであるかということを完全に見失ってしまう。それは、人間を目的それ自体としてではなく、単なる手段として扱うことだ。シェフラーの言葉を借りて、これを「病理的（pathological）」と言ってもいいだろう。[22]

しかし、もし私たちが何らかのパーソナルな関係をそれ自体で善いものとして評価しているのだとしたら、私たちは自分が個人的に関係する人々を他人とは差別化して扱う理由をもっていることになる。そこにわざわざ人類全体の利益をもち出す必要はない。[23]シェフラーは次のように結論づける。どのような生き方であれ、それが「人生という名に値する」のだとしたら、それは「消し去ることのできない個別主義的な次元」をもっているはずだと。また、すべての人間には等しく価値があることを肯定することと、特定の人々に対する特別な責任があることを肯定することは両立不可能ではない。[24]

シェフラーが支持するのは「穏健なコスモポリタニズム」だ。私たちは、特定の個人や集団への献身を肯定しながら、全人類との道徳的関係も肯定することができるし、またそうすべきである。そのとき特別な関係は、人類全体の利益に照らして正当化される必要はない。

アッピアのコスモポリタニズム

このような二種類の倫理的コミットメントを調停・調和することが、『コスモポリタニズム――「違いを越えた交流と対話」の倫理』（みすず書房）におけるクワメ・アンソニー・アッピアの課題であった。彼は「部分的コスモポリタニズム（partial cosmopolitanism）」を提唱したが、ここにはふたつの意味がある。ひとつは、コスモポリタニズムが制限・限定されているという意味で、もうひとつは、私たちが特定の人々や集団を選り好む（partial）ことの必要性を肯定するという意味でもある。アッピアのコスモポリタニズムには、ふたつの糸が絡み合っている。一方では私たちは全人類に義務を負っている。しかし他方では、私たちの一人ひとりが個別の人間の生を価値づけること、「個別の人間の生に意義を与える実践や信念に関心をもつこと」ができるし、またそうすべきである。[25]

アッピアの前著『アイデンティティの倫理（*The Ethics of Identity*）』（未邦訳）によれば、私たちは道徳と倫理を区別することができる。道徳は「私たちが他者に対して何を負うか」にかかわり、倫理は「どのような人生を送ることが、私たちにとって善であるのか」にかかわる。[26] リベラルな道徳理論の観点においては、私たちは平等に尊重されるべき人間として、互いに道徳的義務を負っている。私たちは皆、人格として共通の人間性や尊厳をもっているがゆえに、相互にさまざまな義務を負う存在であり、誰もが「道徳的人格」である（誰もが道徳的な人格性をもっている）。しかし同時に私たちは、何らかの集合的記憶と共有された歴史をもつ特定の共同体の一員であるゆえに、特別な義務を負う存在でもあり、それぞれが「倫理的自己」でもあるのだ。

この区別を前提とすれば、次のように言うことができる。お互いのことを、平等に尊重すべき人間とみなすならば、お互いのことを異なる共同体や伝統と結びついた個人として認めることができるし、またそうすべきだ。言い換えれば、お互いを道徳的人格（道徳的人格として平等に扱われるべき存在）として尊重することは、お互いを倫理的自己（であるからには、異なる個人や集団を異なるものとして扱わなければならない存在）として尊重することでもあり、また、そうでなければならないということだ。よりシンプルに言えば、私たちは人間のそれぞれの生（生活）の特殊性を尊重する必要があるが、そのためには、異なる共同体や伝統に対して愛着を感じることを含め、自分たちの差異を尊重し、その価値を認めなければならないのである。アッピアの言葉を借りれば「人間にはこれほど多くの探究に値する可能性があるのだから、私たち（コスモポリタン）は、すべての人や社会が単一の生活様式に収束されてしまうことなど、期待もしないし望みもしない」ということだ。[27]

アッピアがモデルとするのは会話（conversation）である。その前提にあるのは、私たちが会話をはじめるために必要なのは、価値に関するボキャブラリーの重なり合いが存在することと、実践的な事柄に関する十分な合意であって、必ずしも抽象的な原理のレベルでの合意が存在することではないということだ。[28] 会話とは、ふたつの極端のあいだにある中道である。一方において普遍主義者は、私たちは共有のボキャブラリーを見つけたり考案したりすることができるし、価値や基準について合意できると想定している。しかし、アッピアが言うように「会話は、必ずしも私たちを何かについての合意へと導くものではない。価値についてはなおさらであり、会話によって人々がお互いに慣れ親しんでいくことができれば十分」なのである。[29] 他方で懐疑的な反－普遍主義者は、「普遍的な基準など存在せず、還元できない異なる立場のみが存在する」と主張する。これは、人々を互いに隔絶され閉鎖された共同体に分けて考えている。しかしこのような視点は、共同体を越えて行われる会話が現実に存在することや、コミュニティ内部は均質ではなく、それゆえ決してただひとつの声《ボイス》で話すわけではないという事実と矛盾している。[30]

フランシスコ・ヴァレラが語る科学と仏教の対話

話を仏教に戻して、私も参加した会話の事例として、科学者、哲学者、そしてダライ・ラマを含むチベット仏教徒のあいだで行われた「心と生命の対話」のことに移ろう。[31] このような対話が行われた動機、またコスモポリタニズムに対する期待や落とし穴を理解するためには、これらの対話の前史を知ることが重要になる。

すでに本書の「はじめに」で見た通り、「心と生命の対話」の起源はフランシスコ・ヴァレラにある。私が彼に会ったのは、一九七七年の夏に開催された「自然のなかの心」という会議でのことだった。この会議をオーガナイズしたのは、私の父であるウィリアム・アーウィン・トンプソンと、人類学者・システム理論家のグレゴリー・ベイトソンで、会議はニューヨーク州のサウサンプトンにあるリンディスファーン協会で開催された。会議の議長は、リンディスファーン協会の客員研究員でもあったベイトソンが務めていた。私はまだ十五歳になっておらず、ヴァレラはもうすぐ三十二歳になろうとしていた頃だった。

ヴァレラは「オートポイエーシス」の理論ですでに有名になっていた。オートポイエーシスとは、生命システムがいかに自己生産を通して自らの自己同一性を維持しているかという理論で、彼の師であるウンベルト・マトゥラーナと共同で生み出されたものだ。一九七三年、チリでアウグスト・ピノチェト将軍の軍事クーデターによって、選挙で選ばれたサルバドール・アジェンデ政権が転覆した年に、ヴァレラは家族とともにチリを離れ、コロラド大学デンバー校の教授を務めていた。彼が仏教と出会ったのは一九七四年、ボルダーにあるナローパ研究所（現ナローパ大学）を創設したチベット人指導者チョギャム・トゥルンパ・リンポチェを通じてのことだった（トゥルンパもまた亡命者であり、一九五九年にチベットから亡命することを余儀なくされた）。

一九七八年、ヴァレラはニューヨーク大学の脳研究所に移り、マンハッタンにある私たちのリンディスファーン協会の客員研究員としてそこに居住していた。彼は科学と仏教をテーマとする連続公開講演を行い、私もそれに参加していた。

第一回目の講演記録は彼のファイルのなかに残っている。[32] この講演は、複数の共同体を横断する会話というアイデアを具現化したものであり、そこには後に「心と生命の対話」を創設する科学者としてのアプローチの萌芽があった。

ヴァレラは「系統」という概念から語りはじめる。さまざまな系統が存在するのは仏教だけではない。科学にもさまざまな系統がある。彼は自身が属する科学の系統を「実験的認識論(experimental epistemology)」と呼ぶ。これは「自然界の観察に基づく観点から、心や知識という認識論的な問題を研究する」立場だ。ヴァレラは、ウォーレン・マカロックとグレゴリー・ベイトソンという、彼が影響を受けたふたりの重要人物の名前をあげる。マカロックは神経生理学者・サイバネティクス研究者で、はじめて脳の数理モデルをつくった人物である[33]。彼は自分の仕事を説明するために「実験的認識論」という言葉をつくった。ヴァレラは神経生物学者のウンベルト・マトゥラーナと一緒に最初の科学的トレーニングの経験を積んだが、マトゥラーナはチリに戻る前にマサチューセッツ工科大学(MIT)でマカロックと親しく仕事をしていたのだ(マトゥラーナは、一九八一年にデヴィッド・ヒューベルと共同でノーベル医学生理学賞を受賞することになる、神経生理学者トルステン・ウィーセルの指導のもとで博士号を取得させるように、ヴァレラをハーバード大学へ送り出した)。

ヴァレラは自分が属する仏教の系統を、トゥルンパに代表されるチベット仏教カギュ派の伝統に見出す。彼は、カギュ派が一方では瞑想と知的訓練とのバランスを取りながら、他方では直接的でパーソナルな瞑想実践の指導をいかに重視しているかという点に注意を促している。ヴァレラはトゥルンパの「親切さ、天才性、完全に真っ当な人間としての達成」を語っているが、これは当時のトゥルンパの悪評を考えると驚くべき発言だ。[34]

ヴァレラは「もしあなたが、科学と仏教のふたつに興味をもったとしたら何が起きるだろうか?」と問いかける。私がこれまで使ってきた言葉で言いなおせば、「もしあなたがふたつの共同体に属し、その両者を会話を通じて結びつけようとすると何が起きるだろう?」ということになる。彼の答えはこうだ。「そうだね、君は自分がしていることが事実上変容するということに気づくことになる」

ヴァレラは、自分の行ってきた実験的な研究がいかに「両系統の表現」へと変化してきたかを説明する。瞑想実践のなかで、人は「経験には隙間《ギャップ》がある」ということに気づく。経験は連続的ではなく、意識や気づきの離散的な瞬間の連なりである。ヴァレラが問いかけたのは、はたしてこの実験観察が、脳の働き方について何かを教えてくれるのかということだった。

その当時、ヴァレラはこの疑問を実験的に扱うことに着手していた。数年後に発表された神経生理学的実験は先駆的な業績であったが、そこで彼は、知覚は連続的な流れというよりも、離散的な気づきの連続であるという仮説を裏付ける証拠を発見したのである[35]（私はこの実験の被験者だった）[36]。

この実験は、四世紀から五世紀にかけてインドで活躍した仏教哲学者ヴァスバンドゥ（世親）が著した古典である『倶舎論（*The Treasury of Abhidharma*）』を読んだことにも触発されたものだった。[37]このテキストはアビダルマの体系に関する諸見解を提示しているが、それによれば、意識の流れがあたかも連続しているかのように見えるのは未熟な観察者の場合のみであり、さらに深く分析を重ねると、意識の流れは離散的で一時的な意識の瞬間からでき上がっていることが明らかになる。ここで強調しておくべきことは、ヴァレラの実験は瞑想の神経生理学ではなく、むしろ瞑想体験に触発され、仏教哲学から知識を得たオリジナルな知覚の科学研究だったということだ。今ではこの実験は、現代の離散的な知覚に関する研究における初期の着想として広く知られている。[38]

ヴァレラは、仏教と科学の相互作用に関する別の例もあげる。彼が「これは実際のところ非常に心を痛めることだ」と語るのは、「生物学を研究するには、動物を殺さなければならないという事実」であった。これは決して些末なものではなく、科学の中心にある問題だ。そしてまたそれはパーソナルな問題でもある。なぜなら彼はひとりの個人として、自分で動物を殺すという行為を実行するのだ。ヴァレラは一匹の動物の前に立ち、その動物に死を与える実験を開始しようとするそのとき、しばしば自問した。「これは本当に価値のあることなのか？　なぜこんな奇妙な科学的アプローチにこだわるのか？　なぜすべてを投げ捨てて、動物たちに敬意を払うもっと慈悲深い態度に従わないのか？」と。

ヴァレラに答えがあったわけではない。彼が語ったのは、自分には「すべてを投げ捨てる」ことはできそうもないということだけだった。この状況は彼の個人的な好き嫌いで何とかなるものではない。なぜなら私たちは、根本的に科学とその価値観によって形成された世界に生きているのだから。

仏教と科学の対話におけるふたつの極端

ヴァレラの内省は、異なる共同体や伝統を横断する会話について考えるための重要な何かを示している。会話は、人が暗黙に抱えている前提や約束事を揺るがすものなのだ。ヴァレラは、科学や現在の科学的世界観を自明なものとはみなしていなかった。彼は仏教を科学に対峙させることを試みたが、それは事実的な知識の領域ではなく、倫理の領域においてだった。なかでもそれは、私たちがどのような仕方で世界について学び、世界を知ることを選ぶのかという倫理の領域である。より正確に言えば、ヴァレラは仏教をひとりの科学者である自分自身に対峙させたのだ。彼は死の直前まで徹底して科学者であり続けたが、科学は世界にアプローチする唯一の方法ではなく、その利点には代償が伴うことも理解していた。

さらにヴァレラは、科学と仏教との会話を開始する試みのなかで、ふたつの極端があることを見極めていった。ひとつ目の極端は、「装飾的態度」だ。これは、強固に科学にとどまりながら、東洋の伝統から借りてきた比喩や言葉で科学を装飾することである。この第一の極端の例になるのは、この講演の数年前の一九七五年に出版された『タオ自然学—現代物理学の先端から「東洋の世紀」がはじまる』(工作舎)だ。[39] ふたつ目の極端は「正当化の態度」だ。これは、スピリチュアルな伝統に強固にとどまりながら、その有効性を立証したり正当化したりするために科学を利用することである。ヴァレラは、超越瞑想（TM：Transcendental Meditation）に関する科学研究をその例としてあげる。

当時、超越瞑想の研究は世間から大きな注目を集めており、そのほとんどは超越瞑想機関のメンバーであった瞑想実践者の科学者たちによって行われていたが、今ではこの研究の大部分は仏教瞑想やマインドフルネス実践の科学研究に取って代わられている。今日のマインドフルネスを取り巻く誇大広告は、超越瞑想を取り巻いていた初期の誇大広告によく似ている。また、マインドフルネスやヨーガ、仏教瞑想に対する今日の科学的アプローチの大部分は、ヴァレラが「正当化の態度」の極端として記述した内容と合致する。

講演の残りの部分でヴァレラは、どうすれば科学と仏教が会話を開始できるかについてのビジョンを示した。彼は、一方には科学における「経験と理論」、もう一方には仏教における「瞑想実践とアビダルマ文献資料」、ここにパラレルな関係を設定する。

科学の側では、「技術者としての科学者」と「純然たる科学者」が区別される。前者はさまざまなパズルを解いている科学者のことで、後者は（アインシュタインを引用すれば）「共感的理解に基づく直観」に導かれ、「宇宙を構築することができるような基礎的で普遍的な法則に到達する」ことに邁進する科学者のことだ。こういうタイプの科学者にとって、科学とはパーソナルな変容をもたらす観想の一形態であり、その中核にあるのは合理的直観（観想を通じた真理の発見）と、その直観内容を科学的モデルや理論で表現することだ。

仏教の側では、ヴァレラはその中核として（科学的直観と類比的な）瞑想実践を選び取り、（科学理論と類比的な）アビダルマを理論的表現として選び取る。それゆえ、直接的経験（観想、観察、瞑想）とその理論的表現こそ、科学と仏教とが交差し、相互に対話を開始することができる場となるのである。

仏教モダニズムとヴァレラ

今日の私たちが置かれた状況から見れば、科学と仏教の会話に関するヴァレラの構想は、仏教モダニズムという問題のある考えを前提としていたことになる。

ヴァレラは、瞑想（トゥルンパから学んだ、坐って行うような瞑想）こそが仏教の中核になるものだと考えていたが、近代以前のアジア仏教の宗教実践のなかでは、個人が行う瞑想は必ずしも中心的なものではなかったかもしれない。むしろ多くの場合、瞑想はそれを専門にする一部の僧侶たちだけが実践してきたものだった可能性がある。

ヴァレラは、チベット仏教カギュ派の伝統を特別視する。彼はその伝統が今日まで続く不断の師弟関係による継承を通してでき上がったものだと考えており、それが知的学習とバランスの取れた瞑想であることを強調するとともに、「ブッダ自身によって説かれた生きた特質」であると考えている。しかしながら、カギュ派の伝統はあくまで多くのチベット仏教の一流派にすぎず、それを（個人的な理由がなければ）特別視する原理的な理由はどこにもない。

ヴァレラは、アビダルマを瞑想実践の結果から入念に理論化されたものだと考える。しかし、ヴァスバンドゥの『俱舎論』は瞑想から直接に生み出されたものではなく、あるアビダルマの見解を、競合する他の見解から擁護するために書かれたスコラ哲学的な作品である。より一般的に言えば、アビダルマの起源は解釈学の分野にあるのであって、その目的は仏教経典のなかに存在する、一見すると辻褄の合わない教えを体系化することだった。[40]

最後にヴァレラは、仏教には「教義に縛られないオープンな態度」があり、「経典や儀礼そのもの、ものを守る必要性に強く制約されることは決してない」と考える。しかし、実際は逆なのだ。伝統的な仏教は、経典を守る必要性と、経典をいかに解釈するかという議論に強く制約されてきたし、儀礼は常に仏教の宗教的実践の中心であり続けてきた(トゥルンパの共同体も含まれる)。

しかしまた同時に、ヴァレラは方法と目的の両方の点から仏教を科学から慎重に区別しており、仏教を「心の科学」として提示する仏教モダニストとは違う。彼曰く、科学は実験的な操作に向かう傾向があるが、仏教は倫理に引き寄せられる。たしかに科学の源泉にあるものは観想かもしれない。しかし科学の目的は、ただ自然や宇宙の全体を知性で捉えられるように理解することだけではなく、技術によってものごとをコントロールしようとすることにもある。それに対して仏教の場合、その目的は人間の覚りと苦の停止にある。

ヴァレラは科学と仏教のあいだに存在するいくつかの違いを、「五蘊」という仏教のカテゴリーを使って説明する。五蘊とは、私たちが「人」と呼ぶところのものをつくり上げている、物質的な形あるもの（material forms）、感情（feelings）、知覚（perceptions）、心的形成作用（mental formations）、意識（awareness）という五つの心理的・物理的要素のことである。それらは離散的、一時的、非人格的なものである。この五蘊を参考にすると、（当時のヴァレラが神経生理学的に研究していた現象である）心の瞬間性というものの語り方が見えてくる。

「なぜ、かくかくしかじかの証拠に基づいて五蘊のリストを六つに拡張しないのか？」と尋ねる科学者のことを想像しながらヴァレラは答える。「仏教の言説には実験による反証という考え方はなく、的外れだ」と。五蘊の分類法は、人を覚りと解脱へ導くことを意図してつくられた、心と身体を観察するための道具《デバイス》だ。仏教の師がアビダルマを提示するときには、「私が考えるに……」とか「私の理論では……」などと前置きすることは決してない。そうではなく、伝統そのものが師を通して語るのだ。科学者はこのような語り方に教条主義の響きを聞きとるが、仏教徒に言わせればそのような科学者の反応こそ表面的な理解にすぎない。「真に開かれた対話が行われる前には必ず、興味を傾ける長い時間をかけた学びが必要なのだ」。ヴァレラはこう結論づける。

「心と生命の対話」プロジェクト

ヴァレラが注目したのは、科学と仏教とのあいだにはその動機と方法に関して根本的な違いがあるということだった。彼は、認識論の重要なポイントを議論の前面におしだす。「知識から意図を切り離せると期待することはできない。ふたつは同じコインの裏表のようなものなのだ」。この発言が示唆しているのは、科学と仏教の会話においては、知識を動機づける意図に関心を向けなければならないということだ。科学と仏教の会話は、知識の倫理（ethics of knowledge）や、さまざまな形態の人間の生に関するものでなければならない。私たちはどのような人生を送りたいと願っているのか？　どのような知識を追い求めるべきなのか？　繰り返しになるが、ヴァレラは知識の倫理を不問にすることを許さず、私たちの科学的世界観を揺るがそうとしているのである。

ヴァレラは科学と仏教の会話に関するこのような考え方を、ダライ・ラマとの会議や、彼らが創設した「心と生命の対話」にもたらした。ふたりがはじめて出会ったのは一九八三年九月、オーストリアのアルプバッハで開催された「意識に関する国際シンポジウム」でのことだった。第一回の「心と生命の対話」がインドのダラムサラで開催されたのは一九八七年で、それ以来この対話は三十三回にわたって世界各地で行われている。

「心と生命の対話」は、科学と仏教伝統の共通関心をトピックにしている。たとえば、人間の知識の本質が扱われることもあれば、感情をどう理解するかが論じられることもある。この対話では、知識から意図を切り離すことはできないということ、すなわち知識の倫理の認識に基づいて進められることが想定されていた。このような方向性は、参加者たちが対等なパートナーとして互いを尊重しながら会話するよう促されることによって実現される。とりわけ重要なのは、科学者が仏教を単なる研究対象とみなすことなく、仏教固有の概念的・理論的な枠組みのなかで記述されてきた、さまざまな現象に対する仏教の伝統的理解を尊重することである。

この対話にはほぼ必ず哲学者が参加していたが、彼らの役目は、証拠や説明、倫理、世界観などにかかわる、より深遠で根本的な問題を注視することだった（私もふたつの対話に哲学者として参加した。二〇〇四年の対話「ニューロンの可塑性：学習と変容に関するニューロン基盤」と、ダライ・ラマの著書『ダライ・ラマ科学への旅：原子の中の宇宙原子の中の宇宙』（サンガ）における二〇〇七年の対話だ）[41]。

対話は、「知識の倫理に導かれた会話」という理想に沿うときもあった。それがうまくいくのは、それぞれの伝統の代表者が、会話のためには自分の見方が揺らぐこともあるということを許容しているときだ。そのときはこの会話そのものが、ひとつの知識形態（集合的な知の様式）を形づくっていて、相互の尊敬とお互いを理解しようとする独自の倫理観があった。

しかし、対話が理想通りに進まないこともあった。それは、参加者が「装飾」や「正当化」の極端に陥ったときだ。仏教徒が仏教の教えを装飾するために科学を利用し、科学者が科学理論を装飾するために仏教を利用する。仏教徒も科学者も（特に仏教徒の科学者）、仏教を正当化するために科学を利用する。あるいは、仏教徒が自分たちの理論や実践を科学のようなものとして誘導する強い傾向もあった。たとえば、近年の「心と生命の対話—知覚、概念、自己」のなかでダライ・ラマが、この対話は「仏教と科学のあいだ」ではなくむしろ「仏教の科学と現代科学のあいだ」で行われるのだと述べたこともそのひとつだ。
この動向はまた、これらの対話が狙いとした戦略を反映している。すなわち、ふたつの伝統のより深いレベルの形而上学的なコミットメント（仏教側：再生、業、覚り、解脱／科学側：物理主義、還元主義）を「括弧に入れる」ことである。この括弧入れの戦略を仮定すれば、ダライ・ラマが「仏教の科学」と「仏教の宗教実践」を区別しようとしたこともよく分かる。とはいえ、こうした括弧入れの戦略には限界があり、究極的には完全でオープンな会話を実現するためにはうまくいかないだろう。実際、もしも仏教に覚りと解脱に対する宗教的コミットメントがなかったとしたら、仏教における「知識の倫理」は確固たる哲学的基盤をもたないことになるのだから、科学を批判的に捉え返す力を失ってしまう。
このような理由で、私は仏教学者のドナルド・S・ロペス・ジュニアの意見に賛同する。彼はこう書いている。「業と再生、完全な悟りの可能性は、仏教の思想と実践の最も重要な基礎である。また物理主義や……還元主義……は、特に神経科学においては非常に重要なものだ。これらはまさに、仏教と科学のいかなる議論においても括弧に入れることなく衝突させなければならないトピックであり、そのなかにこそ仏教と科学のあいだにある最も手ごわい見解の相違が潜んでいる可能性がある」[42]
「心と生命の対話」のなかでは、ときとして括弧が外れることもあった。そのような最も充実した対話のひとつは、チベット仏教と現代科学の視点から見た、眠り、夢、死の状態についての対話だった[43]。ここで、意識の本質をめぐる神経科学の視点とチベット仏教の視点がぶつかったのだ。ダライ・ラマが説明したのは、死のプロセスとそれに続く死と再生の中間状態に関するチベット仏教の考え方である。科学者たちは、死によって心がどのように解体されていくのかについての詳細な現象学的な記述に感銘を受けていた一方で、脳とは別にある種の意識が存在しうるという考えに対しては反対の声があがった。こうした例のいくつかは拙著『目覚めること、夢見ること、存在すること』に書いてある[44]。

また、ダライ・ラマが科学について書いた著作『ダライ・ラマ科学への旅』に関する対話のなかで、私は仏教における心身関係の見解のいくつかを彼に質問したこともある。ダライ・ラマは、チベット仏教徒が信じている「微細な意識（subtle consciousness）」という考え方を説明しながら質問に答えてくれたが、この微細な意識は脳によって構成されているものではなく、微細なエネルギー状態と結びついているものだったため、やはり科学者たちはこの教義に対して詰め寄った。このようなときにこそ括弧は外れ、科学と仏教というふたつの伝統が互いに真正面からぶつかる。私が最も興味をかきたてられ、探し求めてやまないのは、まさにこうした瞬間なのである。

アフリカ哲学から見たコスモポリタニズム

話をコスモポリタニズムに戻すことにしよう。アッピアは、「知識の倫理」に関する私たちの議論とつながる重要な指摘をしている。「自然科学の方法は、事実の把握に関する理解を進歩させてきたが、価値に関する理解に対しては、同じような進歩をもたらしてこなかった」[45]。それゆえ、事実についての知識を得る科学的方法が優れているからといって、私たち〔西洋近代〕の価値理解が他の文化や伝統のそれよりも優れているということにはならない。それどころか逆に「私たちの社会よりも科学が深く植え付けられていない社会から、私たちは価値について学ぶことができるかもしれない」[46]。

この論点は、かつてオリエンタリストたちが述べてきたこととは違う。たとえばサルヴェパッリー・ラーダークリシュナンが、チャールズ・ムーアとの共著『インド哲学原典集（*A Sourcebook in Indian Philosophy*）』（未邦訳）の序章で主張したように、「西洋文化は科学的に卓越している一方で、アジアの伝統は精神面に卓越している」のではない[47]。そもそも私たちは、科学的な説明だけにしたがって生きているわけではなく、道徳的・倫理的な説明にもしたがって生きている。そして道徳的・倫理的な説明は、科学的な説明がその前提としつつも、直接的にはつくり上げることができない根本的なものなのである。それゆえ現代の実験科学が成功しているからといって、そのことは私たちの価値理解が他の価値理解よりも良いものだと考える理由にはならない。私たちは他の社会からさまざまな価値を学ぶことができるだけでなく、こうした学びは科学やその技術応用に関する倫理の考え方にも影響を与えうる。

このような学びこそ、ヨーロッパ中心的でもなければアメリカ中心的でもない、実現可能で生きたコスモポリタニズム（viable cosmopolitanism）を創造するために必要なものだ。[48] 私たちは、数多ある宗教的・哲学的伝統からさまざまな概念やボキャブラリーを引き出していくべきだ。サンスクリット・コスモポリスの例で見たように、コスモポリタンな感性はただひとつの知的伝統の属性でもないし、ただひとつの大陸や時代の属性でもない。

アッピアは『アイデンティティの倫理』の最後に、アフリカのアカン族の言葉を引用している。「*Kuro korō mu nni nyansa* ひとつの〝ポリス〟に知恵なし」という格言だ。[49] 哲学者のマイケル・オニェブチ・エゼは、「私がいるのはあなたがいるから、あなたがいるから私がいる」という「ウブントゥ（Ubuntu）」の哲学を利用しながら、アフリカ版のコスモポリタニズムをつくり上げている。[50] ウブントゥでは「人は他者を介して人である」と言われ、見知らぬ客人はその共同体に新たな種類の知識をもたらすゆえに潜在的な親戚であるとされる[51]（二〇一七年にボツワナで開催された「心と生命の対話」では、ウブントゥの世界観と仏教に焦点が当てられた[52]）。

哲学者のフィリップ・J・アイヴァンホーは、儀式や礼儀正しさについての儒教の考え方（礼）を利用しながら、「コスモポリタンとは、どこにも属さない市民ではなく、興味関心をもつ客人や訪問者のことである」と提案している。理想的な客人や訪問者は「尋ねる儀礼」を行い、現地の実践やその意味について観察し質問を投げかける。「良き客人はほとんどの場合、自分が理解したいと思う事柄に対する判断を控える。それが〔その地域〕特有の生活様式という大きな枠組みのなかで果たしている真の意味を理解できたと確信するそのときまで[53]」

仏教徒ではなく仏教の善き友として

私はここまで、仏教モダニズムは仏教の伝統がもつ意義を歪め、宗教と科学の関係を歪めてきたと論じてきた。仏教が十九世紀にヨーロッパや北アメリカに伝えられたとき、それは近代科学とこのうえなく相性のいい宗教として紹介された。そして二十一世紀の今日、仏教モダニズムの言説は最盛期を迎えている。しかし本書でこれまで見てきたように、この言説を支持するのは難しい。その核にあるさまざまな信条――「仏教は心の科学である」、「自己は存在しない」、「マインドフルネスは自分自身の私秘的《プライベート》な心の劇場に対する内的な気づきである」、「神経科学はマインドフルネス実践の価値を確立する」、「悟りは言語、文化、伝統とは無関係の非概念的体験である」、「悟りは脳状態と相関がある、あるいは相関がありうる」――これらは哲学的にも科学的にも擁護できるものではない。

私の考えでは、現代世界における仏教の知的伝統の重要性は、仏教が自己へのナルシスティックな没頭と、科学への過信(私たちの測定可能性や干渉とは切り離された、世界そのものの真相を教えてくれるという信仰)に対して、ラディカルな批判を提供していることにある。仏教モダニズムは、こうした誤った衝動や考え方と絡まり合ってきたのであり、それらを強化することに加担してきたのだ。同時にまた、悟りを言語や伝統の外部にある非概念的な体験だと捉える仏教モダニズムのレトリックは、反知性主義と非合理主義も強化してきた。仏教の知的伝統のなかには、それ自身で仏教モダニズムへの批判を展開できるさまざまな材料《リソース》がそろっている。

私が仏教徒に投げかけてみたかった問いがある。はたして仏教徒は、(原理主義者や)仏教モダニストにならずに現代的《モダン》であるための別の道を見つけられるだろうか?

この問いに答えるために決定的に重要になるのが、仏教の哲学的伝統である。仏教哲学者たちは、ヨーロッパ中心主義でもアメリカ中心主義でもない、実現可能で生きたコスモポリタニズムを創造しようとする努力に対して、多大な貢献をすることができる。私は仏教徒ではない。しかし、仏教の善き友でありたいと願っている。仏教の最大の味方になるのは、実現可能で生きたコスモポリタニズムであると思う。

謝辞

著作のあらゆる段階で有益なコメントをもらったことに対して、とりわけロバート・シャーフ、ゲイル・トンプソン、ウィリアム・アーウィン・トンプソン、レベッカ・トッドに感謝申し上げる。また、最終稿に対してコメントをくれたジョージ・ドレイフス、ショーン・マイケル・スミス、イェール大学出版の匿名査読者に感謝する。くわえて、ダン・アーノルド、クリスティアン・コセル、ジョン・ダン、ジョナルドン・ガネリ、ジェイ・ガーフィールド、リチャード・ジャッフェ、エレーナ・マルコヴィッチ、サラ・マクリントック、アルヴァ・ノエ、クリフ・サロン、ガレス・トンプソン、ヒラリー・トンプソン、マキシミリアン・ウィリアムズとの会話から裨益された。また、私のエージェントであるアンナ・ゴーシュとイェール大学出版の編集者ジェニファー・バンクスに特段の謝意を表したい。

この本のアイデアは、カリフォルニア大学バークレー校の仏教研究センターに二度滞在しているあいだに芽生えた。最初の滞在は二〇一四年のこと、私が沼田仏教講座客員教授であったときのことである。二度目は二〇一八年、Ting Tsung & Wei Fong Caho Presidential Chair in Buddhist Studies に援助された客員講師であったときのことである。ロバート・シャーフとアレクサンダー・フォン・ロシュパットには、これらの滞在中に歓待してくれたことに感謝している。また、仏教研究センターの研究者・大学院生には、彼らと多くの刺激的な会話ができたことに感謝する。

本書は、ブリティッシュコロンビア大学のピーター・ウォール高等研究所で Wall Scholar として在任している期間に仕上げられた。研究所の前所長であるフィリペ・トーテルと同僚の Wall Scholar に、私の研究に興味をもってくれて、研究をサポートしてくれたことに感謝したい。

なお、第四章の一部は以下の私の論文に既出である。"Looping Effects and the Cognitive Science of Meditation," in *Meditation, Buddhism, and Science*, ed. David L. McMahan and Erik Braun (New York: Oxford University Press, 2017, pp. 47-61)。同じ素材のいくつかは以下の講演でも提示している。"Context Matters: Steps to an Embodied Cognitive Science of Mindfulness" (Conference "Perspectives on Mindfulness," University of California, Davis, Center for Mind and Brain にて二〇一五年五月二十一日に開催）；"What is Mindfulness? An Embodied Cognitive Science Perspective" (Mind and Life Institute International Symposium for Contemplative Studies における閉会の基調講演、San Diago, California, 二〇一六年十一月十三日)。

科学・哲学・宗教を横断する思考

監訳者解説　下西風澄

本書は二〇二〇年に Yale University Press より出版された『*Why I am not a Buddhist*』の邦訳である。著者のエヴァン・トンプソンは日本ではあまり知られていないが、現代の意識の哲学、認知の哲学の領域ではもっとも重要な哲学者の一人であり、邦訳は本書が初となる。

通常は著者の来歴やこれまでの研究の変遷を解説するのが訳者解説の仕事になるが、本書は著者自身による個人史の語りから始まっており、トンプソンがどのような人物で、どのような知的変遷や研究を経てきたか、またなぜ哲学者である彼が仏教を論じることになったのかということについては本書のなかで十分に語られているため、ここではトンプソンの現在の哲学の世界における位置づけや、本書を読解する手がかりとなるキーワードについて簡単に解説しよう。

エヴァン・トンプソンの哲学とエナクティブ認知

現在の意識をめぐる哲学研究では、認知科学やロボティクス・ＡＩ研究などの自然科学の領域と、言語哲学や現象学などの伝統的哲学との接続領域が注目されており、トンプソンはこの領域の最前線で活躍している哲学者だ。日本でもこの研究領域は徐々に盛り上がりつつあり、アンディ・クラーク『現れる存在』（池上高志・森本元太郎監訳、NTT出版、二〇一二年）、ショーン・ギャラガー&ダン・ザハヴィ『現象学的な心』（石原孝二・宮原克典・池田喬・朴嵩哲訳、勁草書房、二〇一一年）、アルヴァ・ノエ『知覚のなかの行為』（門脇俊介・石原孝二監訳、春秋社、二〇一〇年）など、この分野の重要な研究書は多く邦訳されている。

トンプソンもこれらと近しい研究者で、その仕事は主著である『*Mind in Life: Biology, Phenomenology, and the Sciences of Mind*』（Belknap Press, 2007）という大著にまとめられている。本書でも紹介されていた通り、トンプソンは現在の認知科学研究で古典的な認知思想に変わって注目されている「4E認知科学」の代表的論者の一人で、特に「エナクティブ認知（enactive cognition）」についての議論を支えている哲学者だ。現在の意識をめぐる科学や哲学の議論のなかでは、エナクティブ認知はきわめて重要な概念として流通しているが、この概念について少し解説しておこう。

エナクティブ認知は、端的に言えば「認知」を「行為と共に成立する」と捉える考え方で、日本語訳ではこれまで「行為的産出」や「行為に導かれる」などの訳が与えられてきた。ただし、これを一語の日本語に対応させることは難しい。なぜなら「enaction」という英語には、いくつかの幅を持つ意味があるからだ。この英語は単なる「行為」という意味のほかに、法などが「成立する・規定する」という意味、また演劇などを「上演する」という意味が重なった言葉になる。エナクティブ認知を提唱したフランシスコ・ヴァレラは「シェークスピアの劇が上演

(enact)される」という言い方で、「それまでなかった何ものかが、いま束の間、行動と同時に出現する」と説明しており、筆者はこのようなニュアンスから「enactive mind」を「上演する心」と呼んだこともある。またヴァレラはしばしば「enaction」を「bringing forth」という語と並置して語るのだが、これは「(アイディアが)生まれる」や「(芸術作品を)創造する」「(生命が)誕生する」といった意味とニュアンスを持つ英語表現になる。それゆえエナクション(enaction)という語は「行為」「創造」「成立」が一体となった語だと理解していいだろう。したがって本書では、文脈に応じて「行為によって生みだす」や「創造する」、また「行為的創造」という訳を適宜使用した。ただし、「創造」という日本語が持つニュアンスには注意が必要になる。エナクション的な「創造」は、絵画や建築のように、芸術家という主体の手を離れてもそれが成立し続ける創造作品ではない。ヴァレラがエナクションを演劇のメタファーで語ったことの意味は、演劇作品においては幕が降りれば舞台には何もないのであり、役者が舞台の上で演じる行為をしているあいだの「束の間」のみ、作品が創造されるということにある。本書でトンプソンがエナクションの説明として「ダンス」を例にとって「ダンスとはダンスすることそのものだ」と語ったのも、そのようなイメージを喚起するためであり、この「エナクション」という概念がもつ「動的なプロセスとしての絶え間ない創造」というコンセプトが、仏教における「自己」を再解釈するうえで重要な役割を果たしている。

また、エナクションはこうした人間の自己や認知の意味を捉え直す哲学的な概念であると同時に、具体的な認知科学研究を推進するための実践的アプローチでもある。研究方法としてのエナクティブ認知の特徴を理解するためには、従来の認知モデルの特徴を確認することが助けになる。エナクティブ認知が批判している認知モデルの典型例は、①認知主義と②意識の神経相関になる。

① 認知主義（cognitivism）は、認知を記号・表象などによる情報処理と捉える認知モデルだ。一九五〇年代、初期の認知科学が成立するとき、コンピュータが記号的な推論を使って人間の知能と同じような振る舞いを実現できると考えられたことから、認知はトップダウンの記号操作であり、コンピュータの情報処理に類するものと捉えられた。

② 意識の神経相関（Neural Correlate of Consciousness）は、神経科学者フランシス・クリックとクリストフ・コッホによって提唱された考え方で、ある意識経験にはなんらかの特定可能な神経活動が対応していると考える立場だ。例えば人が赤いリンゴを知覚しているときには、その知覚経験を引き起こす、十分で最小限の神経活動が脳内に存在すると考えることができて、意識経験を明らかにするにはこの神経相関をひとつずつ明らかにしていけばよいということになる。これは実際のｆＭＲＩやＥＥＧなどを利用した脳活動の計測をベースとした神経科学研究で最も中心的に行われている方法論でもある。

エナクティブ認知科学は、この両方に批判的なオルタナティブなアプローチとして提唱された。意識は記号的な情報処理ではなく、神経活動に集約されるものでもなく、環境のなかで活動する身体的な行為に導かれて成立する経験である。たとえば私たちが目の前にあるコップを持つとき、私たちはコップという情報を記号に変換してその距離を計算し、手を動かす筋肉を逆算して知覚と行為を実現しているのではない。むしろ手を動かす行為の感覚と運動を調整することでコップという対象を知覚している。コップという対象はそれが独立して記号的意味を持つというよりも、コップが置かれたテーブルや部屋やその光などの全体的な環境、自身の姿勢や体性感覚や関節の角度など様々な身体的情報、またそれをつなぎ合わせて一つの運動のなかに連関させる「行為」のなかで、はじめて有意味な対象として認知される。このような認知モデルをイメージするために、エナクティブ認知の二つの例を見てみよう。

《エナクションの例1》

エナクティブ認知の説明としてよく引用される神経科学者グッデイルとミルナーの研究がある。彼らの研究によれば、障害によって眼が見えなくなった「失認症」の症例患者の目の前に、郵便ポストのような開口部《スリット》を用意すると、患者はその開口部が「見えない」のだが、そこに手を動かしてモノをぴったりと入れることができる。このようなケースでは、視覚を情報処理だと考えては認知を説明できない。すなわち人は対象を視覚情報として認識していなくても、対象へと志向性を働かせ、行為に導かれてタスクを実行することができるのであり、①認知主義も②意識の神経相関も認知の本質を捉えきれていないことになる。

《エナクションの例2》

認知科学の領域においては《例1》のような説明が行われるが、ヴァレラ&トンプソンは「行為」の意味を、バクテリアや大腸菌のような原始的な生命活動にも適用する。というよりもむしろ、彼らにとっての出発点は単細胞生物の自律的行為であって、それを人間の認知にも適用したというほうが正確だ。溶液中で泳ぐバクテリアは、鞭毛を動かす運動と環境の情報を得る感覚を再帰的に働かせながら行為している。このような自律的な行為によって、ただの「環境」を生命にとって意味ある「世界」へと構築・創造していく認知的活動が「エナクション(行為的創造)」と呼ばれる。

以上が「エナクションとしての認知」の概説になるが、これでイメージが多少なりとも読者に伝われば嬉しい。さらに詳細に関心のある方は、ヴァレラとトンプソンの思想について論じた拙著『生成と消滅の精神史　終わらない心を生きる』(文藝春秋、二〇二二年)の第四章を参照して欲しい。

トンプソンはエナクティブ認知の考え方から認知主義や意識の神経相関を批判しているが、これと同じ批判の構図が「仏教モダニズム」にも適用されたのが本書の主張の核心の一つだ。とくに仏教を「心の科学」だと考え、「悟り」には「神経相関」があると考えるラディカルなニューラル・ブッディズムと呼ばれる立場への批判に多くの紙面が割かれているが、エナクティブ認知の立場からすれば、これはきわめて自然な批判になる。トンプソン＝エナクティブ認知の考え方によれば、認知とは常に自らの行為によってその都度自らの知覚する認知世界を創造していくプロセスであって、なんらかの固定化された神経状態が特定の意識状態そのものであると同定することはできない。それゆえ当然ながら、悟りや瞑想によるなんらかの意識状態を単純に神経活動に帰することはできないし、神経科学が仏教思想を正当化して保証することもできないのだ。その意味で本書は、トンプソンが立脚するエナクティブ認知の思想的立場から、現在注目されている瞑想の認知科学研究を問い直す視点を提供している。

仏教と科学をめぐる関係──『身体化された心』を継いで

本書が書かれた大きな理由の一つに、ロバート・ライト『なぜ今、仏教なのか──瞑想・マインドフルネス・悟りの科学』（早川書房、二〇一八年）がアメリカでベストセラーになったことがある（同書も非常に魅力的な物語が語られているため、読者もぜひ一緒に読んでほしい）。本書でもライトへの批判が多く語られているため詳述はしないが、この本では仏教思想や「悟り」の科学（主に進化心理学）による正当化が行われており、トンプソンはこの過度な正当化に警鐘を鳴らすとともに、その論理を一つひとつ検証していくことで自らの思想を語り直している。ただ、おそらくトンプソンがライトの著作への批判をしなければならなかった理由は、単にライトの思想と対立があったからではない。実のところ、仏教思想を現代的な科学研究のロジックによって再評価するという道を切り開いた著作こそ、トンプソンがヴァレラ、エレノア・ロッシュと共に書いた『身体化された心―仏教思想からのエナクティブ・アプローチ』（田中靖夫訳、工作舎、二〇〇一年）でもあり、本書はある意味で自らの過去の思想に責任を取ろうとした本であると言ってもいいかもしれない。

もちろん彼らは当時から、意識の神経相関よりも意識の身体性を重視しており、単純な悟りの科学的な肯定をしていたわけではないし、むしろ自明に前提とされている認知科学のドグマを解き放つためにこそ、仏教のラディカルな無根拠性を科学に対峙させようとしていた。しかしながら、『身体化された心』では、空の思想を科学的な言語によって説明する可能性が追求され、西洋哲学や自然科学よりも仏教の思想こそ意識の本質を捉えているという方向性を示し、その影響力は彼らが想定するよりも大きかったのだ。そしてまさに本書が指摘するように、現在のアメリカにおけるマインドフルネス瞑想の流行やその科学的な理論による肯定が喧伝される状況が訪れている。このような状況においてトンプソンはもういちど、仏教と科学の関係性とは何かという問いに向かい直そうとしたのだろう。

本書は科学に対する批判的な視点を提供しているが、現在の科学研究がこれまで仏教伝統が捉えてきた意識の特徴を再解釈することによって展開できる可能性そのものが否定されているわけではない。たとえばそのような試みはトンプソン自身の近著『*Waking, Dreaming, Being: Self and Consciousness in Neuroscience, Meditation, and Philosophy*』(Columbia University Press, 2015)に見ることができる。本書においても、トンプソンは安易な科学による説明を警戒する視点から、仏教的概念を科学的発想によって説明することに慎重だったが、それでも興味深い論点は取り出せる。

筆者にとって興味深かったのは、本書の第三章で語られていた「仏教の無我説とバラモン教の有我説の論争」(アートマンを主張するニヤーヤ学派の無我説への批判)だ。この歴史的な論争では、「世界はバラバラで無常」だと捉える仏教の教えと、「同一性の原理が実体として存在する」と捉えるニヤーヤ学派の対立が語られている。ふつうに言語的/形而上学的な概念によってこの思想対立——自己(同一性の原理)は存在するのか、存在しないのか——を考えれば、同一性と非同一性は矛盾する共存不可能なアポリアとしか考えられない。しかし、「A/非A」という自然言語(論理)の制約を離れて、Aという同一性そのものを時間的に発展するプロセスとして理解する方法があれば、このようなアポリアにとらわれる必要はない。

本書では語られていないが、自然科学の領域では、「自己組織化」と呼ばれる現象が存在する。たとえばある条件下における溶液中で結晶構造が自己生成されるプロセスや、脳内の神経活動の同期現象などはこうした現象の一つであり、こうした現象のいくつかはコンピュータ上でシミュレーションすることができる（「Game of Life」や「Cellular Automata」で検索して動画を見てほしい）。自己組織化現象は、「世界がバラバラ」であるにもかかわらず、そのバラバラなプロセスが「同一な自己」を絶えず形成し続けるプロセスだ。このとき「自己」は「実体」として存在するわけではないし、「同一性の原理」が普遍的に存在するわけでもないが、確実に時間的な発展のなかで自己を組織し維持することができる。このような「自己」は論理的に定義すると困難に陥る概念だが、現実にはありふれた現象として起こっているし、シミュレーションとしても容易に実現できる現象でもあるのだ。自己組織化現象が実現する「自己」は、「始点としての自己」でもなく「結果としての自己」でもなく、「プロセスとしての自己」であり、それは明確な現象として記述可能なものだということだ。

先に確認したように、「動的な自己創造プロセス」を名指すことこそ、エナクションの本質的な意味でもあった。そしてそれは自己組織化現象のような自然現象から、生命に見られる自己組織化行動の延長線上に練り上げられた概念でもある。このような現象を理解することによって、トンプソンが本書で「自己とは自己を創造《エナクト》するプロセスだ」と語っていることの具体的なイメージが想像できるかもしれない。

もしも意識における自己というものが、この自己組織化現象的なプロセスの延長線上に捉えられるのだとすれば、たしかに自己は実体として同一性を持つものではないが、同時に無常でバラバラに散逸するものでもなく、ヴァーチャルに自己同一性を維持し続ける存在として見ることができる。これは、現代の科学が明らかにするまで、私たちが想像することができなかった新しい存在論の可能性である。そしてこの「プロセスとしての自己同一性」という概念が可能だとすれば、仏教の無我説とバラモン教の有我説（ニヤーヤ学派）の対立そのものが、見かけ上の対立だということになる。個別の要素をみたときには仏教が言うように同一性あるいは自己などというものはまったく存在せず、全体をみたときには明らかな同一性が確認できるが、それはどこにも実体として把握することはできない。現代の科学的な知見から、古代・中世の形而上学的な論争が新たな構図として位置づけられるということは新鮮な視点になるだろう。

ただし、この自己組織化現象がそのまま意識や自己であると断定するには、意識現象は複雑すぎる（だからこそトンプソンは本書で、現象学における前反省的自己意識や物語的自己、間主観的自己など、自己そのものの多層的な構築性によって自己を説明しようとした）。『身体化された心』でも、人間の自己を自己組織化現象の一形態として提示しつつ、それを仏教思想（とくに中観派、龍樹の思想）と結びつける試みがなされていたが、それはメタファーに留まっていた。その意味で、『身体化された心』は重要なアイディアを提示した未完の思想であったと言えるし、逆にこれからの研究や思想の発展性が期待できる領域でもある。

本書に限らずトンプソンが試みているのは、こうした思想を批判的に検証しながらも、認知科学や自己組織化の科学が持っていた思想的なポテンシャルを、過去の哲学的論争との対話を通じて引き出しつつ、それを現代哲学の課題や具体的な科学研究へと再接続しようとする目論見にほかならない。新しい科学による存在論の可能性を、本書のような仏教思想史の歴史的な論争のなかで捉え直すことができるとすれば、その思想的な意義や射程はより大きなものになるだろう。

別の言い方をすれば、トンプソンは仏教思想と科学の関係を、正当化や権威付けではなく、アイディアの相互参照、そしてそれに伴う緊張関係や相互制約として捉えようとしていたということだ。そしてそのような平等で対等な関係を構想する上で、仏教思想のもつ可能性を、ヴァレラが馴染んでいたチベット仏教に限定しないということも本書の重要な特徴だ。この発想はまた、仏教に馴染み深い日本の読者にとっても重要になる。私たちは東洋思想といえば、つい「空」や「無」のイメージで捉える固定観念に縛られてしまうが、バラモン教との関係における仏教思想や古代インド哲学においてそれがどのように議論されてきたかについては注意を払うことが少ないのではないか。それゆえ本書がウパニシャッドの哲学思想に注目し、自己の空性や無我ではなく、強力な自己同一性の原理を主張する思想を紹介しながら、仏教との対比構造で自己を捉え直している語り口は、まさにトンプソンが仏教的一元論ではなく、様々な東洋思想の混在する多元論的な「コスモポリタニズム」というアイディアを提唱することのメリットになっている。

コスモポリタニズムとモダニズム

トンプソンが語るコスモポリタニズムには、いくぶんか理想主義的な部分があることは否めない。たしかにそれぞれの文化の多様性を維持し、相互に理解しあいながら個別性と特殊性を維持しつつ、連帯して全体性を希求するというコスモポリタニズムの可能性は魅力的ではある。しかし現実には、富と権力を保持した大国による搾取構造は、思想のみならず現実の様々な制度的・経済的・政治的ゲームとして強固に繰り返されている。

仏教モダニズムも、科学による正当化よりもさらに巨大な政治的現実による正当化・正統化がその背後にあるかもしれない。つまり本当の問題は、科学的な合理性と歴史的な必然性を担保に世界全体を画一化し、その思想の正統な保証人を西洋近代とした「モダニズム」そのものであるかもしれないのだ。そうだとすれば、現在の「グローバリズム」とは「西洋モダニズム」の延長でもあり、それは「現代の仏教（modern Buddhism）」が「仏教モダニズム（Buddhist modernism）」になってしまっているという本書の批判的構図とパラレルな構造を抱えている。したがってトンプソンが「仏教モダニズム以外のかたちで仏教のモダンがあり得るか？」と問うていることは、「西洋モダニズム以外のかたちでグローバリズム／コスモポリタニズムがあり得るか？」というより大きな問いのサブセットであるとも言える。

そのような意味で、仏教モダニズムに対するクリティカルな思想的批判を検討することのなかには、モダニズムそのものに対する批判的視座を得るヒントも満ちている。ただし、たとえば西洋的グローバリズムに問題があるからといって、そのカウンターとして東洋的グローバリズムを構想するのは悪しきオリエンタリズムの反復であり、単にヘゲモニーの主導者をすげ替えようとしているだけにすぎない。そのことは、二十世紀前半に日本が大東亜共栄圏の思想を育み政治的に実行しようとした重大な失敗の教訓でもある。かつて日本は、まさしく「近代の超克」というスローガンのもとに西洋モダニズムに変わるオルタナティブの思想を普遍化しようとしたのであり、この問題は私たち日本やアジアが、グローバリズムやコスモポリタニズムという思想を考える際の重要な課題になる。私たち人類は、固有性を普遍性へと拡張したいという欲望を常に抱えているがゆえに、コスモポリタニズムという理念は困難で挑戦的な思想でもある。

また本書が指摘する仏教モダニズムへの批判は、「単純な科学的正当化」に対する批判ではあるが、もう少し広い観点で言えば「脱魔術化」に対する批判のひとつだと言える。本書でも語られるように、仏教モダニズムは、本来は仏教が重視していた儀式や「輪廻転生」などの宗教的物語を抹消することで、仏教を「脱聖化」しようとしている。ここにおいて、仏教モダニズムが「科学」を利用していることの意味がより際立つ。なぜなら科学とは本来的に普遍性の共有を目指すものであり、単一の知識への合意こそがその目的にあるがゆえに、科学的な保証を得ることは個別性や多様性を捨象して連帯できる思想的なポテンシャルを持っているものだからである(だからこそトンプソンは科学に「知識の倫理」を導入することを重視し、どのような科学的知識も人間の思想と方法の外部に純粋に存在するものの知識ではないことを強調する)。

それに対して、儀礼や宗教的な物語はむしろ個別性や多様性にこそ本質があり、はじめから連帯よりも対立の可能性が大きなものだ。その意味においては、儀式や魔術や宗教的物語を否定することで成立した「近代」という思想運動そのものが、科学の「真理性」と「合理性」を利用しながら共に成長してきた思想・制度であるとも言える。それゆえ、はじめからマジョリティを形成しやすいモダニズム的方法論と、分散されたマイノリティとして意味を持つ伝統的方法論は非対称な戦いを強いられている。したがって、もしも私たちがモダニズムに対抗することを目的とするのだとしたら、単に各々の伝統の重要性を強調することは有効ではない。そこには絶えず、モダニズムの単一性が持つ功罪を指摘し続けることが必要になる。モダニズムもまた発明された伝統の一つであり、思想の一つであるという認識は繰り返して少なすぎることはない。

果たして私たちは、この世界を完全に脱魔術化できるのか？　どれほど科学が発展したとしても、私たちは聖性なき世界に生きることはできない。生きること、死ぬこと、苦しむこと、そのような「意味」について説明する物語は世界からなくなることはない。また人間の生きる意味を受容可能にする「儀式」を人間は求め続けるだろう。そこにこそ、モダニズムと合理性が回収しきれない人間という存在の本質が宿るのであり、私たちはどれほどモダニズムがもつ合理性と効率性の恩恵に預かりながらも、同時にこの世界の非合理性と不条理を支える思想と場所をどこかで保っていかなければならないのである。この点においてはトンプソンの本書での試みを、仏教モダニズムという世界の一元的な脱魔術化に対する抵抗として読むこともできる。それは、世界を脱聖化してクリーンにするのではなく、人間にとっての不可避の聖性を認めながら聖性を複数化する戦略であり、それこそがコスモポリタニズムの本質となるだろう。

このような問いは、現代世界を考えるための普遍的な問いを孕んでいる。二十世紀後半は人類史上かつてなくグローバリズムが進行した時代でもあり、また二十一世紀はその反動として同一化の力学と固有の文化の衝突と軋轢が可視化された時代でもある。ロシアのウクライナへの軍事侵攻は、ＮＡＴＯへの警戒という国際政治的な対立の背後に、「キーウ／キエフ」という国家の歴史的起源・物語的起源の回復を願う文化的欲望とでも言うべき要因を抱えており、イスラエルのガザ爆撃では宗教的物語の覇権を巡って二〇〇〇年以上にわたる怨念のような力が働いている。アメリカと中国はＩＴ企業の排斥からサイバー攻撃の応酬にいたるまで、文明的レベルでの対立を想起するような軍事的緊張を水面下ですすめているようにも思える。私たちはいまだ、合理性にもとづく一元化を達成するような足がかりすら得られず、それぞれの固有の価値と物語に囚われ、それぞれの「聖性」をめぐる争いを続けている。

　今世紀に至って、おそらく世界は単純な同一的価値観によって一元的な世界観を共有することの不可能性をいっそう知ったはずである。そして他方で同時に、各国の経済的相互依存性はますます高まり、移動手段の多様化による観光の活性化と大量の移民増大という現実を抱え、インターネットは世界を縦横無尽に繋げている。すなわち私たちは現在、世界の相互接続性《コネクティビティ》を限界まで加速させながら、それを共存させていく思想と方法を持たないまま生きているのである。

　本書がコスモポリタニズムという思想の提示を通じて問うていた、普遍性と個別性をどのように調停することができるのかという問いは、このような意味において喫緊の課題なのである。一方では西洋モダニズムを背後で支えていた科学による普遍的知識という単純な考えの再構築が求められ、他方では文化・宗教的な聖性や価値の調整と共有が可能かという課題が与えられている。トンプソンが設定した「コスモポリタニズム」という理念が「実現可能で生きた（viable）」ものになるかは分からない。しかしここには、西洋モダニズム以外でのグローバリズムがあり得るか？　という問いが含まれているだろうし、仏教モダニズムに対する批判的思考は、来たるべき未来の重要な課題を考える上でのリアルなケーススタディになるだろう。そのとき、私たちは単に経済合理性や国際政治の力学だけではなく、哲学や文化、宗教などの物語的想像力における対立と共有の問題や、科学的思考の可能性と限界、またその延長にある技術発展や技術の倫理など、さまざまな総合的知性が求められることは間違いない。私たちは本書の、科学・哲学・宗教を横断する思考から、こうした大きな問題を考える視座を得ることができるかもしれない。

トンプソンは、現代の科学でも「難問」とされる「意識」という問題を考えてきた哲学者である。「意識」という単純に合理化・自然化できない厄介な対象を、認知科学の知見とともに思考してきたからこそ、科学的な合理性と正当性の可能性と限界をよく知っていた。また科学と哲学・宗教の交錯する領域の道を切り開こうとしたからこそ、科学的知見の「意味」を冷静に捉えることができたし、逆に哲学や宗教が科学によって新たな視線と発想を得る可能性を探求することができた。本書は、科学・哲学・宗教という、なかなか同一の視点から語り切ることのできないテーマを、稀有な知的バックグラウンドを持つエヴァン・トンプソンだからこそ語ることができた本であると思う。

「仏教モダニズム」を超えて
――「これからの仏教」を構想するためのワークブックとして

監訳者あとがき　藤田一照

一九八七年から二〇〇五年までの足掛け十八年間、米国東部マサチューセッツ州の雑木林の中の坐禅堂で住持として暮らし、有縁の人たちと共に坐禅を中心とする修行生活を送った。その地域は、仏教への関心がとりわけ高いところで、大小様々の瞑想センターやグループが多数活動していたから、熱心な仏教修行者たちといろいろな形で交流ができた。私は、日本で禅の修行僧として六年過ごしたあと、その三倍近い年月をアメリカの「仏教モダニズム」が活発に展開する中心地で、過ごしたことになる。

そういう私が「仏教モダニズム」の影響を陰に陽に強く受けていることは間違いない。アメリカにいる間に、四聖諦や無我、涅槃、煩悩、覚りといった基本的な仏教教義は現代的文脈で新たに解釈されなおされるべきであり、非神話化（あるいは非神秘化）されなければならない、当然、仏教の実践も伝統的な形態のままでは現代社会に根づかないから新しいやり方が必要だと考えるようになった。

これまでに英語の仏教書を七冊日本語に翻訳してきたが、それは「欧米で展開している独自の仏教、つまり仏教モダニズムを日本の読者にも紹介したい」という強い思いがあったからだ。日本に帰ってきてから今に至るまで、私のやってきたことは、「アップデートする仏教」とか「仏教3・0」といった奇異な表現を使って、仏教を自分なりにモダナイズ modernize しようとする試みであったと言えるだろう。紛れもなく私は「仏教モダニスト」なのである。

そういう私が翻訳してきたのは当然のことながら「仏教モダニズム」を積極的に推進している人たちの書いた本であった。しかし、その動向に対して真正面から哲学的な批判を加えているのが本書である。だから、私自身の仏教へのアプローチへ向けられた批判として受け取らないわけにはいかなかった。彼の鋭い一つひとつの批判に対して自分ならどう応答するかを強く意識しながら読んでいった。その意味で、私にとってこの本は自分の立っている足場をあらためて吟味しなおす〝ワークブック〟のようなものになった。現に、監訳者として原文と訳文を対照させながら苦労して読み終わったとき、そのワークを通して自分の視野の幅と弾力性が読む前よりかなり増したという確かな体感があったのだ。決してスラスラ読めるような手軽な内容ではないが、辛抱強く取り組みさえすれば、読者にとってもきっとそのようなワークブックになるはずだ。現今そのような読み応えのある本は稀である。

著者のエヴァン・トンプソンは、「私が仏教徒になれるとすれば、仏教モダニストになる以外に道はない。だが、仏教モダニズムは哲学的には不健全な考えである」と書いている。そして、仏教例外主義、自然主義的仏教、無我説、マインドフルネス、悟りという五つの本質的でチャレンジングなテーマを取り上げ、仏教モダニズムのどこがどのように不健全なのかを、切り口も鮮やかにそして詳細に論じている。仏教モダニズムの渦中で成長し、その実態を内側からつぶさに見てきた著者ならではの洞察の数々には説得力がある。また、「仏教モダニズム」に対してだけでなく、「現在の科学」に対する著者の批判は傾聴に値するものが多かった。仏教には現代科学そのものの進化に寄与できる可能性があるという指摘は新鮮である。

本書は、現今の仏教モダニズムが内包しているいくつかの致命的な陥穽に陥ることなくそれを乗り越えて、「これまでの仏教」をしっかりと踏まえた「これからの仏教」を創造的に構想していくための好個の手引書となるだろう。少なくとも私は、伝統的仏教でもなく、また仏教モダニズムでもない、第三の仏教のあり方を構想するための大きなヒントを得ることができた。

本書の出版によって、「仏教モダニズムを超えて」ということが、日本の仏教が今後取り組むべき重要な課題として問われることになったと言えるだろう。その意味で本書の意義はきわめて大きい。「はたして仏教徒は、仏教モダニストや仏教原理主義者にならずに、現代的 modern であるための別の道を見つけられるだろうか？」日本の仏教は著者からのこの問いかけにどう応えていくだろうか。

訳者あとがき

本書は哲学者エヴァン・トンプソンの *Why I Am Not a Buddhist* (Yale University Press, 2020) の全訳である。本書の内容については監訳者の下西風澄氏の解説があるため、ここでは翻訳の経緯と仏教関係の用語の翻訳について若干の補足を述べておきたい。

この翻訳は、二〇二三年九月に編集者の糸賀祐二氏より声をかけていただいたことがきっかけでスタートした。糸賀氏の手元にはすでにインターネットを通じて各地で坐禅会などを主催されている「仏教のアレ」編集部の遊心氏、道宣氏が訳された原稿があり、それを参照しながら私の方で下訳を作成したものを、さらに監訳者の下西氏と藤田一照氏がチェックし、最終稿にするという形で進められた。チェックと言っても、事実上、お二人はそれぞれ本書を訳しなおされる作業をされたわけであるから、「仏教のアレ」編集部のものから数えて、最低でも四つの異なる翻訳ができたことになる。

仏教に一水四見の言葉があるが、同じ水でもそれぞれの境涯の違いにより別々の見方がされるように、同じ英文を眺めてみても、学問的背景が異なるそれぞれの訳者からは異なる内容が見えていたことと思う。とりわけ本書のように認知科学、現象学、仏教哲学を横断する内容を扱う本の場合には、訳語のレベルから見解の不一致が生まれる。自分がこれまで慣れ親しんできた訳語が、他の分野では同じ意味では通じないこともあり、逆に他の分野の訳語に対して違和感を覚える場面も少なからずあった。しかしながら、そのように異なる解釈をすりあわせながら、オンラインでの「会話」(conversation)を通して相談を重ねることができたことは貴重な経験であり、その成果は本書に反映されていることと思う。

くわえて、トンプソンの文章には、短い章句のなかに複雑な内容を凝縮させたインドのスートラ体の文章のような趣があり、文意を把握するのに難儀する場面がいくつもあった。その際、訳者による補足などを随所に織り込むことで文意を明確にする方法もあったが、監訳者との話し合いのうえで、翻訳の方針としては補いを最低限として、英文を可能なかぎりそのまま日本語に反映させることとした。それが結果的に、トンプソンの文章の雰囲気を伝えることにつながっているのではないかと考えている。

また、原著では種々の文献が引用されるが、それらにパーリ語・サンスクリット語原典などが存在する場合でも、翻訳は原著で引用される通りの英文を訳している。『中論』や『ミリンダ王の問い』など優れた原典訳がある場合でも、統一の方針に従い、それらの書誌情報は記載していない。

私自身はインド仏教の認識論を専門として研究してきたため、トンプソンについては、ディグナーガやダルマキールティという仏教思想家たちの議論を現象学や認知科学の視点から新たに解釈する道を開いた人物として注目していた。特に、論文集『自己か無我か?――分析的・現象学的・インド的伝統からの諸観点』(*Self, No Self? Perspectives from Analytical, Phenomenological, & Indian Traditions*, Oxford University Press, 2011)に収められた「無我的自己?――想起と再帰的意識」(Self-No-Self? Memory and Reflexive Awareness)は、自己認識(svasaṃvedana)を現象学の観点から解釈しなおした優れた論考であり、拙著『仏教哲学序説』のなかで論評を行った。最近では、論文集『理由と人格の無――心、形而上学、道徳(マーク・シデリッツ記念論集)』(*Reasons and Empty Persons: Mind, Metaphysics, and Morality Essays in Honor of Mark Siderits*, Springer, 2023)に寄せた「概念には何があるのか?――仏教哲学と認知科学における非概念的なものの概念化」(What's in a Concept? Conceptualizing the Nonconceptual in Buddhist Philosophy and Cognitive Science)において、認知科学の視点を織り交ぜながら、仏教のアポーハ論(概念論)や無分別知に関する鋭い考察が示されている。

仏教哲学にも造詣の深いトンプソンの論述を翻訳するにあたり、領域横断的なところに位置する仏教の用語をどのように訳すべきかという点は、監訳者・訳者のあいだでも議論の的となった。たとえば、cognition という語について認知科学では「認知」と訳すのが通例であるが、仏教哲学では「認識」と訳す。また、同様の語として awareness が使われるが、瞑想実践の文脈であれば「気づき」と訳すが、サンスクリット語原典に遡れば jñāna(認識)の訳語として使われる場合も多い。そのため、本書では文脈に応じて「気づき」「意識」の訳語を与えることとした。ただし、「意識」という語は、仏教語であれば「意（マナス、思考器官）による認識」の意味で使われるため、仏教に通暁した読者であれば、その点に違和感を抱かれるかもしれない。また、本書第三章のなかでは、認識は生じたその瞬間にそれ自体を再帰的に捉える（心は心自体を知る）という「自己認識」（svasaṃvedana）の理論が取り上げられるが、awarenessを「意識」と訳す方針に従い、reflexive awareness の訳語として「再帰的意識」をあてている。なお、「五蘊」「有為」「無為」など、漢訳の仏教語として定着しているものに関しては、原著の英語からの翻訳をベースとして、必要に応じて漢訳語も補った場合もある。

先に記した通り、この翻訳は監訳者お二人による細やかな訳文の修正により出来上がったものである。また、科学用語の訳については、阿部真人、土井樹、廣田隆造の三氏から助言を頂いた。ご協力に心より感謝申し上げたい。訳者としては至らぬ点ばかりであったが、チームとして訳業が完成したことを嬉しく思う。本書がこれまで日本ではあまり紹介されることのなかった仏教モダニズム批判や仏教哲学の議論（たとえば、悟りの概念性／非概念性をめぐる議論など）に対する読者諸賢の関心を誘うきっかけとなれば幸いである。

二〇二四年九月

護山真也

47 Sarvepalli Radhakrishnan and Charles A. Moore, eds., *A Sourcebook in Indian Philosophy* (Princeton, NJ: Princeton University Press, 1957).

48 以下を参照。Chike Jeffers, “Appiah’s Cosmopolitanism,” *Southern Journal of Philosophy* 51 (2013): 488–510, at 502.

49 Appiah, *Ethics of Identity,* 272.

50 Michael Onyebuchi Eze, “I Am Because You Are: Cosmopolitanism in the Age of Xenophobia,” *Philosophical Papers* 46 (2017): 1–25.

51 Ibid., 15. また Abiba Berhane, “Descartes Was Wrong: ‘A Person Is a Person Trough Other Persons,’” Aeon, April 7, 2017, https://aeon.co/ideas/descartes-was-wrong-a-person-is-a-person-through-other-personsを参照。

52 会合のビデオ録画は以下で視聴できる。“Mind & Life XXXII—Botho/Ubuntu: A Dialogue on Spirituality, Science and Humanity,” last updated October 2, 2017, https://www.youtube.com/playlist?list=PLOaf J4rP1PHxIi0QN0pOJblZzwSyuggE8.

53 Philip J. Ivanhoe, “Confucian Cosmopolitanism,” *Journal of Religious Ethics* 42 (2014): 22–44, at 34, 36.

32 以下の議論で引用する未公開の原稿のコピーを提供してくれたエイミー・コーエン・ヴァレラに感謝する。

33 Warren S. McCulloch, *Embodiments of Mind* (Cambridge, MA: MIT Press, 2016) を参照。

34 リンディスファーンで共同生活していた頃、私はトゥルンパに懐疑的であり、彼のことをめぐってヴァレラとのあいだに多くの意見の不一致があった。私たちが1980年代に『身体化された心』を執筆しているあいだも、意見の不一致は続いた。1987年にトゥルンパが亡くなった後、ヴァレラは彼のシャンバラ仏教コミュニティに幻滅し、トゥルンパの「法嗣」であるウセル・テンジンの非道な行為に非常に悩まされていた。テンジンはHIVに感染していることを知りながら、複数の生徒と安全でない性行為をしていたのだ。トゥルンパの死後、ヴァレラはネパールの著名な教師であるトゥルク・ウゲン・リンポチェの弟子となった。

35 Francisco J. Varela, Alfredo Toro, E. Roy John, and Eric L. Schwartz, "Perceptual Framing and Cortical Alpha Rhythm," *Neuropsychologia* 19 (1981): 675–686.

36 同書の図4にある「ET」というラベルがついたバーを参照。

37 ヴァスバンドゥの古典テキストについては以下を参照。*Abhidharmakośabhyāṣyam, by Louis de la Vallée Poussin,* Vols. 1–4, trans. Leo M. Pruden (Berkeley, CA: Asian Humanities Press, 1991).

38 この議論については以下を参照。Evan Tompson, *Waking, Dreaming, Being: Self and Consciousness in Neuroscience, Meditation, and Philosophy* (New York: Columbia University Press, 2015), 40–45. より最近の実験研究については以下を参照。Tomas J. Baumgarten, Alfons Schnitzler, and Joachim Lange, "Beta Oscillations Defne Discrete Perceptual Cycles in the Somatosensory Domain," *Proceedings of the National Academy of Sciences USA* 112 (2015): 12187–12192. この研究については以下で論じている。Evan Tompson, "Is Consciousness a Stream? An Update," Psychology Today, September 2, 2015, https://www.psychologytoday.com/ca/blog/waking-dreaming-being/201509/is-consciousness-stream-update.

39 Fritjof Capra, *The Tao of Physics* (Boulder, CO: Shambhala, 1975).

40 Alexis Sanderson, "The Sarvāstivāda and Its Critics: Anātmavāda and the Theory of Karma," in *Buddhism into the Year 2000: International Conference Proceedings* (Bangkok: Dhammakaya Foundation, 1994), 33–48を参照。

41 Dalai Lama, *The Universe in a Single Atom: The Convergence of Science and Spirituality* (New York: Morgan Road, 2005).

42 Donald S. Lopez, Jr., "The Future of the Buddhist Past: A Response to the Readers," *Zygon* 45 (2010): 883–896, at 893.

43 Dalai Lama, *Sleeping, Dreaming, Dying: An Exploration of Consciousness with the Dalai Lama* (Boston: Wisdom, 1996).

44 Tompson, *Waking, Dreaming, Being,* chapter 3.

45 Appiah, *Cosmopolitanism,* 43.

46 Ibid.

Madhyama-āgama Parallel," *Journal of the Oxford Centre for Buddhist Studies* 1 (2011): 12–38, at 16.

5 Anālayo, *A Comparative Study of the* Majjhima Nikāya, Vol. 1 (*Introduction, Studies of Discourses 1 to 90*) (Taipei: Dharma Drum, 2011), 179–180を参照。

6 Ibid., 178–182.

7 アージーヴィカ教の見解については以下を参照。A. K. Warder, *A Concise Course in Indian Philosophy* (Delhi: Motilal Banarsidass, 1998, rpt. 2009), 39–43.

8 英訳は以下にもとづく。Glen Wallis, *Basic Teachings of the Buddha* (New York: Modern Library, 2007), xxxii.

9 Sheldon Pollock, *The Language of the Gods in the World of Men: Sanskrit, Culture, and Power in Premodern India* (Berkeley: University of California Press, 2006), 39–50.

10 Ibid., 54–55.

11 Ibid., 12.

12 Ibid., 571.

13 Ibid.

14 Alexander Beecrof, "When Cosmopolitanisms Intersect: An Early Chinese Buddhist Apologetic and World Literature," *Comparative Literature Studies* 47 (2010): 266–289.

15 Pollock, *Language of the Gods,* 572.

16 Ibid., 567–568.

17 Martha C. Nussbaum, "Reply," in Martha C. Nussbaum, *For Love of Country?,* ed. Joshua Cohen (Boston: Beacon, 1996, 2002), 135–136.

18 Samuel Schefer, "Conceptions of Cosmopolitanism," *Utilitas* 11 (1999): 255–276.

19 Ibid., 259.

20 Ibid.

21 Ibid., 263.

22 Ibid., 266.

23 Ibid., 266–267.

24 Ibid., 268.

25 Kwame Anthony Appiah, *Cosmopolitanism: Ethics in a World of Strangers* (New York: W. W. Norton, 2006), xv.

26 Kwame Anthony Appiah, *The Ethics of Identity* (Princeton, NJ: Princeton University Press, 2005), 230–232.

27 Appiah, *Cosmopolitanism,* xv.

28 Appiah, *Ethics of Identity,* 253, and *Cosmopolitanism,* 57.

29 Appiah, *Cosmopolitanism,* 85.

30 Appiah, *Ethics of Identity,* 248–249.

31 1987年以来行われた全対話のリストについては以下を参照。Mind & Life Institute, https://www.mindandlife.org/mind-and-life-dialogues/.

30 Kristin Andrews, *The Animal Mind: An Introduction to the Philosophy of Animal Cognition* (London: Routledge, 2015) を参照。

31 Tompson, "What's in a Concept?"を参照。

32 ここでの私の議論はロバート・シャーフの以下のものに近い。"The Rhetoric of Experience and the Study of Religion," *Journal of Consciousness Studies* 7 (2000): 267–287.

33 Anālayo, *A Comparative Study of the* Majjhima Nikāya, Vol. 1 (*Introduction, Studies of Discourses 1 to 90*) (Taipei: Dharma Drum, 2011), 178–182を参照。

34 Dale S. Wright, *What Is Buddhist Enlightenment?* (New York: Oxford University Press, 2016) を参照。

35 「はじめに」の注8–11 を参照。またMichael Downing, *Shoes Outside the Door: Desire, Devotion, and Excess at San Francisco Zen Center* (New York: Counterpoint, 2001) を参照。リチャード・P・ボイルが*Realizing Awakened Consciousness* (p. 220) のなかで報告するところでは、シンゼン・ヤングは、性的虐待が疑われた歴史がある佐々木承周老師（1907–2014）のことを「スピリチュアルな創造性と深い悟りの典型」として考えていた。

36 以下を参照。Robert Sharf, "The Zen of Japanese Nationalism," *History of Religions* 33 (1993): 1–43; and Brian Daizen Victoria, *Zen at War*, 2nd ed. (Lanham, MD: Rowman & Littlefield, 2006).

37 Paul Fuller, "Myanmar and Buddhist Extremism," The Conversation, November 14, 2017, https://theconversation.com/myanmar-and-buddhist-extremism-86125を参照。

38 Tompson, "What's in a Concept?"を参照。

39 Jay L. Garfield, "Ask Not What Buddhism Can Do for Cognitive Science; Ask What Cognitive Science Can Do for Buddhism," *Bulletin of Tibetology* 47 (2011): 15–30を参照。

40 Compare Carrie Jenkins, *What Love Is: And What It Could Be* (New York: Basic Books, 2017). Wright, *What Is Buddhist Enlightenment?*, pursues this question.

41 Wright, *What Is Buddhist Enlightenment?*を参照。

42 Kant, *An Answer to the Question*, 5.

第六章　コスモポリタニズムと会話

1 "*Ariyapariyesanā Sutta:* The Noble Search," in Bhikkhu Ñāṇamoli and Bhikkhu Bodhi, *The Middle Length Discourses of the Buddha: A Translation of the Majjhima Nikāya* (Somerville, MA: Wisdom, 1995), 253–268, at 259. 以下に続く引用は、この物語の語りにもとづく。

2 Alexander Wynne, *The Origin of Buddhist Meditation* (New York: Routledge, 2007) を参照。

3 Ibid.

4 Anālayo, "Brahmā's Invitation: The *Ariyapariyesanā-sutta* in the Light of Its

Cambridge University Press, 2014).

12 "Setting in Motion the Wheel of the Dhamma" (*Dhammacakkappavattana Sutta*), in Bhikkhu Bodhi, *The Connected Discourses of the Buddha: A Translation of the Saṃyutta Nikāya* (Boston: Wisdom, 2000), 1843–1847を参照。

13 "*Bhayabherava Sutta:* Fear and Dread," in Bhikkhu Ñāṇamoli and Bhikkhu Bodhi, *The Middle Length Discourses of the Buddha: A Translation of the Majjhima Nikāya* (Somerville, MA: Wisdom, 1995), 102–107を参照。

14 Ibid.

15 Bronkhorst, *Two Traditions.*

16 Ibid., 71–77. 以下も参照。Schmithausen, "On Some Aspects," 214–219; and Shulman, *Rethinking the Buddha,* 32–40. For a philosophical study of cessation; Paul J. Griffiths, *On Being Mindless: Buddhist Meditation and the Mind-Body Problem* (LaSalle, IL: Open Court, 1986).

17 先に引用したBronkhorst, Schmithausen, Shulman の研究に加えて、以下を参照。Richard Gombrich, *What the Buddha Thought* (London: Equinox, 2009); and Alexander Wynne, *The Origin of Buddhist Meditation* (New York: Routledge, 2007).

18 以下を参照。"*Cūḷamāunkya Sutta:* The Shorter Discourse to Mālunkyāputta" and "*Aggivacchagotta Sutta:* To Vacchagotta on the Threefold Knowledge," in Ñāṇamoli and Bodhi, *Middle Length Discourses,* 533–536 and 590–594, respectively.

19 "*Aggivacchagotta Sutta.*"

20 Robert Sharf, "Buddhist Modernism and the Rhetoric of Meditative Experience," *Numen* 42 (1995): 228–283を参照。

21 Jamie Hubbard and Paul L. Swanson, eds., *Pruning the Bodhi Tree: The Storm over Critical Buddhism* (Honolulu: University of Hawaii Press, 1997) を参照。

22 Peter N. Gregory, ed., *Sudden and Gradual: Approaches to Enlightenment in Chinese Thought* (Delhi: Motilal Banarsidass, 1991) を参照。

23 Susan K. Hookham, *The Buddha Within* (Albany: State University of New York Press, 1991) を参照。

24 Ringu Tulku, *The Ri-Me Philosophy of Jamgon Kongtrul the Great: A Study of the Buddhist Lineages of Tibet* (Boulder, CO: Shambhala, 2007) を参照。

25 Joseph Goldstein, *One Dharma: The Emerging Western Buddhism* (New York: HarperCollins, 2002), 181.

26 私はこの質問を以下で提示している。Evan Tompson, "What's in a Concept? Conceptualizing the Nonconceptual in Buddhist Philosophy and Cognitive Science," forthcoming.

27 Anne E. Beal and Robert Sternberg, "The Social Construction of Love," *Journal of Social and Personal Relationships* 12 (1995): 417–438.

28 Daniel Dennett, *Consciousness Explained* (Boston: Little Brown, 1991), 24.

29 bell hooks, *All About Love: New Visions* (New York: HarperCollins, 2001), 6.

37 Hutchins, "Role of Cultural Practices."

38 Antoine Lutz, Amishi Jha, John D. Dunne, and Cliford Saron, "Investigating the Phenomenological Matrix of Mindfulness Practices from a Neurocognitive Perspective," *American Psychologist* 70 (2015): 632–658.

39 Matthew D. MacKenzie, "The Illumination of Consciousness: Approaches to Self-Awareness in the Indian and Western Traditions," *Philosophy East and West* 57 (2007): 40–62.

40 Dunne, "Buddhist Styles of Mindfulness."

第五章　悟りのレトリック

1 Max Müller, *Buddhism and Buddhist Pilgrims: A Review of M. Stanislas Julien's "Voyages des Pèlerins Bouddhistes"* (London: Williams and Norgate, 1857), 14. ミューラー、およびサンスクリット語とパーリ語のbodhiの英訳としてenlightenmentが登場したことに関する議論については以下を参照。Richard S. Cohen, *Beyond Enlightenment: Buddhism, Religion, Modernity* (London: Routledge, 2006), chapter 1.

2 Cohen, *Beyond Enlightenment,* 3.

3 John C. Olin, ed., *A Reformation Debate: Sadoleto's Letter to the Genevans and Calvin's Reply* (New York: Fordham University Press, 2000), 73. またCohen, *Beyond Enlightenment,* 2を参照。

4 Immanuel Kant, *An Answer to the Question: What Is Enlightenment?,* trans. H. B. Nisbet (London: Penguin, 1991), 5.

5 Shinzen Young, *The Science of Enlightenment: How Meditation Works* (Boulder, CO: Sounds True, 2016), 2.

6 Richard P. Boyle, *Realizing Awakened Consciousness: Interviews with Buddhist Teachers and a New Perspective on the Mind* (New York: Columbia University Press, 2015), 209–216.

7 Shaun Gallagher, "What Is Enlightenment (and What's In It for Me)?," *Journal of Consciousness Studies* 23 (2016): 94–104.

8 David McMahan, *The Making of Buddhist Modernism* (New York: Oxford University Press, 2008), 239.

9 Lambert Schmithausen, "On Some Aspects of Descriptions or Theories of 'Liberating Insight' and 'Enlightenment' in Early Buddhism," in *Studien zum Jainismus und Buddhismus. Gedenkschrift für Ludwig Alsdorf,* ed. Klaus Brunn and Albrecht Wezler (Wiesbaden: Franz Steiner Verlag, 1981), 199–250, at 201.

10 Ibid.

11 Ibid. 以下も参照。Johannes Bronkhorst, *Two Traditions of Meditation in Ancient India,* 2nd ed. (Delhi: Motilal Banarsidass, 1993); and Eviatur Shulman, *Rethinking the Buddha: Early Buddhist Philosophy as Meditative Perception* (New York:

Diversity of Brain Regions and Brain Networks," *Neuroimage* 73 (2013): 50–58; Luiz Pessoa, "Understanding Brain Networks and Brain Organization," *Physics of Life Reviews* 11 (2014): 400–435.

21 Bhikkhu Anālayo, *Satipaṭṭhāna: The Direct Path to Realization* (Birmingham: Windhorse, 2003).

22 Dunne, "Buddhist Styles of Mindfulness"; Sharf, "Mindfulness and Mindlessness in Early Chan."

23 Purser and Loy, "Beyond McMindfulness."

24 Albert Newen, Leon De Bruin, and Shaun Gallagher, eds., *The Oxford Handbook of 4E Cognition* (New York: Oxford University Press, 2018).

25 Francisco J. Varela, Eleanor Rosch, and Evan Tompson, *The Embodied Mind: Cognitive Science and Human Experience* (Cambridge, MA: MIT Press, 1991; rev. ed., 2016).

26 Evan Tompson and Diego Cosmelli, "Brain in a Vat or Body in a World: Brainbound Versus Enactive Views of Experience," *Philosophical Topics* 39 (2011): 163–180.

27 Mark Wexler and Jeroen J. A. van Boxtel, "Depth Perception by the Active Observer," *Trends in Cognitive Sciences* 9 (2005): 431–438.

28 Alva Noë, *Action in Perception* (Cambridge, MA: MIT Press, 2004).

29 David McNeil, *Gesture and Thought* (Chicago: University of Chicago Press, 2005); Susan Goldin-Meadow, *Hearing Gesture: How Our Hands Help Us Tink* (Chicago: University of Chicago Press, 2003).

30 Randall D. Beer, "Dynamical Systems and Embedded Cognition," in *Cambridge Handbook of Artificial Intelligence,* ed. Keith Frankish and William M. Ramsey (New York: Cambridge University Press, 2014), 138.

31 Andy Clark, *Supersizing the Mind: Embodiment, Action, and Cognitive Extension* (New York: Oxford University Press, 2008); Lambros Malafouris, *How Things Shape the Mind: A Theory of Material Engagement* (Cambridge, MA: MIT Press, 2013).

32 Clark, *Supersizing the Mind.*

33 Merlin Donald, *The Origins of the Modern Mind: Three Stages in the Evolution of Cognition and Culture* (Cambridge, MA: Harvard University Press, 1991); Merlin Donald, *A Mind So Rare: The Evolution of Human Consciousness* (New York: W. W. Norton, 2001).

34 L. S. Vygotsky, *Mind in Society: The Development of Higher Psychological Processes* (Cambridge, MA: Harvard University Press, 1978); Michael Tomasello, *A Natural History of Human Thinking* (Cambridge, MA: Harvard University Press, 2014).

35 Edwin Hutchins, "Cognitive Ecology," *Topics in Cognitive Science* 2 (2010): 705–715.

36 Edwin Hutchins, *Cognition in the Wild* (Cambridge, MA: MIT Press, 1995); Edwin Hutchins, "The Role of Cultural Practices in the Emergence of Modern Human Intelligence," *Philosophical Transactions of the Royal Society B* 363 (2008): 2011–2019.

of Mindfulness and Self-Regulation, ed. Brian D. Ostafin, Michael D. Robinson, and Brian P. Meier (New York: Springer, 2015), 251–270; Robert Sharf, "Is Mindfulness Buddhist? (and Why It Matters)," *Transcultural Psychiatry* 52 (2015): 470–484; Robert Sharf, "Mindfulness and Mindlessness in Early Chan," *Philosophy East and West* 64 (2014): 933–964.

11 Collett Cox, "Mindfulness and Memory: The Scope of *Smṛti* from Early Buddhism to Sarvāstivādin Abhidharma," in *In the Mirror of Memory: Reflections on Mindfulness and Remembrance in Indian and Tibetan Buddhism,* ed. Janet Gyatso (Albany: State University of New York Press, 1992), 67–108.

12 Dunne, "Buddhist Styles of Mindfulness."

13 John D. Dunne, "Toward an Understanding of Nondual Mindfulness," *Contemporary Buddhism* 12 (2011): 71–88.

14 Nicholas T. Van Dam, Marieke K. Van Vugt, David R. Vago, Laura Schmalzl, Cliford D. Saron, Andrew Olendzki, Ted Meissner, Sara W. Lazar, Catherine E. Kerr, Jolie Gorchov, Kieran C. Fox, Brent A. Field, Willoughby B. Britton, Julie A. Brefczynski-Lewis, and David E. Meyer, "Mind the Hype: A Critical Evaluation and Prescriptive Agenda for Research on Mindfulness and Meditation," *Perspectives on Psychological Science* 13 (2018): 36–61.

15 Stephanie Coronado-Montoya, Alexander W. Levis, Linda Kwakkenbos, Russell J. Steele, Erick H. Turner, and Brett D. Tombs, "Reporting of Positive Results in Randomized Controlled Trials of MindfulnessBased Mental Health Interventions," *PLoS ONE,* April 8, 2016, https:// doi.org/10.1371/journal pone.0153220.

16 Robert Sharf, "The 'Work' of Religion and Its Role in the Assessment of Mindfulness Practices," lecture presented at the conference "Perspectives on Mindfulness: The Complex Role of Meditation Research," Center for Mind and Brain, University of California, Davis, May 21, 2015; Eleanor Rosch, "The Emperor's New Clothes: A Look Behind the Western Mindfulness Mystique," in *Handbook of Mindfulness and Self-Regulation,* ed. Brian D. Ostafin, Michael D. Robinson, and Brian P. Meier (New York: Springer, 2015), 271–292.

17 Daniel J. Siegel, *The Mindful Brain: Reflection and Attunement in the Cultivation of Well-Being* (New York: W. W. Norton, 2007).

18 Matthieu Ricard, Antoine Lutz, and Richard J. Davidson, "Mind of the Meditator," *Scientific American,* November 2014, 39–45. The figure derives from an earlier figure in Wendy Hasenkamp, Christine D. Wilson-Mendenhall, Eric Duncan, and Lawrence W. Barsalou, "Mind Wandering and Attention During Focused Attention: A Fine-Grained Temporal Analysis of Fluctuating Cognitive States," *Neuroimage* 59 (2012): 750–760.

19 Christopher Mole, *Attention Is Cognitive Unison: An Essay in Philosophical Psychology* (New York: Oxford University Press, 2010).

20 Michael L. Anderson, Josh Kinnison, and Luiz Pessoa, "Describing Functional

31 Evan Tompson, "Self, No Self? Memory and Reflexive Awareness," in Siderits, Tompson, and Zahavi, eds., *Self, No Self,* 157–175を参照。

32 Ulric Neisser, "Five Kinds of Self-Knowledge," *Philosophical Psychology* 1 (1988): 35–59.

33 Shaun Gallagher, "A Pattern Theory of the Self," *Frontiers in Human Neuroscience* 7 (2013): 443, https://doi.org/10.3389/fnhum.2013.00443.

34 Evan Tompson, *Waking, Dreaming, Being: Self and Consciousness in Neuroscience, Meditation, and Philosophy* (New York: Columbia University Press, 2015) を参照。

35 Ganeri, *The Self*を参照。

第四章　マインドフルネスへの熱狂

1 Robert E. Buswell, Jr., and Donald S. Lopez, Jr., "Which Mindfulness?," Tricycle, May 8, 2014, https://tricycle.org/trikedaily/which-mindfulness/#.

2 Noah Schachtman, "In Silicon Valley, Meditation Is No Fad. It Could Make Your Career," Wired, June 18, 2013, https://www.wired.com/2013/06/meditation-mindfulness-silicon-valley/.

3 Frances Booth, "Why Mindfulness Techniques Can Bring You Success in a Wired World," Forbes, July 15, 2014, https://www.forbes.com/sites/francesbooth/2014/07/15/why-mindfulness-techniques-can-bring-you-success-in-a-wired-world/#11a936d63497.

4 Matt Tenney and Tim Gard, *The Mindfulness Edge: How to Rewire Your Brain for Leadership and Personal Excellence Without Adding to Your Schedule* (New York: Wiley, 2016).

5 MNDFL, https://mndflmeditation.comを参照。

6 "A Gym for Mindfulness," Atlantic, video, December 31, 2015, https://www.theatlantic.com/video/index/422337/mindfulness-gym/ ;Monica Kim, "The Only Quiet Room in New York City: Introducing Manhattan's Must-Visit Meditation Studio," Vogue, November 5, 2015, https://www.vogue.com/13368729/meditation-yoga-mndf-studio-new-york-city/.

7 Ron Purser and David Loy, "Beyond McMindfulness," HufPost, July 1, 2013; updated August 31, 2013, https://www.huffingtonpost.com/ron-purser/beyond-mcmindfulness_b_3519289.html.

8 Slavoj Žižek, "From Western Marxism to Western Buddhism," Cabinet 2, Spring 2001, www.cabinetmagazine.org/issues/2/western.php; Jeremey Carrette and Richard King, *Selling Spirituality: The Silent Takeover of Religion* (New York: Routledge, 2005).

9 Jef Wilson, *Mindful America: The Mutual Transformation of Buddhist Meditation and American Culture* (New York: Oxford University Press, 2014).

10 John D. Dunne, "Buddhist Styles of Mindfulness: A Heuristic Approach," in *Handbook*

"The Scope for Wisdom: Early Buddhism on Reasons and Persons," in *The Bloomsbury Research Handbook of Indian Ethics,* ed. Shyam Ranganathan (London: Bloomsbury Academic, 2017), 127–154.

14 Bodhi, *Connected Discourses,* 1394.

15 この点に関する議論についてはショーン・スミスに負っている。

16 Bodhi, *Connected Discourses,* 230.

17 T. W. Rhys Davids, trans., *The Questions of King Milinda* (Oxford: Oxford University Press, 1890).

18 Ibid., 44.

19 Mark Siderits, *Personal Identity and Buddhist Philosophy: Empty Persons* (Farnham: Ashgate, 2003); Mark Siderits, *Buddhism as Philosophy: An Introduction* (Farnham: Ashgate, 2007).

20 以下を参照。Matthew Dasti and Stephen Phillips, trans., *The Nyāya-sūtra. Selections with Early Commentaries* (Indianapolis, IN: Hackett, 2017), chapter 4; Matthew Kapstein, "Vasubandhu and the Nyāya Philosophers on Personal Identity," in *Reason's Traces: Identity and Interpretation in Indian and Tibetan Thought* (Boston: Wisdom, 2001), 347–391; and Arindam Chakrabarti, "I Touch What I Saw," *Philosophy and Phenomenological Research* 52 (1992): 103–116.

21 Chakrabarti, "I Touch What I Saw"を参照。

22 Tomas Metzinger, *Being No One: The Self-Model Theory of Subjectivity* (Cambridge, MA: MIT Press, 2003); and Tomas Metzinger, *The Ego Tunnel: The Science of the Mind and the Myth of the Self* (New York: Basic, 2009).

23 Thomas Metzinger, "The No-Self Alternative," in *The Oxford Handbook of the Self,* ed. Shaun Gallagher (New York: Oxford University Press, 2011), 279–296.

24 Metzinger, *Being No One,* 1.

25 Ibid.

26 Miri Albahari, *Analytical Buddhism: The Two-Tiered Illusion of Self* (New York: Palgrave Macmillan, 2006).

27 Aaron Henry and Evan Tompson, "Witnessing from Here: Self-Awareness from a Bodily Versus Embodied Perspective," in *The Oxford Handbook of the Self,* ed. Shaun Gallagher (New York: Oxford University Press, 2011), 228–251を参照。

28 Miri Albahari, "Review of Evan Tompson, *Waking, Dreaming, Being: Self and Consciousness in Neuroscience, Meditation, and Philosophy,*" Notre Dame Philosophical Reviews, July 12, 2015, https://ndpr.nd.edu/news/waking-dreaming-being-self-and-consciousness-in-neuroscience-meditation-and-philosophy/.

29 Dan Zahavi, *Subjectivity and Selfhood: Investigating the First-Person Perspective* (Cambridge, MA: MIT Press, 2005); and Dan Zahavi, *Self and Other: Exploring Subjectivity, Empathy, and Shame* (Oxford: Oxford University Press, 2015) を参照。

30 Galen Strawson, "Self-Intimation," *Phenomenology and the Cognitive Sciences* 14 (2015): 1–31を参照。

49 Anālayo, *Satipaṭṭhāna: The Direct Path to Realization* (Birmingham: Windhorse, 2003) を参照。

50 Wright, *Why Buddhism Is True,* 227, 231.

51 Ibid., xii.

第三章　仏教は無我説か?——急ぐべからず

1 Mark Siderits, Evan Tompson, and Dan Zahavi, eds., *Self, No Self: Perspectives from Analytical, Phenomenological, and Indian Traditions* (Oxford: Oxford University Press, 2010) を参照。

2 この術語は以下に由来する。David Brooks, "The Neural Buddhists," *New York Times,* May 13, 2008.

3 以下を参照。Francisco J. Varela, Evan Tompson, and Eleanor Rosch, *The Embodied Mind: Cognitive Science and Human Experience* (Cambridge, MA: MIT Press, 1991; rev. ed. 2016), chapters 4 and 6.

4 Jay L. Garfield, *Engaging Buddhism: Why It Matters to Philosophy* (New York: Oxford University Press, 2015), 106を参照。

5 この思考実験に関する古代の仏教徒による例については以下を参照。Jonardon Ganeri, *The Self: Naturalism, Consciousness, and the First-Person Stance* (Oxford: Oxford University Press, 2012), 115–116.

6 英訳については以下を参照。Bhikkhu Bodhi, *The Connected Discourses of the Buddha: A Translation of the Saṃyuta Nikāya* (Somerville, MA: Wisdom, 2000), 901–903; and John˙ J. Holder, *Early Buddhist Discourses* (Indianapolis, IN: Hackett, 2006), 83–86.

7 Thanissaro Bhikkhu [Geofrey DeGraft], *Mind Life Fire Unbound: An Image in the Early Buddhist Discourses,* 4th ed. (2010), https:// www.accesstoinsight.org/lib/authors/thanissaro/likefre/index.html.を参照。

8 Paul Williams, *Mahāyāna Buddhism: The Doctrinal Foundations,* 2nd ed. (London: Routledge, 2009), 107–108を参照。

9 たとえば*Mahātaṇhāsankhaya Sutta* や *Aggivacchagotta Sutta*がある。Bhikkhu Ñāṇamoli and Bhikkhu Bodhi, *The Middle Length Discourses of the Buddha: A New Translation of the Majjhima Nikāya* (Boston: Wisdom, 1995), 349–361, 590–594を参照。

10 Bodhi, *Connected Discourses,* 885.

11 Ibid., 1140.

12 Ibid., 1394.

13 この解釈のいくつかのヴァージョンについては以下を参照。Rupert Gethin, "The Five Khandas: Teir Treatment in the Nikāyas and Early Abhidhamma," *Journal of Indian Philosophy* 14 (1986): 35–53; Sue Hamilton, *Early Buddhism: A New Approach—The I of the Beholder* (London: Routledge, 2000); and Jake H. Davis,

28 Anderson, *After Phrenology,* 42.

29 Wright, *Why Buddhism Is True,* 182–183.

30 Ibid., 94.

31 前注10の諸研究を参照。

32 以下を参照。Francisco J. Varela, Evan Tompson, and Eleanor Rosch, *The Embodied Mind: Cognitive Science and Human Experience* (Cambridge, MA: MIT Press, 1991; rev. ed. 2016); Evan Tompson, *Mind in Life: Biology, Phenomenology, and the Sciences of Mind* (Cambridge, MA: Harvard University Press, 2007); Lawrence Shapiro, *Embodied Cognition* (London: Routledge, 2010); Anthony Chemero, *Radical Embodied Cognitive Science* (Cambridge, MA: MIT Press, 2011); Louise Barrett, *Beyond the Brain: How Body and Environment Shape Animal and Human Minds* (Princeton, NJ: Princeton University Press, 2015); and Lawrence Shapiro, ed., *The Routledge Handbook of Embodied Cognition* (London: Routledge, 2017).

33 Tompson, *Mind in Life;* Anderson, *After Phrenology;* and Pessoa, "Understanding Brain Networks."

34 Heyes, "New Thinking."

35 また William S. Waldron, "Buddhist Steps to an Ecology of Mind: Thinking About 'Thoughts Without a Tinker,' " *Eastern Buddhist* 34 (2002): 1–52を参照。

36 ナーガールジュナの哲学を紹介したものとして以下を参照。Jan Westerhof, *Nāgārjuna's Madhyamaka: A Philosophical Introduction* (Oxford: Oxford University Press, 2009).

37 Jay L. Garfield and Graham Priest, "Mountains Are Just Mountains," in *Pointing at the Moon: Buddhism, Logic, Analytic Philosophy,* ed. Mario D'Amato, Jay L. Garfield, and Tom Tillemans (Oxford: Oxford University Press, 2009), 71–82.

38 Wright, *Why Buddhism Is True,* 274.

39 Robert Turman, trans., *The Holy Teaching of Vimalakīrti: A Mahāyāna Scripture* (University Park: Pennsylvania State University Press, 1976), 30.

40 Ibid., 161.

41 Robert Sharf, "Chan Cases," in Yasuo Deguchi, Jay Garfield, Graham Priest, and Robert Sharf, *What Can't Be Said: Contradiction and Paradox in East Asian Philosophy,* forthcoming.

42 ここでの私の考えはロバート・シャーフの前掲書に多くを負っている。

43 Mark Siderits and Shōryū Katsura, *Nāgārjuna's Middle Way. Mūlamadhyamakakārikā* (Somerville, MA: Wisdom, 2013), 302.

44 Sharf, "Chan Cases."

45 Wright, *Why Buddhism Is True,* 218–219.

46 Ibid., 216.

47 この点に関する議論に関してはジョージ・ドレイファスに感謝する。

48 Stephen Batchelor, *Alone with Others: An Existential Approach to Buddhism* (New York: Grove, 1983) を参照。

Evolutionary Biology Is (So Far) Irrelevant to Legal Regulation," *Law and Philosophy* 29 (2010): 31–74.

11 Robert Wright, *The Moral Animal: Why We Are the Way We Are: The New Science of Evolutionary Psychology* (New York: Vintage, 1995).

12 Leda Cosmides and John Tooby, "Evolutionary Psychology: A Primer," Center for Evolutionary Psychology, University of California, Santa Barbara, 1997, https://www.cep.ucsb.edu/primer.html.

13 Kevin Laland, Blake Matthews, and Marcus W. Feldman, "An Introduction to Niche Construction Theory," *Evolutionary Ecology* 30 (2016): 191–202. またLloyd and Feldman, "Evolutionary Psychology," 153を参照。

14 Laland et al., "Introduction to Niche Construction Theory," 195.

15 John Tooby and Leda Cosmides, "Conceptual Foundations of Evolutionary Psychology," in *The Adapted Mind,* ed. Jerome H. Barkow, Leda Cosmides, and John Tooby (New York: Oxford University Press, 2005), 5–67, at 18.

16 Cecilia Heyes, "New Thinking: The Evolution of Human Cognition," *Philosophical Transactions of the Royal Society B* 376 (2012): 2091–2096を参照。

17 Laland et al., "Introduction to Niche Construction Theory," 197.

18 Lloyd and Feldman, "Evolutionary Psychology," 153.

19 以下を参照。Merlin Donald, *Origins of the Modern Mind: Tree Stages in the Evolution of Culture and Cognition* (Cambridge, MA: Harvard University Press, 1991), and Merlin Donald, *A Mind So Rare: The Evolution of Human Consciousness* (New York: Norton, 2001).

20 Alun Anderson, "We're Stone Age Tinkers," in *This Idea Must Die: Scientific Theories That Are Blocking Progress,* ed. John Brockman (New York: Harper Perennial, 2015), 641–644, at 643.

21 以下を参照。Olaf Sporns, *Networks of the Brain* (Cambridge, MA: MIT Press, 2010); Luiz Pessoa, *The Cognitive-Emotional Brain: From Interactions to Integration* (Cambridge, MA: MIT Press, 2013); and Michael L. Anderson, *After Phrenology: Neural Reuse and the Interactive Brain* (Cambridge, MA: MIT Press, 2014).

22 この術語は以下に由来する。Herbert Simon, *The Sciences of the Artificial* (Cambridge, MA: MIT Press, 1969).

23 Anderson, *After Phrenology,* 40.

24 Ibid., 4.

25 Ibid., xxi–xxii and chapter 4. また Hae-Jeong Park and Karl Friston, "Structural and Functional Brain Networks: From Connections to Cognition," *Science* 342 (2013): 1238411, https://doi.org/10.1126/science.1238411; and Luiz Pessoa, "Understanding Brain Networks and Brain Organization," *Physics of Life Reviews* 11 (2014): 400–435を参照。

26 Wright, *Why Buddhism Is True,* 87.

27 Ibid., 88.

Phenomenological Research 52 (1992): 103–116. 仏教とバラモン教の自己に関するより広範な議論については以下を参照。Irina Kuznetsova, Jonardon Ganeri, and Chakravarthi Ram-Prasad, eds., *Hindu and Buddhist Ideas in Dialogue: Self and No-Self* (Surrey: Ashgate, 2012).

49 Jonardon Ganeri, *The Self: Naturalism, Consciousness, and the First-Person Stance* (Oxford: Oxford University Press, 2012) を参照。

50 Giuseppe Tanzella-Nitti, "The Two Books Prior to the Scientific Revolution," *Perspectives on Science and Christian Faith* 57 (2005): 225–248を参照。

51 Janet Gyatso, *Being Human in a Buddhist World: An Intellectual History of Medicine in Early Modern Tibet* (New York: Columbia University Press, 2015), 197–198.

52 Charles Hallisey and Frank Reynolds, "Buddhism: An Overview," in *The Encyclopedia of Religion,* Vol. 2, ed. Mircea Eliade (New York: Macmillan, 1987), 334–351, and Gyatso, *Being Human in a Buddhist World,* 406を参照。

53 Varela, Tompson, and Rosch, *Embodied Mind,* and Tompson, Waking, Dreaming, Being.

第二章　仏教は真実なのか?

1 Robert Wright, *Why Buddhism Is True: The Science and Philosophy of Meditation and Enlightenment* (New York: Simon & Schuster, 2017).

2 Ibid., 261–264.

3 Ibid., "corroborating evidence," 270; "urgently important," xii.

4 Ibid., "tricky business," xii; "with the title," 269.

5 Ibid., 269.

6 Ibid., "at their disposal," 275; "world clearly," 270; "long-lasting," 8; "for long" and "weaken the grip," 271.

7 Ibid., "self-aware actor," 82; "runs the show," 104.

8 Ibid., 216–220.

9 Ibid., "rebellion against," 227; "rejection of," 231; "internally contradictory," 231; "the rest of us," 232; "closer to the truth," 231.

10 概観として以下を参照。Stephen M. Downes, "Evolutionary Psychology," Stanford Encyclopedia of Philosophy Archive, Winter 2017 ed., rev. May 21, 2017, https://plato.stanford.edu/archives/win2017/entries/evolutionary-psychology/. 詳細な批判に関して以下を参照。Elisabeth A. Lloyd and Marcus W. Feldman, "Evolutionary Psychology: A View from Evolutionary Biology," *Psychological Inquiry* 13 (2002): 150–156; David J. Buller, "Evolutionary Psychology: The Emperor's New Paradigm," *Trends in Cognitive Sciences* 9 (2005): 277–283; and David J. Buller, *Adapting Minds: Evolutionary Psychology and the Persistent Quest for Human Nature* (Cambridge, MA: MIT Press, 2005). 進化心理学とその法的行動規制への適用の試みに対する優れた批評として以下を参照。Brian Leiter and Michael Weisberg, "Why

33 Masuzawa, *Invention of World Religions,* 130.

34 B. Alan Wallace, "Introduction: Buddhism and Science—Breaking Down the Barriers," in *Buddhism and Science: Breaking New Ground,* ed. B. Alan Wallace (New York: Columbia University Press, 2003), 5. 以下も参照。B. Alan Wallace, *Contemplative Science: Where Buddhism and Neuroscience Converge* (New York: Columbia University Press, 2007), and B. Alan Wallace and Brian Hodel, *Embracing Mind: The Common Ground of Science and Spirituality* (Boston: Shambhala, 2008).

35 Nongbri, *Before Religion*を参照。

36 Nongbri, *Before Religion,* and Masuzawa, *Invention of World Religions*を参照。

37 Masuzawa, *Invention of World Religions,* 23.

38 Wallace, "Introduction," 8–9.

39 Ibid.

40 Ibid.

41 Edmund Husserl, *Ideas: General Introduction to Pure Phenomenology,* trans. W. R. Boyce Gibson (London: Routledge, 2012), 63–65を参照。

42 とりわけアラン・ウォレスの本（注34を参照）および *The Taboo of Subjectivity: Toward a New Science of Consciousness* (New York: Oxford University Press, 2000) は、現象学に言及していない。

43 以下を参照。Jay Garfield, *The Fundamental Wisdom of the Middle Way: Nāgārjuna's Mūlamadhyamakakārikā* (New York: Oxford University Press, 1995), and Jan Westerhof, *Nāgārjuna's Madhyamaka: A Philosophical Introduction* (Oxford: Oxford University Press, 2009).

44 Francisco J. Varela, Evan Tompson, and Eleanor Rosch, *The Embodied Mind: Cognitive Science and Human Experience* (Cambridge, MA: MIT Press, 1991; rev. ed. 2016) を参照。

45 詳細な記述は以下を参照。Evan Tompson, *Waking, Dreaming, Being: Self and Consciousness in Neuroscience, Meditation, and Philosophy* (New York: Columbia University Press, 2015), chapter 3.

46 Sheldon Pollock, *The Language of the Gods in the World of Men: Sanskrit, Culture, and Power in Premodern India* (Berkeley: University of California Press, 2006).

47 以下を推奨する。Roy W. Perrett, *An Introduction to Indian Philosophy* (Cambridge: Cambridge University Press, 2016)〔『インド哲学入門』(ミネルヴァ書房)〕. See also Jonardon Ganeri, ed., *The Oxford Handbook of Indian Philosophy* (New York: Oxford University Press, 2017).

48 この論争を紹介したものとして以下を参照。Mark Siderits, *Buddhism as Philosophy* (Indianapolis, IN: Hackett, 2007), chapters 5 and 6. バラモン教のニヤーヤ学派の理論を提示したものとして以下を参照。Kisor Kumar Chakrabarti, *Classical Indian Philosophy of Mind: The Nyāya Dualist Tradition* (Albany: State University of New York Press, 1999), chapter 5. ニヤーヤ学派の議論を現代的に書き換えたものとして以下を参照。Arindam Chakrabarti, "I Touch What I Saw," *Philosophy and*

Religious," in *Critical Terms for Religious Studies,* ed. Mark C. Taylor (Chicago: University of Chicago Press, 1998), 269–284. より最近の解説として以下を参照。Tomoko Masuzawa, *The Invention of World Religions* (Chicago: University of Chicago Press, 2005); Brent Nongbri, *Before Religion: A History of a Modern Concept* (New Haven: Yale University Press, 2013); Ara Norenzayan, *Big Gods: How Religion Transformed Cooperation and Conflict* (Princeton, NJ: Princeton University Press, 2013); and Benjamin Schewel, *Seven Ways of Looking at Religion: The Major Narratives* (New Haven: Yale University Press, 2017).

13 Nongbri, *Before Religion,* and Schewel, *Seven Ways*を参照。

14 Nyanaponika Tera, *The Heart of Buddhist Meditation* (London: Rider, 1962; Kandy, Sri Lanka: Buddhist Publication Society, 1992), 23– 24, 41.

15 Bhikkhu Anālayo, *Satipaṭṭhāna: The Direct Path to Realization* (Birmingham: Windhorse, 2003).

16 Nyanaponika Tera, *Heart of Buddhist Meditation,* 42.

17 Ibid., 41.

18 Ibid., 43.

19 Ibid., 39.

20 Sam Harris, "Killing the Buddha," *Shambhala Sun,* March 19, 2006, available at https://samharris.org/killing-the-buddha/.

21 Harris, *Waking Up,* 29.

22 Ibid., 28–30.

23 以下の*śraddhā* (faith) の項目を参照。Robert E. Buswell, Jr., and Donald S. Lopez, Jr., *The Princeton Dictionary of Buddhism* (Princeton, NJ: Princeton University Press, 2014), 847–848.

24 S. N. Goenka and Helen Tworkov, "Superscience: An Interview with S. N. Goenka by Helen Tworkov," Tricycle, Winter 2000, https://tricycle.org/magazine/superscience/.

25 Charles Prebish, Dzogchen Ponlop Rinpoche, and Joan Sutherland, "Is Buddhism a Religion?" Lion's Roar, January 4, 2019, https://www.lionsroar.com/is-buddhism-a-religion-november-2013/.

26 Masuzawa, *Invention of World Religions,* 136.

27 Ibid., 134 n. 17.

28 Prebish, Dzogchen Ponlop Rinpoche, and Sutherland, "Is Buddhism a Religion?

29 Richard F. Gombrich, *What the Buddha Thought* (London: Equinox, 2009).

30 David Drewes, "The Idea of the Historical Buddha," *JIABS* (*Journal of the International Association of Buddhist Studies*) 40 (2017): 1–25, at 19.

31 Rupert Gethin, "Gethin on Gombrich, 'What the Buddha Thought,' " H-Buddhism, January 2012, https://networks.h-net.org/node/6060/reviews/16095/gethin-gombrich-what-buddha-thoughtを参照。

32 前注8のLopezの本を参照。またMasuzawa, *Invention of World Religions,* chapter 4 を参照。

24 Sheldon Pollock, *The Language of the Gods in the World of Men: Sanskrit, Culture, and Power in Premodern India* (Berkeley: University of California Press, 2006).

25 Kwame Anthony Appiah, *Cosmopolitanism: Ethics in a World of Strangers* (New York: W. W. Norton, 2007).

26 Bertrand Russell, *Why I Am Not a Christian, and Other Essays on Religion and Related Subjects* (London: Routledge, 2004), 18.

第一章　仏教例外主義の神話

1 David P. Barash, *Buddhist Biology: Ancient Eastern Wisdom Meets Modern Western Science* (New York: Oxford University Press, 2014); Robert Wright, *Why Buddhism Is True: The Science and Philosophy of Meditation and Enlightenment* (New York: Simon & Schuster, 2017).

2 David P. Barash, "Is Buddhism the Most Science-Friendly Religion?," Guest Blog, Scientific American, February 11, 2014, https://blogs.scien tificamerican.com/guest-blog/is-buddhism-the-most-science-friendly-religion/.

3 Adam Frank, "Evan Tompson's 'Waking, Dreaming, Being,'" *New York Times Sunday Book Review,* December 19, 2014.

4 Barash, *Buddhist Biology,* 2.

5 Wright, *Why Buddhism Is True,* xi.

6 Sam Harris, *Waking Up: A Guide to Spirituality Without Religion* (New York: Simon & Schuster, 2014), 209.

7 "Buddhism Is a Science of the Mind: Dalai Lama," His Holiness the 14th Dalai Lama of Tibet, November 5, 2006, https://www.dalailama.com/news/2006/buddhism-is-a-science-of-the-mind-dalai-lama.

8 以下を参照。David L. McMahan, *The Making of Buddhist Modernism* (New York: Oxford University Press, 2009); Donald S. Lopez, Jr., *Buddhism and Science: A Guide for the Perplexed* (Chicago: University of Chicago Press, 2009); Donald S. Lopez, Jr., *The Scientific Buddha: His Short and Happy Life* (New Haven: Yale University Press, 2012); and Donald Lopez, Jr., *From Stone to Flesh: A Short History of the Buddha* (Chicago: University of Chicago Press, 2013).

9 McMahan, *Making of Buddhist Modernism,* and Robert Sharf, "Buddhist Modernism and the Rhetoric of Meditative Experience," *Numen* 42/3 (1995): 228–283を参照。

10 Robert Sharf, "Sanbōkyōdan: Zen and the Way of the New Religions," *Japanese Journal of Religious Studies* 22/3–4 (1995): 417–458; Robert Sharf, "The Zen of Japanese Nationalism," in *Curators of the Buddha: The Study of Buddhism Under Colonialism,* ed. Donald Lopez, Jr. (Chicago: University of Chicago Press, 1995), 107–160.

11 Yamada Ryōun, "Is Zen a 'Religion'?," www.sanbo-zen.org/artikel-1_e.html.

12 入手しやすい短い解説として以下を参照。Jonathan Z. Smith, "Religion, Religions,

11 Yongey Mingyur Rinpoche, "When a Buddhist Teacher Crosses the Line," Lion's Roar, October 26, 2017, https://www.lionsroar.com/treat-everyone-as-the-buddha/.

12 これら最近の展開のいくつかに関する概観は以下を参照。Ann Gleig, *American Dharma: Buddhism Beyond Modernity* (New Haven: Yale University Press, 2019).

13 Anne Harrington and Arthur Zajonc, eds., *The Dalai Lama at MIT* (Cambridge, MA: Harvard University Press, 2003) を参照。

14 「ニューラル・ブッディズム」という術語は以下に由来する。David Brooks, "The Neural Buddhists," *New York Times,* May 13, 2008.

15 Evan Tompson, *Waking, Dreaming, Being: Self and Consciousness in Neuroscience, Meditation, and Philosophy* (New York: Columbia University Press, 2015).

16 Robert Sharf, "Buddhist Modernism and the Rhetoric of Meditative Experience," *Numen* 42/3 (1995): 228–283; David L. McMahan, *The Making of Buddhist Modernism* (New York: Oxford University Press, 2009); Donald S. Lopez, Jr., *Buddhism and Science: A Guide for the Perplexed* (Chicago: University of Chicago Press, 2009); Donald S. Lopez, Jr., *The Scientific Buddha: His Short and Happy Life* (New Haven: Yale University Press, 2012); and Donald Lopez, Jr., *From Stone to Flesh: A Short History of the Buddha* (Chicago: University of Chicago Press, 2013) を参照。

17 Jonathan Z. Smith, "Religion, Religions, Religious," in *Critical Terms for Religious Studies,* ed. Mark C. Taylor (Chicago: University of Chicago Press, 1998), 269–284 を参照。

18 Stephen Jay Gould, *Rock of Ages: Science and Religion in the Fullness of Life* (New York: Ballantine, 2002).

19 William Irwin Tompson, *Coming into Being: Artifacts and Texts in the Evolution of Consciousness* (New York: St. Martin's Press, 1998), chapter 3; and Marcelo Gleiser, *The Dancing Universe: From Creation Myths to the Big Bang* (New York: Plume, 1998) を参照。

20 Heinz Straub and Ralph W. Hood, "'Spirituality' as Privatized Experience-Oriented Religion: Empirical and Conceptual Perspectives," *Implicit Religion* 14 (2011): 433–453.

21 スティーブン・バチェラーのよく知られた著作がその一例である。私は彼の仏教の伝統に関する哲学的かつ詩的な解釈を尊敬しているが、その起源を仏教聖典に求め、それを「史的ブッダ」に帰属させる方法には同意できない。このような読解は歴史研究ではなく、文学上のフィクションである。以下を参照。Stephen Batchelor, *Confession of a Buddhist Atheist* (New York: Spiegel & Grau, 2010), and Stephen Batchelor, *After Buddhism: Rethinking the Dharma for a Secular Age* (New Haven: Yale University Press, 2015).

22 McMahan, *Making of Buddhist Modernism,* 259.

23 Epictetus, *Discourses,* Book I: IX. See Epictetus, *Discourses, Books 1–2,* trans. W. A. Oldfather (Cambridge, MA: Harvard University Press, 1925), 63.

原 注

はじめに

1 Evan Tompson, "Philosophy as a Path: A Memoir and Tribute to Robert Turman," in *In Vimalakīrti's House: A Festschrift in Honor of Robert A. F. Turman on the Occasion of His 70th Birthday,* ed. Chris tian K. Wedemeyer, John D. Dunne, and Tomas F. Yarnall (New York: Columbia University Press, 2015), 20–25.

2 講義の音声録音（テープG-3）は、Schumacher Center for a New Economicsが提供するリンディスファーン・テープスのウェブサイト（https://centerforneweconomics.org/envision/legacy/lindisfarne-tapes/）で入手可能である。

3 キリスト教と仏教の対話の歴史に関する啓発的な議論については以下を参照。Robert Sharf, "Why Buddhists Taught Zen Meditation to Christians," paper prepared for the European Network of Buddhist Christian Studies conference, "Meditation in Buddhist-Christian Encounter: A Critical Analysis," Montserrat Monastery, June 29–July 3, 2017. Forthcoming in a conference volume being prepared by Elizabeth J. Harris and John O'Grady for EOS Editions Sankt Ottilien.

4 Robert A. F. Turman, *Tsong Khapa's Speech of Gold in the Essence of True Eloquence: Reason and Enlightenment in the Central Philosophy of Tibet* (Princeton, NJ: Princeton University Press, 1984).

5 Keiji Nishitani, *Religion and Nothingness,* trans. Jan Van Bragt (Berkeley: University of California Press, 1983).

6 Evan Tompson, "Planetary Thinking/Planetary Building: An Essay on Martin Heidegger and Nishitani Keiji," *Philosophy East and West* 36 (1986): 235–252.

7 Francisco J. Varela, Evan Tompson, and Eleanor Rosch, *The Embodied Mind: Cognitive Science and Human Experience* (Cambridge, MA: MIT Press, 1991; rev ed., 2016).

8 これらのなかにはリチャード・ベーカー老師、佐々木承周老師、嶋野栄道老師、ウセル・テンジン、チョギャム・トゥルンパ・リンポチェなどがふくまれる。

9 2017–2018年に虐待で告発された仏教の教師にはサキョン・ミパン・リンポチェ、ソギャル・リンポチェ、ノア・レヴァインがふくまれる。

10 ゾンサル・ケンツェ・リンポチェとオーゲン・トプギャルがソギャル・リンポチェの振る舞いについて記述していることについては以下を参照。Craig Lewis, "Dzongsar Khyentse Rinpoche Issues Public Statement on Recent Criticism of Sogyal Rinpoche," Buddhist Door, August 15, 2017, https://www.buddhistdoor.net/news/dzongsar-khyentse-rinpoche-issues-public-statement-on-recent-criticism-of-sogyal-rinpoche, and "Letter to Sangye Ngawang," July 19, 2017, all-otr.org/public-talks/44-letter-to-sangye-ngawang.

［著者］

エヴァン・トンプソン ***Evan Thompson***

ブリティッシュ・コロンビア大学哲学科教授。認知科学、心の哲学、現象学、異文化哲学（特に仏教やその他のインド哲学の伝統）の観点から、心、人生、意識、自己について執筆している。1983年にアマースト大学でアジア研究の学士号を、1990年にトロント大学で哲学の博士号を取得。フランシスコ・ヴァレラ、エレノア・ロッシュとの共著に『身体化された心―仏教思想からのエナクティブ・アプローチ』（工作舎）、著書に『Mind in Life: Biology, Phenomenology, and the Sciences of Mind』、『Waking, Dreaming, Being: Self and Consciousness in Neuroscience, Meditation, and Philosophy』（ともに未邦訳）など。

［監訳］

藤田 一照 ***Fujita Issho***

東京大学教育学部教育心理学科卒業。東京大学大学院教育学研究科教育心理学専攻博士課程を中途退学し、曹洞宗の紫竹林安泰寺にて得度、僧侶となる。1987年よりアメリカ合衆国マサチューセッツ州のヴァレー禅堂で禅の講義や坐禅指導を行う。2005年、帰国。2010年より2018年までサンフランシスコの曹洞宗国際センター所長（第2代）を務める。神奈川県の葉山にて実験的坐禅会を主宰。著書に、『現代「只管打坐」講義』（佼成出版社）、『現代坐禅講義』（角川ソフィア文庫）ほか、共著や訳書が多数。

［監訳］

下西 風澄 ***Shimonishi Kazeto***

東京大学大学院博士課程単位取得退学。哲学と文学を中心に執筆。著書に『生成と消滅の精神史―終わらない心を生きる』（文藝春秋）。論文に「フッサールの表象概念の多様性と機能」（『現象学年報』第33号）、「生命と意識の行為論：フランシスコ・ヴァレラのエナクティブ主義と現象学」（『情報学研究』No.89）など。執筆に「生まれ消える心 ― 傷・データ・過去」（『新潮』2023.5）、「演技する精神へ ― 個・ネット・場」（『文學界』2023.6）、「青空を見つめて死なない」（『ユリイカ』2024.4）ほか。

［翻訳］

護山 真也 ***Moriyama Shinya***

信州大学人文学部教授。研究分野は、比較哲学・仏教学。ウィーン大学博士課程修了（Dr. Phil.）。著書に『仏教哲学序説（未来哲学双書）』（ぷねうま舎）、共著に『シリーズ大乗仏教 9 認識論と論理学』（春秋社）など。論文に「仏教認識論とエナクティブ・アプローチ」（『比較思想研究』第43号）、「仏教哲学の可能性―無我説をめぐる西洋哲学との対話」（『現代思想』2018.10臨時増刊号）ほか。

仏教は科学なのか
——私が仏教徒ではない理由

2024年11月29日　第1刷発行

著　　者　　エヴァン・トンプソン
監　　訳　　藤田 一照　下西 風澄
訳　　者　　護山 真也
翻訳協力　　「仏教のアレ」編集部　遊心　道宣
発 行 者　　糸賀 祐二
発 行 所　　Evolving合同会社
〒300-1155　茨城県稲敷郡阿見町吉原572-17
http://evolving.asia
e-mail　info@evolving.asia
D T P　　マーリンクレイン
装　　幀　　大倉真一郎
校　　正　　鴎来堂

印刷・製本 中央精版印刷株式会社

ISBN978-4-908148-27-9